经济管理学术文库·经济类

资源衰竭地区贫困问题研究
——以内蒙古国有林区为例

Research on Poverty Problem of Resource
Decayed Region –Illustrated by the Example of
State-owned Forest Region in Inner Mongolia

李京华／著

经济管理出版社
ECONOMY & MANAGEMENT PUBLISHING HOUSE

图书在版编目（CIP）数据

资源衰竭地区贫困问题研究：以内蒙古国有林区为例/李京华著. —北京：经济管理出版社，
2017.12

ISBN 978-7-5096-5544-3

Ⅰ.①资…　Ⅱ.①李…　Ⅲ.①资源衰竭—地区—贫困问题—研究—国有林区　Ⅳ.①F326.2

中国版本图书馆 CIP 数据核字（2017）第 313987 号

组稿编辑：杨国强
责任编辑：杨国强　张瑞军
责任印制：黄章平
责任校对：雨　千

出版发行：经济管理出版社
　　　　　（北京市海淀区北蜂窝 8 号中雅大厦 A 座 11 层　100038）
网　　址：www. E-mp. com. cn
电　　话：（010）51915602
印　　刷：三河市延风印装有限公司
经　　销：新华书店
开　　本：720mm×1000mm/16
印　　张：14.75
字　　数：232 千字
版　　次：2018 年 6 月第 1 版　2018 年 6 月第 1 次印刷
书　　号：ISBN 978-7-5096-5544-3
定　　价：68.00 元

前　言

　　贫困问题是人类发展过程中遇到的难题，是全球领域民生关注的重点问题，也一直是经济学、社会学、人口学等学科研究的重点。改革开放初期，我国针对农村发展落后的实际情况，出台了《国家八七扶贫攻坚计划》，目标是解决剩余的农村贫困人口的温饱问题。2001年，国家制定《中国农村扶贫开发纲要（2001~2010年）》，开始实施大规模扶贫开发政策：实施区域总体发展战略；统筹城乡发展，工业反哺农业，实行强农惠农政策，并优先在贫困地区实行；建立和完善农村社会保障体系，农村低保制度、新型农村养老保险和合作医疗制度逐步建立；农村开始实施"两免一补"义务教育；实行整村推进、移民搬迁、雨露计划、产业扶贫等专项扶贫。2011年，国家出台《中国农村扶贫开发纲要（2011~2020年）》，进入扶贫攻坚阶段，将集中连片特殊困难地区作为扶贫开发的重要区域，力争到2020年，稳定实现贫困人口吃、穿等基本生活的脱贫，实现其义务教育、基本医疗和住房的保障。2013年，习近平在湖南考察时，首次提出，要"实事求是、因地制宜、分类指导、精准扶贫"。通过扶持生产和就业发展、易地搬迁、生态保护、教育扶贫、低保政策等措施实现贫困人全部脱贫。在反贫困过程中还实行农业税费改革和粮农补贴，加大了农村地区基础设施建设投入力度，通过财政转移支付和专项扶贫增加对贫困地区的资金扶持。这一系列举措推进了我国反贫困的历程，使得很大一部分群众生活改善。但这一系列举措关注的重点在于广大的农村地区，抑或是生态恶劣地区，而在资源丰富的地区，由于资源长期开采、国家政策等原因面临着资源的逐渐衰竭，实际上也存在着贫困，即我们通常所说的"富裕中的贫困"。

　　本书以内蒙古国有林区为例，研究资源衰竭地区的贫困问题。根据福利经济学理论，贫困会影响整体社会经济福利水平的提高，以此为主线，研究内蒙古国有林区贫困问题。第一，从资源利用和变化的角度，以内蒙古国有林区为例，探究资源衰竭地区贫困发生的阶段及特点。在此基础上，利用发展经济学、新制度经济学、区域经济学等理论从宏观和微观两个方面分析贫困发生的原因。第二，鉴于贫困是一个复杂的社会经济问题，利用贫困测度理论和方法从区域贫困和人口贫困两个方面进行实证研究。从区域贫困研究角度，建立了包含经济、社会、生态三个方面共 22 个指标的综合贫困指标体系，选取内蒙古国有林区 27 个林业局 2004~2014 年数据，采用面板数据因子分析方法进行了贫困综合评价，并将其分为重度贫困、中度贫困等五个类别。同时，分析结果还表明，产业结构与资源量、资源潜力、就业与发展等是区域综合贫困的主导因子。而微观个体的贫困不仅表现在收入方面，在我国全面建成小康社会的目标下，贫困更表现在教育、健康、生活等多个方面。利用内蒙古国有林区 607 户有效家庭调研样本数据，从收入贫困和多维贫困两个角度对人口贫困进行测度，并研究其影响因素，结果表明，家庭中在岗职工人数、是否有领导干部、是否兼业、户主年龄都对家庭收入有显著影响，但仅在岗职工人数一项对收入贫困有显著影响。家庭中是否有领导干部对多维贫困的影响最大，其次所在社区、在岗职工人数、户主年龄也对家庭多维贫困有显著影响。第三，从政府、国有林区、个人三方面对反贫困中采取的一系列政策措施进行梳理，并对其成效和机制进行分析，指出存在覆盖范围较窄等问题。同时，还对目前的反贫困政策措施从福利经济学和制度经济学角度进行分析和反思。第四，对反贫困背景、面临的困难和挑战进行分析，根据经济学相关理论建立政府——市场双导向、国有林区参与的反贫困机制，提出健全社会保障体系，建立国有林区生态补偿机制，加快国有林区改革步伐，建立国家公园体制等政策建议。

通过以上的分析和研究，试图回答两个问题：一是资源衰竭地区的贫困是如何发生的？在哪个阶段出现？具有的特点是什么？形成的原因是什么？二是作为典型的资源衰竭地区，内蒙古国有林区的贫困发生的范围和程度如何？贫困的主要影响因素是什么？如何有效地解决这一特殊区域的贫困问题？研究的框架和思路，对于诸如草原、煤矿、石油等资源型地区，由于资源开采利用不合理、国家环境保护政策等原因限制开采、实际上处于资源衰竭阶段的地区的贫困问题来说，无论是从理论研究还是从实践角度而言，都有借鉴意义。

本书的出版得到山西师范大学一院一策经费资助。感谢经济管理学院领导和同事的支持与帮助。

本书在博士学位论文的基础上修改完成。感谢我的博士生导师包庆丰教授在论文写作过程中对于选题等方面的悉心指导和帮助。感谢内蒙古社会科学院经济研究所于光军研究员在论文框架、社会调研等方面给予的指导，以及在书稿修改阶段提出的详细修改意见。

尽管在写作过程中力求严谨、细致，但由于所掌握知识和写作水平有限，书中的内容和观点难免有不妥和疏漏之处，恳请专家、学者及广大读者指正。

目　录

第一章 绪 论

第一节 研究背景

众所周知，自然资源是人类赖以生存和发展的基础。在经济学理论中，资源是影响一国或地区经济增长的重要因素，在特定的时期或地区，资源甚至成为一国经济发展的决定性因素。在土地及其附着资源，诸如森林、草地、煤炭、石油、天然气、金属等矿产资源富集的地区，在经济发展的初期，其经济增长速度较快，这一现象在我国新中国成立初期直至21世纪初表现尤为明显。21世纪初，由于资源的前期大量开采，体制改革和国家政策影响，以及环境保护的需要等原因，可利用资源逐渐衰竭，资源决定经济的现象不再凸显，资源优势不复以往。以森林资源为主的国有林区，尽管生态依然良好，但经济发展陷入停滞，类似地，曾因煤炭资源经济快速增长的山西，目前经济增长在全国处于落后状态。因资源而兴的地区，实际上面临着比其他地区更为复杂的贫困问题。本书在新时期历史背景下，以内蒙古国有林区为例，研究资源衰竭地区的贫困问题。

森林资源是陆地生态系统的主体，是陆地上最大的生物群落，不仅为社会经济发展和人类提供木材等多种林产品，更具有防风固沙、涵养水源、调节气候、农田防护等生态功能，还可以为人们提供休闲与游憩、教育与研究等服务，这已是人类社会的共识。据第八次森林资源清查结果，我国林地面积3.1亿公顷，森林面积2.08亿公顷，森林覆盖率为21.63%，森林蓄积量151.37亿立方米，其中国有林地面积 1.24 亿公顷，占总林地面积 40%，森林蓄积量 93.54 亿立方米，占总森林蓄积量的 63.29%。就内蒙古来说，内蒙古自治区林地面积 4398.89 万公顷，森林面积 2487.90 万公顷，森林覆盖率 21.03%，按土地权属分，内蒙古自治区国有与集体林地面积分别占 51.70%、48.30%。但按林木权属分，国有森林资源比重较大，占 94.88%。也就是说，51.70% 的国有林地上生长着 94.88% 的林木蓄积。无论是新中国成立初期用于国家经济建设的木材提供上，还是现在以生态建设为主要任务的生态功能发挥上，国有林区都占有重要的地位。

国有林区在新中国成立初期，为我国生产建设提供了大量木材，做出过突出贡献。在 20 世纪七八十年代，因长期以来的重采轻育，国有林区政企不分造成企业负担过重，国有林区陷入了可采森林资源枯竭、经济危困的"两危"困境，面临区域社会经济发展、企业生产、职工生活等难题。为摆脱国有林区困境，政府、国有林区、职工个人各方进行了积极探索。国家于 2000 年实施的"天保工程"将国有林区作为重要的实施单位，旨在恢复国有林区内森林资源，加强生态保护，改变以木材生产为主的经济发展方式。随后实施的棚户区改造、新林区建设、国有林区改革等对于提升基础设施建设水平、促进产业发展等起到了积极的作用。国有林区和职工个人从企业发展和职工生活的角度也进行了积极的探索。这些措施与探索，一定程度上缓解了国有林区的困境，但由于历史积累已久，接续产业发展不足等原因，国有林区经济发展落后、基础设施建设落后、人民生活水平低下等问题依然存在，并未从根本上解决。

内蒙古国有林区集中于内蒙古自治区东北部，包括内蒙古森工重点国有林区和内蒙古自治区地方政府管辖的岭南次生林区，是全国最大的天然林集中连片区域，森林面积、森林蓄积量居四大林区之首。1998 年，特大洪水的暴发引起了国家层面对生态环境建设的高度重视，并于当年开始天保工程试点。2000 年，国家正式实施天保工程，内蒙古国有林区各林业局全部纳入实施单位范围，逐年减少区域内的商品材采伐量，同时对因采伐量减少而造成的富余人员进行分流、转岗或一次性安置。2008 年，国家出台《全国生态功能区划》，规定内蒙古国有林区属限制开发区域，部分区域属禁止开发区域，这在一定程度上确定了内蒙古国有林区的主要任务是生态建设，为国家提供生态服务，尽管境内有丰富的矿产资源，但无法进行大规模开发，发展工业等第二产业。2011 年，天保工程第二期实施，在原有基础上进一步调减木材产量，内蒙古国有林区阿尔山、毕拉河等地区相继停伐。国家于 2014 年 4 月在黑龙江重点国有林区试点全面停止天然林商业性采伐。2015 年 2 月 25 日，《人民日报》刊发文章，称"2015 年全面停止内蒙古、吉林等重点国有林区 256 万立方米木材采伐"。2015 年 3 月 31 日，内蒙古国有林区在根河林业局举行停伐仪式，4 月 1 日起，正式实施停伐。

统计数据和已有研究成果均表明，我国国有林区职工收入略高于农村居民收入水平，而远低于城镇居民收入，但由于无土地、草场等生产生活资料，生活支出和消费较高，虽然拥有城镇居民身份，但相当一部分职工并没有享受到相应的社会保障。在调研过程中发现，原先由于企业改制等原因失业、离岗，陷入生活困境的人口数量庞大，由于子女教育和医疗支出致贫的现象更是普遍存在。作为资源枯竭地区，森工类城市转型成效在所研究的范围内最差，并未真正实现产业转型。国有林区面临着比农村、牧区的贫困广度更大、程度更深、更为复杂的贫困问题。目前，对国有林区贫困的研究多侧重于对东北（黑龙江、吉林）地区的研究，对于内蒙古国有林区贫困的研究也仅作为一个组成部分，一带而过。对重点国有林区多维贫困的研究表明，内蒙古森工林区的多维贫困最为严重。而内蒙古国有林区于 2008 年实施改革，进行社会职能剥离，率先实现了政企分开、企事分离，走在了国有林区改革的前列。但针对内蒙古国有林区贫困问题进行全面、深入的研究尚未出现。鉴于此，本书选取内蒙古国有林区为研究对象，在以生态建设为主要任务的时代大背景下，对其贫困问题进行研究，以期为资源处于逐渐衰竭状态的地区的贫困问题研究提供理论和实践借鉴。

第二节　研究意义

内蒙古国有林区地处祖国北疆，与俄罗斯、蒙古国接壤，是呼伦贝尔草原和华北平原重要的生态屏障，是我国重要的木材储备战略基地和重点生态功能区，生态区位十分重要。解决内蒙古国有林区面临的困境，实现国有林区区域和人口的脱贫，有利于保护好国有林区内现有的森林资源，实现森林资源质量和数量的双增长，对于生态文明建设意义重大，对维护区域社会稳定和发展社会经济起着重要的作用。

目前的研究多着眼于国有林区的改革和发展模式，直接着眼于国有林区贫困的研究较少。国有林区的贫困并不是单一层面的问题，是区域性的宏观问题，也是关系到职工住户生计的微观问题，更是深层次的经济学和社会学问题。已有的国有林区贫困研究，或着眼于国有林区贫困成因分析，或着眼于单一的贫困综合评价，或着眼于对林区住户家庭的生计调查，并未有人对国有林区的贫困问题进行综合的、全面的、深层次研究。内蒙古国有林区属改革较早的林区，改革模式也与其他国有林区有着很大的区别，具有独特性。本书通过对内蒙古国有林区贫困问题进行深入的经济学分析，对区域贫困和个人的贫困状况进行实证研究，在对现有政策措施和面临背景进行分析的基础上，建立起内蒙古国有林区的反贫困机制。在理论上，为以后的国有林区乃至资源逐渐衰竭地区的贫困问题研究提供借鉴。在实践上，为资源地区的反贫困提供政策建议。

第三节　研究范围与目标

一、研究范围

贫困是一个复杂的社会经济问题，是所含内容极为丰富的一个大课题。对于贫困问题的研究，主要有两个方面：一个是贫困状况的研究，另一个是如何进行反贫困，直至消除贫困。受数据、时间、资料获取以及个人知识背景、研究能力所限，本书重点以内蒙古国有林区为例研究贫困产生机制，贫困状况、程度和主要的影响因素，以及在目前的环境下采取何种反贫困措施及机制，可以达到全面的反贫困和脱贫效果。

二、研究目标

目前，贫困问题的研究主要集中于农村区域，扶贫政策也在农村实施。国有林区作为资源型特殊城镇区域，其贫困形成、特征和状况均与农村、其他城镇有着很大的不同。已有学者从贫困成因、对策等方面对国有林区贫困进行定性分析，也有从实证分析角度进行贫困综合评价和测量研究，但都是侧重于对东北（黑龙江、吉林）国有林区的研究。内蒙古国有林区作为改革较早、最大的国有林区，其贫困状况究竟如何，贫困是怎样形成的，怎样才能有效解决和消除，还需要进行深入的理论和实证研究。本研究的具体目标如下：

（1）从资源变化与利用角度，梳理典型性资源地区内蒙古国有林区发展历程，分析其贫困的现状和特点；

（2）利用相关经济学理论，深入分析贫困产生机制及其对社会经济的影响；

（3）建立贫困综合评价指标体系，对区域综合贫困水平进行实证研究，并找出区域综合贫困的主导因子；

（4）基于家庭视角，利用微观调研数据，从收入和多维贫困两方面对研究区域人口贫困状况和程度进行实证研究，并对贫困影响因素进行实证分析；

（5）根据实证研究结果，在对反贫困政策措施和所面临背景进行分析的基础上，根据相关经济学理论，建立反贫困机制，提出政策建议。

第四节　研究思路与内容

一、研究思路

根据福利经济学理论，贫困会影响社会整体经济福利水平的提高，本书以此为主线进行研究。

第一，从资源的利用和变化的角度，以内蒙古国有林区为例，对资源衰竭地区发展历程进行梳理，分析其贫困现状和特点。

第二，利用发展经济学、新制度经济学、区域经济学理论，从宏观和微观两个方面研究资源衰竭典型区域内蒙古国有林区贫困发生机制。

第三，根据研究区域贫困表征和发生机制的综合性，建立综合评价指标体系，利用统计数据，对其区域贫困进行实证研究，并找出其贫困主导因子。

第四，根据贫困测度理论和方法，利用微观入户调研数据，对人口贫困状况进行研究，并对其影响因素进行实证分析。

第五，根据实证分析结果，在对已有反贫困措施政策和背景分析的基础上，利用发展经济学、新制度经济学、区域经济学等相关经济学理论建立反贫困机制，并提出政策建议。

据此思路，研究技术路线如图 1-1 所示。

二、研究内容

本书共设九章，主要包含以下五个方面的内容：

（1）资源衰竭地区发展历程与贫困现状。以资源的利用和变化为主线，对资源衰竭典型区域内蒙古国有林区发展历程进行梳理，通过林业产值及增长速度、产业结构、在岗职工工资、下岗和一次性安置人员生活、基础设施建设、企业生产效率等方面说明国有林区的贫困状况，并对贫困特点进行总结和分析，是本书研究的基础。

（2）贫困产生原因和对经济社会的影响。以内蒙古国有林区为例，用发展经济学、新制度经济学、产业经济学等理论从宏观和微观两个层面分析，研究资源衰竭地区贫困发生机制。利用福利经济学理论，分析贫困对社会发展、经济政策实施、森林资源保护的影响。

（3）贫困综合评价。从宏观角度研究区域贫困问题。根据贫困测度理论和方法，建立包含社会、生态、经济三个方面共 22 个指标的贫困综合评价体系，利用 27 个林业局 2004~2014 年统计数据，运用面板数据因子分析法进行贫困综合度测算，以研究各区域综合贫困程度和不同阶段贫困度变化情况，同时找

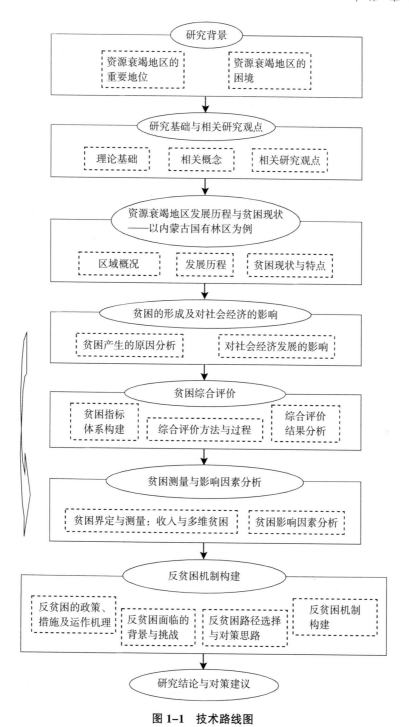

图 1-1 技术路线图

出区域贫困的主导因子。

（4）贫困测量及影响因素分析。从微观层面家庭的角度，利用入户调研数据，从收入贫困和多维贫困两个方面研究人口贫困状况及影响因素。界定收入贫困标准，用 FGT 指数测算收入贫困的发生广度、程度和深度。建立包含教育、健康、生活水平三个维度的多维贫困指标体系，界定多维贫困标准，测算多维贫困发生广度和深度。将家庭是否属于收入贫困或多维贫困作为因变量，选取在岗职工人数、户主受教育程度、户主年龄、所在社区等家庭特征指标作为自变量，分别建立 Logistic 计量模型，通过回归分析，实证分析内蒙古国有林区家庭贫困影响因素。将收入贫困和多维贫困测度、影响因素实证分析结果进行对比分析。

（5）反贫困机制构建。在对现有反贫困政策措施效果及存在问题进行总结分析，反贫困面临的气候变化、经济新常态等背景分析的基础上，研究资源衰竭地区反贫困面临的挑战和路径选择，结合实证分析结果，利用经济学相关理论，建立相应反贫困机制。

第五节　研究方法和数据来源

一、研究方法

（1）实证分析与规范分析相结合。利用数据统计描述分析方法对研究区域贫困现状进行定量分析；利用因子分析法对研究区域贫困进行综合评价，找出贫困的主导因子；建立计量经济模型，对家庭贫困影响因素进行分析，回答区域和人口贫困状况"是什么"的问题。在对贫困发生机制、反贫困措施及运作机理分析、反贫困机制建立方面运用规范分析方法，回答贫困与反贫困"应该是什么"的问题。

（2）比较分析法。本书在对贫困现状进行分析时，将研究区域各项发展指标与其他区域进行了比较分析；在对区域贫困进行综合评价时，选取相同的指标，对各区域的贫困程度进行了比较分析；在对家庭贫困进行测量时，对收入贫困发生率和多维贫困发生率结果进行比较分析，并与其他区域和已有研究成果进行比较分析。

（3）实地调查法。本研究通过到实地调查获取内蒙古国有林区住户家庭贫困相关数据。通过调查问卷和访谈相结合，以调查问卷为主的方法，获取内蒙古国有林区住户家庭特征、消费和收入、对天保工程的态度、对自身生活满意度等一手数据。

二、数据来源与处理方法

本书使用的数据来源于历年统计年鉴、林业局统计数据及实地调查取得的一手数据。

在对区域层面贫困进行分析时，使用的数据主要来源于《中国林业统计年鉴》（2003~2014）、《内蒙古林业统计年鉴》（2003~2014）、《内蒙古大兴安岭林管局统计资料汇编》以及各林业局统计报表资料；在对家庭贫困微观层面进行分析时，用到的数据是通过实地调研、入户访谈时取得的数据，涉及的民生状况对比分析数据来源于《内蒙古统计年鉴》。

在对贫困现状进行描述和分析时，主要对数据进行简单描述统计分析，并用列表或用 EXCEL 生成图表的方式进行处理；在对区域贫困综合评价时，运用 SPSS 17.0 软件对数据进行因子分析；在对贫困影响因素进行分析时，运用 STA-TA 8.0 软件对数据进行计量回归分析。

第二章 研究基础与相关研究观点

本章对研究的理论基础、相关概念进行介绍，从贫困的内涵、贫困的成因理论、贫困的测量、国有林区贫困四个方面对国内外研究进展情况进行总结和分析，并对已有的研究成果进行了简要评述，作为研究的切入点。对于资源衰竭地区贫困问题的研究以福利经济学为基础，借鉴前人关于贫困成因、贫困测量的理论和方法对内蒙古国有林区贫困状况进行实证分析，利用发展经济学、新制度经济学、区域经济学、可持续发展理论等相关理论，对贫困产生原因进行分析，并建立内蒙古国有林区反贫困机制，提出相应对策建议。这一思路和研究的基础同样适用于其他资源衰竭区域的贫困问题研究。

第一节 研究的理论基础

本书基于福利经济学理论指出贫困会影响整体社会经济的发展，进而也影响到资源的保护效果，提高贫困区域和贫困者收入水平，通过财政补贴、基础设施建设等形式将财富向贫困地区和人口进行转移或二次分配，促进收入的均等化，会提高社会整体经济福利水平，以此为主线进行研究；根据发展经济学理论指出资源衰竭地区贫困的成因在于投资不足、资本积累水平低、人口快速增加造成的，应通过加大投资力度、提升人力资本、进行劳动力转移等措施促进社会经济的发展；根据新制度经济学理论，资源衰竭地区的贫困在一定上程度上是由区域经济体制和资源产权制度造成的，且资源培育和保护与反贫困具有巨大的外部性，政府应在调整制度安排方面做出调整；根据区域经济学理论，资源衰竭地区的贫困在一定程度上是由自然区位劣势造成的，应从市场对资源配置的调节作用出发，发挥增长极的集聚效应和扩散效应，促进产业发展，促进社会经济的发展；在可持续发展理论的指导下，实现生态、经济、社会的可持续发展。在此基础上，建立资源衰竭地区反贫困机制，提出相应的对策建议。

一、福利经济学

贫困问题研究的一个重要方面，是研究如何增进社会中较低收入者的福利，提高社会整体福利，以使每个社会成员公平享受社会发展成果。福利经济学以效用最大化理论为基础，对社会经济体系的运行给予评价，以研究高效率的资源配置，收入分配公平，以及增进社会福利等为主要内容，由以庇古为代表的旧福利经济学和以帕累托为代表的新福利经济学组成。1920 年，"福利经济学之父"阿瑟·塞西尔·庇古在《福利经济学》一书中，阐述福利经济学基本思想，建立较为完整的理论体系，标志着福利经济学的诞生。20 世纪 30 年代，罗宾斯等对庇古的福利经济学理论提出质疑和批判，认为国民收入的均等化在现实条件下无法实现，财富转移的主张和要求也没有科学依据。之后，卡尔多、希克斯、勒纳等也对庇古的理论进行了批判，并提出了自己的观点。新福利经济学的效用概念来自意大利经济学家帕累托，认为效用是主观的、不可观测的，以帕累托最优化原理为出发点，以序数效用论为理论基础，以无差异曲线分析为基本分析方法，试图解决旧福利经济学没有回答的问题，是对旧制度经济学的补充。帕累托最优是资源分配的一种理想状态，假定有特定的人群和可分配的资源量，在某一状态下，在没有使任何人的境况变坏的前提下，也不可能使另外一些人的处境变好，也就是说，不可能在不损害其他人的条件下使另外一些人的境况变得更好。

福利经济学关于贫困问题的主要理论有：

（一）财富转移理论

根据边际效益递减规律，假定一个人的欲望是某一特定的稳定状态，每增加一个单位的持有货币和物品量，从这一单位的货币或物品中所获得的效用将会越来越小，直至减为零。若将财富从富人转移到穷人手中，会使穷人满足的效用增加量大于富人减少持有产生的损失。从而，穷人的满足量增加，社会整体福利增加。因此，在整体社会财富水平不变的条件下，将财富从富人手中转移到穷人手中，会增加以往的整体社会经济福利。

富人财富向穷人转移的方式有两种：一种是富人自愿拿出一部分财富兴办教育、保健设施等；另一种是利用政府强制性方式如征税等，进行收入再分配，或通过社会福利制度增加穷人的收入，或补贴那些为穷人生产产品的机构，使产品价格降低。通过财产的转移使穷人和富人的边际效用相等会实现"福利最大化"的目标。

（二）收入均等化理论

福利与国民收入总量紧密相关。国民收入总量越大，经济福利越大；反之，越小。社会总经济福利是个人经济福利的总和。经济福利在很大程度上受国民所得数量和国民所得在社会成员之间分配方式的影响。增加国民收入而其中穷人所占份额不减少，或国民收入不变但穷人所占绝对份额增加，都会增加社会福利。因此，收入均等化是福利极大化的必要条件。

（三）补偿理论

根据帕累托改进原理，如果社会变革可以使一些个体经济状况得到改善，而不造成其他个体经济状况的损害，那么社会整体福利就是增加的。但是一次社会变革并不能保证所有人都是受益者，总有利益受到损害的个体。因此，应该对经济利益受损的群体进行补偿。

（四）社会福利函数理论

社会福利函数理论是新福利经济学的重要组成部分，以帕格森、萨缪尔森为代表，强调收入分配问题应由一定的道德标准去判断和约束。社会生产中，生产函数中的任一厂商因生产要素组合的改进使生产效率提高，或者消费者中任一个体因消费量的增加而使满足程度提高，而其他厂商的生产效率或其他消费个体的满足程度不变，那么社会福利就会增加。当社会福利提高到不能再提高的水平时，社会福利达到最大，这时便实现了帕累托最优状态。

在社会发展和变革中，竞争和经济组织的最优化能够在不减少其他个体福利的情况下使一部分成员个体福利增加，或者使福利恶化的成员得到补偿，这样，社会上所有人的福利就是增加的，社会福利就是增加的。

二、发展经济学

发展经济学形成于 20 世纪四五十年代，其思想源头可以追溯到古典经济学甚至更早，是研究发展中国家经济问题的经济学科分支。发展经济学认为，经济增长并不等同于经济发展。发展中国家面临的问题和特征主要有：低下的生活水平（低下的人均收入水平、悬殊的收入差距、大范围的贫困、恶劣的卫生保健状况、低下的教育水平）、低下的生产率水平、人口高速增长和沉重的赡养负担、高水平的失业和低度就业、对农业生产的严重依赖、不发达的市场经济、在国际关系中处于劣势地位等。经济发展不仅仅指经济的增长，贫困、不平等和失业现象的减少以至消除等也是经济发展中的重要内容，还包括社会结构的变迁，大众心态和国家制度的改变。对于发展中国家经济落后问题的研究理论，更可以借鉴和延伸到不发达或落后地区经济发展问题研究中。

（一）"人口陷阱"理论

人口的增长会为经济发展提供充足的劳动力，并使总需求增加，但人口的过快增长会降低人均收入水平和生活水平，会使就业问题恶化，过多的人口也会破坏生态平衡。关于这一问题，马尔萨斯（Malthus，R. T.）提出了著名的"人口陷阱"理论，以说明不发达国家或地区经济发展停滞不前的原因。假定一个国家的人口增长率与该国的人均水平相联系。在一定时期内，不发达国家或地区的经济增长缓慢，人均收入增长后，由于生活水平的提高，人口也随之增长，人均收入又会下降到原来的水平。只有当投资规模足够大到超过人口增长的水平，人均收入增长才能超过人口增长率，在没有达到这点之前，人均收入的增长效果被随后而来的人口增长所抵消。在人均收入水平增长到与人口增长率相等的人均收入水平时，存在着一个"人口陷阱"，冲破陷阱最好的方法是进行大规模投资，使资本投资增长率超过人口增长率。

（二）贫困的"恶性循环"理论

贫困的原因是由于经济增长停滞和人均收入低下，而导致经济增长停滞和人均收入低下的原因是资本匮乏与投资不足。因此，解决不发达国家或地区资本形成问题是实现经济起飞和摆脱贫困的先决条件。纳克斯在 1953 年面世的《不发达国家的资本形成》一书中提出"贫困恶性循环"理论，指出，资本的缺乏是阻碍不发达国家或地区经济发展的关键因素。低收入导致了低的储蓄能力，形成的资本积累较少；同时低收入也导致低的消费水平，从而导致投资引诱不足，形成的资本难以形成有效的扩大化再生产。低的储蓄能力造成的资本积累不足，即使存在投资引诱也由于缺少资本而无法形成有效的再生产。如此循环交叉，很难摆脱困境。因此，不发达国家或地区的长期贫困是难以改变的。

（三）人力资本论

众多的经济学家从资本方面研究了不发达国家的经济发展问题，而该资本的范围限定为实物资本和货币资金的投入。人力资本指劳动力质量，是人的体力和智力的综合，包括其身体素质、劳动技能和知识存量等，是人在社会经济活动中获取收益的能力。舒尔茨在《人力资本投资》一书中提出：资源的多寡和资本投入的多少不能决定经济的发展。经济的发展程度取决于人的质量。人力资本是资本的重要组成部分。人力资本形成的途径主要有医疗卫生、教育培训、劳动力转移等。人力资本理论对现代经济增长做出了新的解释。

增加人力资本的途径主要包括体力和智力的投资。体力上的投资主要从增加食物量，完善饮食结构，提高营养和健康质量水平，提高医疗水平，保持身体健康方面着手。教育是智力投资的重要方面。发展中国家的教育投资收益率高于发达国家，教育收益水平高于资本投资收益水平。不同教育程度的收益是不同的。不发达国家或地区应全方位改善营养和医疗等服务，提高劳动力的身体素质；提高教育投资的效率；减少智力外流。

三、新制度经济学

新制度经济学是用主流经济学的方法分析制度的经济学。新制度经济学研究的对象是制度与经济的关系，由罗纳德·科斯教授及其追随者奥列弗·威廉森、阿尔曼·阿尔奇安、H. 德姆塞兹、D. 诺斯、张五常等人创立。基本观点是：制度结构和制度变迁是经济效率和经济发展的重要影响因素。产权理论和交易费用理论是新制度经济学中最基本和重要的理论。

(一) 产权理论

产权是规定人们相互间行为关系的一种社会基础性规则。包括所有权、使用权、收益权、处置权等，是一个权力束。从广义上看，产权是受制度保护的利益。与传统意义上的生产资料所有权相比，产权不仅包括物质资产，还包括人力资产；不仅包括有形资产，还包括无形资产。当两方发生市场交易时，实际上是双方产权或权力束的交换。交易中产权束的内容影响物品或资产的价值。产权是对资源的占有和使用，具有排他性。产权的界定影响到人们的成本和收益，而收益与成本的计算是人们进行决策的基础。因此，产权界定清晰是产权交易的前提。若某种资源或物品的产权归属不明确，那么对其进行使用就会有不能获取这一资源产生的全部收益的可能，这是外部性的问题。产权制度的出现可以将成本或收益的外部效应内部化。产权制度既涉及对产权的界定，又涉及对产权的保护。产权制度是对经济效率有重要影响的基础性的经济制度，构成了市场制度及其他制度安排的基础。

(二) 交易费用理论

交易是指人与人之间的交互行动。交易费用产生于人与人之间打交道的过程中，是达成契约和保证契约能够执行的费用。人不仅从自然中获取资源得到经济利益，更要通过与人的合作实现各自利益。合作过程中会产生利益分配的问题，只有利益分配问题得到解决，才会实现顺利合作。利益分配可以通过谈判达成约定。在谈判和约定的执行过程中会产生成本。合约形式不同，产生的交易费用也不同，最终的合作效果也不同。对于合作形式的选择，科斯在《企业的性质》中指出，若合作效果相同，那么选择交易费用较低的合约形式。在新制度经济学中，合约形式可被理解为制度安排。合约是人们之间合作时就利益分配问题达成的协议。这正是制度安排的本质。在《社会成本问题》中，科斯指出，在产生交易费用的情况下，两种不同的制度安排产生的资源配置效率是不同的。交易费用产生的原因包括不完全市场，经济主体的有限性，经济主体的机会主义行为。制度和技术是降低交易费用的两种主要力量。

四、区域经济学

(一)"发展极"理论

"发展极"理论由法国经济学家佩鲁于 1950 年提出。中心思想是:主导产业和新兴产业的增长速度最快,会在空间上产生集聚,形成一个中心。在这一中心内,资本和技术的高度集中,产生巨大的规模经济效益,使得自身增长迅速,同时对邻近地区的发展产生强大辐射带动作用。如生产中心、贸易中心、金融中心、信息中心等。具有创新能力的企业或企业家群体集聚,适宜经济发展的外部环境,资本的集中与扩散等是发展极形成的基本条件。

(二)回波效应与扩散效应

资本、劳动力、技术等生产要素通常会由收益率低的部门向收益率高的部门流动。发达地区通常经济发达、生产效率高,各项生产要素报酬收益较高,因此,生产要素会从落后地区流向发达地区,这一现象称为"回波效应"。"回波效应"对要素的集聚是有限度的,当"发展极"发展到一定程度后,会产生"扩散效应"。随着发达地区生产规模的不断扩大,会引起生产要素供应紧张,致使价格上升,从而生产成本提高,要素和资本收益率减少,流向其他收益率较高地区,产生资本和技术向较为落后地区"扩散"的现象。

五、可持续发展理论

发展是人类社会永恒的主题,始终是人类追求的目标。"二战"后,广大取得政治独立的亚非拉国家成为发展中国家,有着共同的社会经济特征——贫困。为了摆脱贫困,采用以大量消耗资源和粗放生产经营为特征的传统的发展模式,试图在短期内实现农业国的工业化。在一段时间内,粗放经营的传统发展模式促进了发展中国家经济的增长,但随之出现了人口膨胀、大量人口失业、环境破坏、资源枯竭等一系列的问题。1962 年,美国海洋生物学家卡尔森的《寂静的春天》问世,使环境问题开始得到广泛关注。

1972 年 6 月,在斯德哥尔摩联合国人类环境会议上通过的《联合国人类环境宣言》呼吁人们,为维护和改善人类环境,造福后代而共同努力。提出,"人类有权在一种能够过尊严和福利的生活的环境中，享有自由、平等和充足的生活条件的基本权利，并且负有保护和改善这一代和将来的世世代代的环境的庄严责任"。1987 年，世界环境与发展委员会（WCED）向联合国提交报告《我们共同的未来》，正式提出可持续发展模式：可持续发展是在不牺牲后代人需要的情况下，满足当代人的需要。并提出，要把满足贫困人口的基本需要"放在特别优先的地位来考虑"。人的基本需要得到满足是每个人生存的基本权利；贫困是对人基本权利的剥夺。贫困与破坏环境间存在互为因果的关系。消除贫困和减少贫富差距，是实现可持续发展的内在要求。

第二节　相关概念

一、国有林区

国有林区是国有林业区域的简称，是指森林资源由国家各级政府所有并由国有林业企业经营的林业区域。我国国有林区，主要包括黑龙江、吉林、内蒙古、新疆、云南、四川、陕西、甘肃、青海九省区的国有林区。我国的国有林区（不含国有林场）是指东北、西北和西南的森林相对集中连片的地区，而重点国有林区则指黑龙江、内蒙古、吉林的大小兴安岭和长白山国有林区，也称东北内蒙古重点国有林区。

学者们对于国有林区进行了深入和多方面的研究，但目前对于国有林区并没有统一的定义，一般指的是新中国成立以后，为保障国家恢复发展的需要，解决建设木材所需问题，国家先后建设的 135 个国有森工林业局。围绕国有森工企业的木材生产，同时建设了与木材生产相关的运输、加工、化工、机械、建筑等企业。为了使林业生产正常运行，林业生产人员的生活得到保障，在生活区域内相继建起了医院、学校、商业网点等，逐步形成了包含医疗卫生、文化教育、邮电、交通、建筑、商业，以及公、检、法等在内的相对独立和完整的社会体系，建成了以林业生产和林业人口为主的城镇。在这一区域和体系内，国有森工企业兼有企业和社会双重身份和职能，政企合一，事企一体。虽然国有林区进行了逐步的改革，采取社会职能剥离、企业改制、职工分流等措施，国有林区的特征也依然明显：①国有林区的森林资源包括林木、林地、森林动植物和微生物在内，权属归国有，所设的国有林业局代为行使保护、管理和使用权利，这一点是区别于集体林区的最大特点；②国有林区的林业生产以国家投资为主，包括森林资源的保护与培育、森林采伐以及以森林资源为基础的风景区和旅游区建设等；③国有林区通常是森林资源丰富集中连片的地区，地域较广，通常在一省（自治区）范围内或跨行政区域（市、县或旗）范围内存在；④区域内城镇人口以从事林业生产为主，包括原国有企业职工及其家属，林业人口比例在 20% 以上。

本书对于国有林区则定义为：所有权属归国家（全民）所有的森林资源集中连片区域，且在该区域内一般设有不低于当地基层行政部门级别的生产单位，生产单位的资金来源主要以国家财政拨付为主（20 世纪 80 年代"拨改贷"后，曾有一段时期主要资金来源是银行贷款），所在地相关政府林业部门仅对其具有业务指导职能（或为平行的业务关系部门），接受更高行政部门的领导。书中内蒙古国有林区指在内蒙古东北部的森立资源集中连片的区域。包括内蒙古森工集团（林管局）所辖的 19 个北部原始林区林业局和内蒙古林业厅所辖的岭南次生林区"岭南八局"施业区域，跨内蒙古自治区呼伦贝尔市和兴安盟的牙克石市、根河市、鄂伦春自治旗、额尔古纳市、扎兰屯市、阿尔山市等 9 个旗（县、市）。

二、国有林区的贫困

国有林区的内涵和特点决定了内蒙古国有林区的贫困包括国有林区区域贫困和人口的贫困两个方面，是一个复杂的社会问题。国有林区的贫困主要表现在经济社会发展缓慢、基础设施落后、可采森林资源匮乏、林业企业经济效益水平低、人口生活环境差、收入低等方面。国有林区人口的贫困主要表现在家庭收入水平低、居住条件差、健康状况差、拥有资产量少、享受到的公共服务数量少、水平低等。用收入界定贫困是传统的贫困界定和测度方法，但用收入这一单一指标并不能全面反映国有林区的贫困，不仅不能反映区域贫困现状，也不能全面反映林业人口的贫困状况。本书从区域和人口两个角度衡量和界定国有林区的贫困。

(一) 国有林区区域贫困

贫困是一定时期内的一种状况和表现，所以是一个动态的概念，随着时间和经济社会的发展而变化，但短时期（一年或两年内）发展速度较快，并不代表地区经济发展良好。本书中，内蒙古国有林区贫困综合评价旨在对区域的贫困进行综合评价和测量，选取的指标包括了经济、社会、环境三个方面的 22 个指标，数据则选取 2004~2014 年 11 年间的数据，从动态角度综合反映区域贫困状况。贫困又是一个相对的概念，贫困与否以及贫困程度如何是与同在国有林区范围内的其他地区各项指标比较和计算得出的。因此，内蒙古国有林区区域的贫困是指贫困综合得分在-0.005 以下的地区，也即贫困综合得分在-0.005 以下的地区被认定为区域贫困。

(二) 国有林区人口贫困

对于国有林区人口贫困的界定从收入和多维贫困两个方面进行。

收入贫困是指取得的收入较低，低于同区域内总人口的平均水平，不足以维持基本生活所需。国际和国内均制定了基本的贫困线，从收入角度界定和识别贫困，所界定的贫困多适用于农村地区的绝对贫困。而国有林区属于城镇建制，属于相对贫困研究范畴。对于相对贫困的识别和界定，一般是将平均收入的 1/2 或 1/3 作为贫困线。根据国有林区人口生产资料较少的、消费较高的现实状况，将国有林区的收入贫困线定为人均收入水平的 1/2，也即国有林区收入贫困是指收入在当地平均收入水平 50% 以下的人口。在本书中，根据调研数据，内蒙古国有林区 2014 年人均收入为 15287.53 元，将 7644 元作为贫困线。内蒙古国有林区贫困人口，即为年均收入低于 7644 元的人口。

根据对国有林区贫困人口的状况分析，国有林区人口的贫困不仅表现为收入低，还表现在受教育程度低、健康状况差、居住条件差等社会生活的其他方面。本书建立了包含了教育、健康、生活水平 3 个维度共 8 个指标的多维贫困指标体系，用以界定和识别贫困。国有林区的多维贫困是在 8 个指标中有 3 个或 3 个以上的指标处于所界定的贫困标准之下的家庭或人口。

第三节　相关研究观点

一、贫困的内涵

国外对贫困的研究起步较早，从一开始侧重于物质的缺乏角度，发展到从能力的角度对贫困的内涵进行界定。

英国学者 Townsend、世界银行、Oppenheim 等从贫困的表现对其进行界定，认为贫困是某方面的缺乏，包括物质、社会、精神、文化等。虽然角度有所不同，但都认为贫困是"缺乏"的社会表现。欧洲共同体委员会和世界银行认为，贫困是由于贫困者所拥有的资源很少，低于所在区域或国家最低可以维持生活的水平，而被排斥在某种社会生活外。这是从社会"排斥"的角度对贫困进行界定。印度经济学家阿马蒂亚·森认为是贫困是一个能力不足以支撑其获得维持最低生活需要的问题。这是从"能力"角度对贫困进行的界定研究。

"排斥"和"能力"的观点是在认同"缺乏"的基础上，进一步分析和研究"缺乏"的深层次原因。在描述贫困的同时，加入了社会价值判断和评价，并试图描述和研究贫困者个人、家庭，以及群体陷入贫困的原因。"排斥"的观点侧重于强调导致贫困的外在客观原因和陷入贫困的被动性，认为贫困是由于"被剥夺"、"被排斥"所致。"能力"观点则侧重于强调导致贫困的内在主观原因和陷入贫困的主动性，认为贫困是由于自身"能力"的缺乏而导致的。

国内对贫困的内涵界定基本上沿袭了国外的研究，最初也是从物质缺乏的角度进行，代表性的研究主要有：白人朴、汪三贵、童星和林闽钢、康晓光等从"缺乏"的角度对贫困所下的定义。

二、贫困的成因理论

(一) 国外研究

国外对于贫困成因, 也即导致贫困原因的研究大体上可以分为从经济学和社会学两个角度进行的研究。

以经济学理论为基础对贫困进行的研究主要有: 美国经济学家纳克斯的"贫困恶性循环理论"认为, 资本的缺乏是贫困产生和陷入"恶性循环"的根本原因。马尔萨斯提出的"人口陷阱"理论认为, 在人均收入最低水平和与人口增长率持平的人均收入水平之间存在"人口陷阱"。在这个陷阱范围内, 任何试图摆脱贫困的努力都是徒劳的, 因为超过最低人均收入水平的那部分收入的增长会被人口的增长抵消。美国经济学家哈维·莱宾斯坦在对发展中国家经济问题进行研究后, 提出"临界最小努力"理论, 认为, 收入水平低是发展中国家长期处于低水平循环中的原因。美国经济学家西奥多·W. 舒尔茨认为, 发展中国家贫困产生的根本原因是人力资本的匮乏和对人力资本投资的忽视。从以上观点可以看出, 从经济学视角出发对贫困成因的研究着重于从影响经济增长的因素及它们之间相互影响关系进行研究。随着不同阶段各要素对经济增长影响的重要程度不同, 研究的侧重点也随之变化。

以社会学角度对贫困成因进行的研究, 主要是从文化角度进行的研究, 认为社会中存在的"贫困亚文化"是使贫困者和其家庭陷入贫困恶性循环的主要原因。贫困结构理论则认为, 社会结构因素是导致贫困的主要原因。从社会学角度对贫困成因的研究, 主要是从影响经济社会发展的文化、制度、历史等社会性因素方面展开的。

(二) 国内研究

国内学者对贫困成因的研究, 主要是借鉴国外贫困成因理论对我国农村贫困的成因进行分析, 涉及经济、社会、自然等多个学科。多数观点认为, 贫困形成是多方面的原因, 但有其主要的原因, 并对其中一种原因型贫困进行侧重分析和研究。

代表性的研究主要有: 成升魁、丁贤忠认为, 自然因素是贫困产生和加剧的重要因素，但并不必然导致贫困；贫困地区的自然条件通常具有一种或者多种难以改变的因素；贫困的本质是人的素质低下。张廷武对农村扶贫问题进行研究，根据致贫原因将农村贫困分为生态性贫困、灾害性贫困、结构性贫困、智力性贫困、区域性贫困五种类型。陈南岳指出，生态环境恶化与贫困有着紧密的联系，生态贫困是我国农村贫困发生的主要类型。王成新和王格芳认为，中国农村贫困出现了环境破坏、教育消费、人才流失、疾病、信息匮乏、机制变化等新的致贫因素。胡鞍钢认为，我国西部地区的落后和贫困人口的大量存在是由于知识资源的缺乏，高效率利用物质资本的人力资本能力的缺乏，开放、创新和竞争意识的缺乏。刘明宇认为，"三农"问题并不是农民、农业或农村的问题，更深层次的原因是由于遭遇的制度性贫困陷阱。黄少安认为，农民贫困有收入、人力资本、权利和机会三重含义，但农民贫困的根本原因是制度贫困。靳涛认为，制度创新供给不足和有效制度滞后是造成农民相对贫困的重要原因，两者相互交叉，造成农民的相对贫困。叶普万将贫困归为制度性贫困（主要包括体制性贫困和观念性贫困）和非制度性贫困（主要包括资源匮乏型贫困、生态恶劣型贫困、资源富饶型贫困、灾害导致型贫困和能力衰弱型贫困）。

三、贫困的测量

(一) 国外研究

贫困问题在最初的研究中，仅被定义和理解为经济物质上的贫困，属于单维贫困的范畴。因此，侧重于用单一的指标——收入来对贫困进行测量是当时国际上流行的方法。

随着经济社会的发展和对贫困问题的深入研究，仅用收入这一指标测量贫困显得不合时宜，不能全面、正确反映贫困的面貌。从多个方面研究、定义和界定贫困，是反贫困实践的需要和依据基础。阿马蒂亚·森提出，贫困不仅仅是收入低下，贫困是对人获取资源的基本能力的剥夺。除收入外，其他获取能力的被剥夺，也影响到真实的贫困。森的这一理论的提出为多维贫困理论做出了重大贡献，但如何对多维贫困测量成了面临的难题。2007 年，在阿马蒂亚·森的倡导下，牛津大学创立了牛津贫困与人类发展中心 (Oxford Poverty and Human Development Initiative，OPHI）。OPHI 中心主任由 Alkire 担任，并组织建立了研究团队，致力于多维贫困测量的研究。Alkire 认为，与能力相关的多维贫困测量方法更便于识别人们的能力剥夺，为反贫困提供更为准确的关于贫困的信息。2008年，Alkire 和 Foster 共同发表论文《计数和多维贫困测量》，文中给出了多维贫困识别、加总和分解的方法。Pasqyale 等也认为，贫困是一个多维度的现象，在对贫困测量问题进行研究时，应考虑到理论基础、方法和实际应用等问题，并提出了一种综合指标体系——MPI 体系，也即麦泽塔—帕累托指标体系。在体系指标设计时考虑到各国或各地区发展的不平衡，通过实证方法比较研究了人类发展指标体系（HDI）和人类贫穷指标体系（HPI）与 MPI 的区别。Lazim Abdullah 利用模糊评价理论，通过所建立的三个关系方程确定贫困线，并用马来西亚家庭平均月收入数据来验证贫困线确定的合理性。数据对比分析结果表明，当时马来西亚官方公布的贫困线过低，马来西亚的真实贫困程度被低估。

（二）国内研究

国内对贫困测量的研究主要集中于对贫困测量指标（包括单一指标和综合指标体系）的研究，以及对贫困测量的实证研究。

1. 单一指标的贫困测量

单一指标的贫困测量是指主要以收入为标准确定贫困线，进而进行的各项指数的计算和研究。黄承伟利用国际贫困线标准对广西贫困率、贫困深度进行了测量。祝梅娟对贫困线测算方法进行分析和比较研究，认为利用扩展线性支出系统法测算的贫困线能较好反映贫困，并利用这种方法对我国贫困线进行了测算。王大超、赵婷婷指出，我国目前的贫困测度指标体系不健全、不统一，与国际标准相比，存在很大的差距，应统一口径，重新构建我国的贫困测量指标体系。刘建平对贫困线测定方法进行研究，并以山西省为例说明了贫困线测定过程，包括了食物贫困线和非食物贫困线确定两个部分，最后再确定低贫困线和高贫困线。杨国涛用 GQ Lorenz 曲线参数方法测量贫困的基本原理，对我国农村 1995~2003 年的贫困状况进行测量。陆凤兴以收入贫困线标准为起点，总结、分析和比较国外贫困测算方法和指标体系，探讨了对我国贫困测定的借鉴意义。李丹采用 GQ Model 和 Beta Model 拟合收入分布函数计算了北京市城镇居民贫困发生率，采用

Shapely 分解方法将贫困变动分解为由于经济增长、收入分配和贫困线变动三个部分产生的效应。

2. 多维度指标的贫困测量

肖佑恩等从 1990 年开始尝试构建多维度贫困指标体系，构建了包括农村生产发展水平、农村产业结构状况、农村居民收入水平、农业商品化程度、农村居民消费水平五个方面共 11 个指标的多维度贫困测量指标体系。随着多维贫困理论研究的逐渐成熟，2000 年以后，对多维贫困指标体系的研究逐渐增多，涉及的内容也更加全面，不同研究者设计的指标体系侧重点各有不同，内容也有所区别。尚卫平、姚智谋建立了多维贫困模型，并将其用于对 2000 年六大洲贫困程度两类指标的测算，计算结果与人文发展指数测算的六大洲贫困程度相近，证明了模型的可靠性。王艳萍构建了包含经济、社会、政治等方面的健康状况指数、医疗保健指数、教育指数、经济资源指数、消费支出指数、就业及工作条件指数、家庭和社会融合指数以及政治和资源指数 8 个指数 21 个要素的指标体系，通过划定各要素的贫困线、确定权重等步骤计算出反映贫困程度的综合指数。王荣党构建了包含贫困基础、社会经济、人文发展、生存环境 4 个方面共 17 个指标的贫困测度指标体系，研究我国农村区域贫困状况及变动趋势。胡业翠建立了包含资源、经济、社会、人口 4 个方面共 42 个指标的贫困测度体系，并以广西喀斯特地区为例应用指标体系测算贫困度。多维度指标体系能够比单一指标更加全面科学地反映贫困状况，但建立的指标体系中部分指标难以获得准确数据，会对测度结果的准确性产生不确定的影响。陈立中从收入、知识和健康三个维度出发，运用 Watts 多维度贫困指数对我国转型时期的多维度贫困进行测算，并对其进行 Shapely 分解。分析结果表明，1990~2003 年我国的多维度贫困发生率和贫困程度大幅度下降，其中收入维度贫困下降幅度最大，健康维度贫困下降幅度最小。王小林和 Sabina Alkire 采用我国 2006 年健康与营养调查数据，运用 Alkire 和 Foster 2007 年开发的多维贫困测量方法，对我国城市和农村的多维贫困进行测量。田飞从资本理论出发将贫困分为经济资本贫困、社会资本贫困和人力资本贫困，先用结构方程模型验证性因子对贫困的三个维度进行检验，然后用结构方程模型测算出安徽省农村地区所采集的个体样本的贫困程度。

四、国有林区贫困

(一) 国外研究

由于管理体制和制度的不同，国外鲜有针对国有林区贫困问题的研究，但对于自然资源丰富地区的贫困问题研究比较深入。因此，在此侧重对国外自然资源丰富地区贫困问题研究进行综述。

国外对于自然资源丰富地区的贫困问题的研究始于 20 世纪 50 年代，认为贫困主要是由过度依赖自然资源、贸易条件恶化、自然资源利用效率低以及与其他部门联系不紧密等原因造成的。70 年代后，Pasquale、Sachs、Corden、Matsuyama、Nankani 等学者认为原先的理论缺乏现实的支撑和验证，开始寻找新的理论来解释自然资源丰富地区的贫困问题，比较著名的理论有荷兰病效应、寻租模型、制度理论等，学者们还对这些理论进行了验证。到了 90 年代，对自然资源丰富地区贫困问题进行的实证研究开始大量出现。Sachs 和 Warner 在 *Natural Resource Abundance and Economic Growth* 一书中利用 87 个国家或地区 1970~1989 年数据，以初级产品出口总值占其 GDP 的比重来代表自然资源丰裕度，以市场开放度、投资、制度等为主要变量，研究自然资源丰富地区是否存在贫困的问题，结果表明，自然资源丰富地区确实存在贫困。Hausman 和 Rigobon 利用面板数据固定效应回归模型研究发现，资源丰裕度通过某种机制传导作用降低了经济增长率，造成了当地的贫困。Papyrakis、Elissaios 等利用美国 49 个州的资源和经济数据进行研究，结果表明，资源较为丰富的阿拉斯加和路易斯安那州的经济发展却较为缓慢。Papyrakis 和 Gerlagh 将多国家间的贫困研究转向研究一个国家内部地区间的贫困问题，结果表明，美国自然资源丰富的州经济较其他地区发展落后。

(二) 国内研究

1. 国有林区区域层面的贫困研究

李周等将森林覆盖率大于 30%，人均森林面积超过 0.33 公顷，人均蓄积量不低于 10 立方米的地区定义为森林丰富地区，以县为单位进行研究。通过分析指出，我国的贫困县中，森林资源丰富的县所占的比例高于森林资源缺乏县所占的比例，森林资源丰富地区贫困的主要原因是缺乏发展现代经济所需的内外部环境。

张志达等指出，天保工程的实施使国有林区的森林资源得到休养生息，产业结构得到优化调整，职工生活有所改善，同时也推进了森工企业改革的步伐。但林区的资源、社会、经济的可持续发展中仍存在着困难和问题，主要表现在企业社会负担沉重、基础设施落后、富余人员就业困难、接续产业发展缓慢、社会保障不健全等方面。同时指出，这些问题是历史沉淀矛盾在新时期的反映，问题的产生是由于以往以木材生产为中心的经营方针、国有林区管理体制等造成的。冯菁、夏自谦对中国林区贫困现状及解决对策进行了综述性的研究，指出，林区贫困的原因涉及自然、历史、经济、政策等多个方面，是一个现实的、复杂的问题。温铁军等指出，国有林区20世纪80年代出现的"两危"，由于长期以来改革并未触动真正的矛盾，使得林区职工福利和保障逐步减少，林区实际上存在着"三危"（可采林木资源危机、林业企业经济危困和林业职工生活危难）困境。国有林区一直未摆脱困境的原因，一定程度上是由于国有森工企业受到电力、金融、烟草等其他行业国有部门借助垄断地位获得高额利润现象的影响，想继续维持"不具垄断条件下的垄断"地位所致。

刘丽萍指出，国有林区贫困的原因主要有经济管理体制落后、思想观念落后、天保工程实施的影响，黑龙江国有林区贫困现状主要表现在林区职工收入水平偏低、医疗和社会保障缺乏、教育落后等方面。刘丽萍等指出，东北国有林区危困的原因是，长期以来实行的经营权和所有权为一体的体制性矛盾；缺乏科学的指导，长期以来重采轻育。林区的"两危"困境引起了以工资为主要收入的林区职工的贫困，主要表现是：林区经济和社会负担过重，林区人口的暴涨，"公检法"三家的经济负担，社会收费、集资和摊派，基础设施建设等负担加重；东北林区在岗职工收入低、贫困度高，低保对象占当地低保总数比重较大，缺乏社会保障；东北森林资源总量减少，结构性危机加剧。

张于情通过比较分析指出，黑龙江森工国有林区贫困程度高于黑龙江平均水平，虽然林区职工收入略高于农民收入，但林区人均纯收入水平远低于黑龙江农民收入水平，由于林区职工生活费用支出较高，实际上林区职工比农民更加贫困。黑龙江森工国有林区贫困特征与农村贫困特征不同，贫困状况和程度与森林资源状况、丰度、国家林业政策相关。不仅是种种历史积累的结果，以往计划经济的实行也是加剧贫困程度的主要因素。

张晓静提出林区贫困的概念，对我国林区贫困原因进行分析后指出，可采森林资源总量不足、质量不高、分布不均，人口的急剧增长，国家投资少，体制改革落后，科技效用发挥不足，地处偏远等是导致林区贫困的主要因素。设定经济影响、天保区内产业结构调整、生态、社会、心理几个方面的天保工程影响指标43个，运用专家评分法对样本县贫困进行综合评价。研究结果表明，林区仍存在着贫困现象，天保工程的实施对消除贫困利大于弊，贫困影响着天保工程的推进和进一步实施，天保工程的推进和林区贫困的消除需要构建完善的政策机制作为保障。短期内，天保工程会加剧林区的贫困，但实施天保工程与林区消除贫困的目标一致，长期看，天保工程的实施对于林区贫困的消除具有积极的作用；林区贫困阻碍了天保工程的顺利实施；安置计划存在缺陷，社会保险资金缺口较大，造林管护费用低不利于工程建设质量，林业企业负债累累，地方财政困难，人工林禁伐后缺乏补偿政策，后续产业发展政策缺位等是天保工程实施面临的问题与阻力。

崔海兴描述和回顾了国有林区森工企业垄断地位的形成和垄断条件丧失的过程，并在此基础上分析森工企业丧失垄断地位的原因、带来的后果，以及仍想维持这种垄断的原因。指出目前"三危"困境的形成，与森工企业在实行计划经济体制改革后，垄断条件丧失，但仍极力想维护这种垄断地位的做法有关。这种体制下造成的后果是负外部性最大化，企业自身也不得不承担行政垄断带来企业自主经营权缺乏的后果。

刘丽萍对黑龙江森工国有林区贫困进行评价研究。将黑龙江森工国有林区职工收入与全国林业系统职工收入、黑龙江平均工资收入水平进行比较，说明林区职工存在贫困现象，构建国有林区贫困评价指标体系，包括经济、企业、社会三个子系统共21个指标，利用因子分析法对黑龙江森工国有林区历年贫困度进行综合评价。利用聚类分析法，判断所属林业局之间的近似程度，将林业局按照不同的贫困程度分为重度贫困型、中度贫困型、轻度贫困型、脱贫型、富裕型五类。并提出林产加工产业集群、林产品加工、畜牧养殖业、北药产业模式、森林旅游、生态移民、风电产业 7 种模式针对 40 个林业局进行配套，以加快国有林区的脱贫进程。

易爱军对我国国有林场的发展历程进行梳理，从森林资源、经济发展、人力资源三个方面对国有林场现状进行分析，并界定了可持续发展基础上的国有林场贫困的含义。结合原有的国有林场贫困实际情况和各省市认定标准，采用目标法和专家咨询法，构建了资源、经济、人力资源三方面共 23 个指标体系，对全国国有林场的 2008 年贫困综合指数进行测算。对我国国有林场贫困的成因进行分析，运用因子分析法对影响我国国有林场贫困的影响因素进行识别。结果表明，影响国有林场贫困的主要因素为教育培训因素和森林资源因素；我国国有林场贫困的根本原因归结为自然历史原因、林业政策原因、管理体制原因、林场自身的原因。

陈文汇选择 135 个森工企业，选取企业人员、营林生产、经济三个方面 11 个指标建立森工企业贫困评价的指标体系，通过各指标相关分析、逐步回归分析、聚类分析、因子分析分别进行研究表明，这几种方法都能够有效测度森工企业的贫困，并且能够显示哪些因素影响了企业的贫困程度，数据的缺失是影响测度结果的一个因素，在岗职工人数、人员平均收入、养老保险投险率、人均管护面积、人均造林面积、资产负债率在模型分析和检验中，影响结果显著，具有一定的代表性，四种方法在测度方面各有优势，在选取时可以根据研究内容和目标进行选取。廖文梅、廖冰构建了包括自然、社会、经济三个方面在内共 14 个指标的反贫困测度指标体系，测算出赣南原中央苏区林业贫困县的反贫困程度为 73，农业产业结构、收入、铁路、网络、电话、耕地面积、医疗卫生、教育等社会经济指标低于江西省平均水平，提出应加快交通、教育、卫生、社会保障、信息化等公共投入，加快产业结构调整，发挥林地资源优势等对策建议。

2. 国有林区职工家庭的生计与贫困研究

中国农林工会全国委员会通过调研指出，林业职工生活困难主要表现在：职工工资收入水平低，且长期领不到工资的情况存在，国家规定福利、调资、补贴等无法兑现；住房、饮水条件差；子女上学难，就业难；就医治病难；文化生活极度贫乏等方面。提出，各级工会组织应通过各种渠道和方式鼓励职工发展自营经济，摆脱困境。应对林业贫困企业和贫困国有林场实行扶持政策，将国有林区和贫困职工的脱贫纳入国家和地方政府扶贫计划，制定森林生态效益补偿制度；为林业资源综合利用创造宽松的外部环境；企业自身应加快产业发展，调整产业结构和职工收入结构；为职工自营经济的发展创造条件。

刘丽红、曹玉昆等利用层次分析法，建立了包含 3 个层次 21 个指标的体系对国有林区职工生存状况的影响因素进行分析，单排序分析结果表明，个人状况、就业制度是影响职工生存状况的两个最重要的因素。总排序结果表明，就业政策、职工家庭状况是影响国有林区职工生存状况的两个最重要因素，住房政策、社会保障制度、收入分配制度也是主要的影响因素。分析表明，与国有林区职工基本生存状况相关的就业、社会保障问题并未得到根本性的解决。提出，政府应首先通过有效的就业政策解决职工生存问题，并考虑不同职工的家庭经济状况，制定针对特困家庭的扶贫政策。

姜雪梅、徐晋涛对东北内蒙古国有林区 1997 年、2004 年、2008 年 24 个林业局 1440 名职工的收入情况调研数据进行分析，1997~2008 年林区职工收入结构有了明显变化，收入水平持续提高，但仅略高于农村收入，远低于城镇居民收入，仅为城镇居民收入的 44%，贫困现象依然存在。工资或退休金仍是职工收入的主要来源，种植、养殖等农业收入在总收入中所占比例逐渐提高，成为职工家庭收入来源的重要渠道。井月、朱洪革利用 DFID 可持续发展生计框架对山上住户和山下住户的可持续生计进行分析，结果表明，山上住户在自然资本和物质资本上差异显著，而在生计策略上的差异主要体现在林下经济收入上，但生计后果并无显著差异。因而，得出可将山上住户迁移到山下的结论，因为虽影响其生计策略，但并不影响其生计后果，可以降低森工企业管理成本，有利于森林资源的保护。

井月、朱洪革选择 2008 年黑龙江森工林区职工人均纯收入均值的一半作为贫困线，利用 2009 年 718 户林区住户调查数据，从金融资本、自然资本、物质资本、人力资本四个维度选取了 11 个变量作为影响贫困的因素。单因素方差分析结果表明，银行存款、家庭规模、耕地面积、生产性固定资产对职工贫困造成影响。Probit 模型回归结果表明劳动力数量、劳动力平均受教育年限、耕地面积和代表资本的银行存款对黑龙江森工国有林区职工的贫困具有显著影响。从而提出增加教育投入、发展林下经济拓宽收入渠道、加大金融扶持力度等建议。

井月用 FGT 对黑龙江森工国有林区住户持久性贫困进行测度，得出黑龙江国有林区贫困广度低于农村，但深度和强度比农村高。利用三个贫困线：国定贫困线、国际每天 1 美元、国际每天 1.25 美元的标准划分贫困标准，将住户分为 4 组，建立多元有序 Logistic 回归模型，得出持久性贫困的影响因素，结果表明，耕地面积、生产性固定资产、银行存款、贷款金额、家庭规模、户主年龄、受教育年限、医疗支出、通信费是其影响因素。并提出对策建议：发展林下经济，加大培训教育力度，提供社会保障制度，提供信贷支持，扩建社会网络等。

朱洪革、井月对黑龙江森工国有林区所属的 3 个林管局 704 个家庭住户进行了调研，分别选用国定贫困线、国际通行贫困线作为研究的贫困线，使用 FGT 指数测算贫困发生率、贫困深度和贫困强度。2008 年，黑龙江森工国有林区职工住户的贫困发生率若用国定贫困线计算，结果为 4.04%；但若按国际贫困线测算，则贫困发生率大幅上升；选取国际贫困线来衡量住户是否为贫困户，将自然资本、物质资本、金融资本、人力资本、社会资本作为国有林区贫困影响因素，建立 Logistic 模型，回归结果表明，家庭规模是造成重点国有林区职工贫困的重要因素；教育支出和医疗支出对重点国有林区职工贫困有显著影响；依托荒山荒地和疏林地进行的农业生产对职工是否属于贫困人口影响显著，国有林地经营面积对职工收入无影响。

王玉芳、李朝霞利用 2012 年黑龙江国有林区 9 个林业局 604 户职工家庭的调研数据对家庭贫困脆弱性影响因素进行分析，结果表明，家庭资产指数对消费水平有正向的影响，对消费波动有负向影响；家庭的规模和户主年龄与消费水平、消费波动均呈负相关关系；家庭负担比对消费水平、消费波动均有正向影响。

张坤、郭月亮等基于对天保工程实施效果与效益的评价，选取吉林森工集团的露水河林业局和汪清林业局 82 户家庭调研数据进行分析，受访对象均为在岗职工，结果表明，工资收入是其收入的主要来源，占家庭总收入的 94.76%，

2011 年、2012 年两年连续出现入不敷出的情况，家庭总支出是家庭总收入的 1.17 倍和 1.16 倍。对收入、社保的满意度不高，将收入、就医和住房列在了当前困难的前三项。指出，天保工程的实施起到了一定的积极作用，但仍存在一些问题：企业社会职能并未完全剥离，企业社会负担仍然沉重；天保资金的低标准不足以支撑相关项目的支出；尚未形成支持经济发展的替代产业，木材减产导致企业收入锐减；林区民生状况有待改善。提出，为支持森工企业剥离，应尽快建立集中央、省、地市三级于一体的财政转移支付体系；提高天保政策补贴标准；加大林区基础设施建设投入；通过培育新型产业，进一步改善林区民生。

朱洪革、袁琳等利用重点国有林区民生监测项目数据，从多维贫困角度对重点国有林区贫困进行测度，研究结果表明，35.7% 的重点国有林区家庭住户存在至少三个维度的贫困，卫生设施、饮用水、生活燃料三个维度的贫困率较大，四大森工国有林区均存在着不同程度的多维贫困，其中，内蒙古森工国有林区的贫困状况最为严重。

3. 国有林区贫困解决对策

冯菁、夏自谦进行综述性研究，并总结出具有代表性的解决林区贫困的几种观点：生态移民、开发非木质林产品、发展森林旅游、中央和地方政府支持、发展教育五种途径。还提出今后应该选取有代表性的区域进行试点性研究，建立实验示范区，将林区贫困问题的研究落到实处，提高政策建议的指导性和可操作性。刘丽萍提出以伊春为代表的东北国有林区摆脱困境的对策建议，推进和完善以伊春为试点的国有林权制度改革，完善社会保障体系，加快林业企业产权制度改革，加快产业结构调整与升级，全面提高重点产业的市场竞争力，强化林区的体制创新等。张於倩、冯月琦、李尔彬提出，深化体制改革，树立新的文化理念和价值观，发展林区特色产业，拓宽林区脱贫致富途径；改善林区生产条件，增强自我发展能力；完善林区社会保障制度，帮助弱势群体脱贫等对策建议。

还有学者对职工就业与劳动力转移、非木质林产品、林下经济发展问题进行研究，这些研究在解决林区贫困方面也必然发挥着重要作用。

在解决职工就业方面的研究主要有：王玉芳、康宇指出，重新配置劳动力对于减轻国有林区资源压力和天然林保护工程的顺利实施起着关键作用，并提出可以通过就业领域的扩大、就业空间的拓宽、产业发展等途径有效配置劳动力。张永利、张晓静等对黑龙江和吉林国有林区劳动就业情况进行阶段性分析，找出了两省国有林区就业存在的突出问题：劳动力供大于求的矛盾突出；富余职工一次性安置政策力度不足，地方配套资金不到位对人员分流安置造成一定影响；下岗职工劳动关系难以解决；国有森工企业中的集体职工无法安置；林区的就业观念尚未从根本上发生改变；下岗失业人员就业技能单一；企业办社会负担沉重等。同时，提出调整产业结构、培育龙头企业、扩大对外开放、加强培训、落实安置政策等建议。王刚、陈建成在对东北、内蒙古重点国有林区劳动力现状分析的基础上指出，缺乏有效的劳动力再就业保障制度、林区劳动力城市就业不充分、林区劳动力综合素质低以及就业观念上存在误区等是林区劳动力有效转移的障碍。提出国家和地方政府应加强制度保障、多渠道拓宽就业途径，劳动者个人转变观念、提高综合素质、增强就业能力等促进国有林区劳动力转移的措施。奉钦亮、陈建成等指出，天保工程等的实施使得我国林业产业结构和劳动就业结构均发生了很大变化，并对林业产业结构与就业结构间的关系进行实证研究，结果表明，林业第一产业产值、造林面积与我国林业劳动力就业成反比例关系，而林产工业产值、第三产业产值、木材产量、营林固定资产投资、森工固定资产投资与职工劳动就业成正比例关系，提出改善林业资金投入、有计划地限制木材采伐限额、加速速生丰产林建设、加快产业结构调整和大力发展教育事业五种实现林业职工充分就业途径。

耿利敏、沈文星对非木质林产品与减少贫困进行综述性研究，从居民收入、乡村安全网和粮食安全与非木质林产品间的关系，非木质林产品的市场化等方面的研究进行综述，指出有效利用非木质林产品是我国现阶段消除贫困的重要途径。应借助市场推动力发展非木质林产品经济，考虑生态系统承载力，优先满足贫困人口的需求；提高管理、营销技能，进行加工，提高附加值；建立和完善市场信息；制定适合非木质林产品资源开发和保护的政策；实现参与式森林管理等5个方面的减贫途径。朱洪革、白雪等指出，发展林下经济是大、小兴安岭林区实现经济转型的重要接续产业。采用分层随机抽样的方法对大、小兴安岭林区7

个林业局（县）的 301 个居住在山上林场（所）的职工住户进行问卷调查。调查结果表明：职工住户虽管护较多的林地但进行林下经济生产投入的却不多，而且投入的资金也较少，林下经济对其收入的贡献不高。林区的社会化服务体系基本没有建成，职工住户对社会化服务的需求因供给主体缺乏而难以得到满足。

对国有林区进行改革已成为摆脱困境的共识，对国有林区改革的探索一直在进行，大量的学者对国有林区的改革进行了研究，侧重点各有不同。姜永德提出，改革是国有林区发展的主动力；曹玉昆、李慧堂从生产用地角度对改革进行探索；张建国从生态移民角度研究国有林区改革；崔海兴、孔祥智等基于低碳经济的背景，对国有林区改革进行探索；王毅昌、蒋敏元、徐晋涛、姜雪梅等，雷加富，石峰、于英等，茹光明、刘珉等，赵锦勇等对国有林区改革的思路、方向、趋势进行探索；陈应发、吴晓松、王月华、谷振宾、佟立志、李湘玲、王俊杰等分别从评价、对比等角度对国有林区改革的模式进行研究。国有林区的改革尚无统一的模式，也有学者在实践和研究过程中提出了较为鲜明的观点，如詹昭宁提出，国有林区改革的终极目的不是实行私有化；王月华、李杰等提出国有林区改革中需要顶层设计。张学勤、付存军、耿玉德、王显河、王德军则基于改革的实践，探索改革路径。朱洪革、李海玲等对重点国有林区管理体制改革进行综述性研究。

五、现有研究评析

从上述对相关文献的梳理可以看出，学者对贫困的研究成果颇丰，从单维到多维，从侧重于用收入测量贫困到建立综合的指标体系来度量和辨认贫困，体现了社会经济的进步、社会平等和对人的全面发展的逐步重视。

国外的研究多侧重于对世界及整个国家贫困的研究，在对贫困成因理论方面的研究也更为进步；国内的研究则侧重于对某个省、市或县的研究，近年来更侧重于用微观的入户数据来测量贫困的程度和范围，所用方法根据研究目的各有侧重。更多的文献聚焦于农村贫困的研究，说明对农村发展的重视，也说明国家政策层面对农村扶贫工作的重视。针对国有林区贫困的研究近年来逐渐增多，早期针对国有林区面临的困境方面的定性分析较多，近年来出现了一些对国有林区贫困的定量分析，侧重于从林区职工家庭角度研究贫困的发生范围和程度，更多的是单维的研究；也有对林区贫困进行综合评价的研究，但数量极少，更鲜有人从经济学理论层面对国有林区的贫困进行深入分析，涵盖宏观、微观角度的全面的分析。对国有林区贫困的研究多侧重于对东北（黑龙江、吉林）地区的研究，对内蒙古国有林区的贫困状况的研究仅是其中的一个部分，一带而过。本书的目的在于对内蒙古国有林区这一典型的资源衰竭区域的贫困进行全面、深入的研究，以弥补这一方面的空白。

第三章 资源衰竭地区发展历程与贫困现状——以内蒙古国有林区为例

资源型地区的发展历程、经济状况、产业结构、人员就业、基础设施建设等都与其资源的开发和利用息息相关,呈现出与其他地区不同的特征。本章从自然地理位置、经营面积、资源状况等方面对内蒙古国有林区进行简介;以森林资源利用和变化为线索对内蒙古国有林区发展历程进行梳理,将其分为:森林资源未开发、入侵者疯狂掠夺森林资源、森林资源有计划开发利用、森林资源危机、森林资源恢复与保护五个阶段;从产值、产业结构、在岗人员工资、下岗和一次性安置人员生活、基础设施等方面描述内蒙古国有林区贫困现状;总结出内蒙古国有林区贫困具有对森林资源依赖程度大、社区产业发展空间不足、企业肩负的社会责任更多、人力资本水平低、计划经济体制色彩浓重等特点。内蒙古国有林区贫困呈现出的特征,诸如对资源依赖程度大、产业发展空间不足、人力资本水平不高等,是资源衰竭地区面临的共性问题。

第一节 区域概况

内蒙古国有林区是我国四大国有林区之一,位于内蒙古自治区东北部,地跨呼伦贝尔市、兴安盟的 9 个旗县市,是全国最大的天然林集中连片区域。主要包括大兴安岭山脉北部面积大约 11 万平方千米的重点国有林区和南部面积大约 2 平方千米的呼伦贝尔市、兴安盟"岭南八局"次生林区,整个区域经营面积 1.9

亿亩，森林面积 1.5 亿亩，森林覆盖率 76.2%，林木蓄积 10.7 亿立方米，经营面积、有林地面积和林木总蓄积均居国有林区之首，是中国最大的国有林区。大兴安岭山脉纵贯内蒙古国有林区，境内滨洲、牙林、伊加、博林铁路线，301 国道贯穿林区。与俄罗斯、蒙古接壤的边境线长 440 千米，林区呈东北—西南走向，东陡西缓，构成山地丘陵地形。最高海拔 1745.2 米，最低海拔 268 米。属寒温带大陆性季风气候区，有"高寒禁区"之称。冬季漫长而寒冷多雪，夏季短暂而温热多雨，昼夜温差较大。以大兴安岭山脉为界，形成两大水系，岭东的甘河、诺敏河、绰尔河等流入嫩江；岭西的海拉尔河、根河、激流河等汇入额尔古纳河。主要树种有兴安落叶松、樟子松、黑桦、白桦、山杨、柞树等。还有黑色金属、有色金属和非金属矿类 40 余种。

内蒙古大兴安岭国有林区内有森林、草原、湿地三大生态系统，在涵养水源、净化空气、保护生物多样性等方面发挥着重要作用，是亚欧大陆森林带的重要组成部分，是我国北方重要的生态屏障，对维护东北松嫩平原地区和内蒙古东部呼伦贝尔草原的生态平衡和农牧业发展起着巨大的作用。施业区域内有人口 100 多万，以汉族为主，有蒙古族、满族、回族、达斡尔族、鄂温克族等 13 个少数民族。在发展过程中，累计为国家经济建设提供了 2 亿立方米木材。无论是过去为国家提供木材用于生产建设，还是现在以生态建设为主要任务的生态服务提供，内蒙古国有林区在我国都占有重要地位。

第二节　发展历程

内蒙古大兴安岭国有林区的开发建设始于对森林资源的开发利用，森林资源对于内蒙古国有林区的发展起着重要的作用，将其发展历程分为森林资源未开发阶段、入侵者疯狂掠夺森林资源阶段等五个阶段。石油、煤炭、金属矿产等资源型地区的大规模建设和开发同样始于自然资源的开发和利用，而每个历史时期社会经济发展水平也与资源的开发利用息息相关，同样也经历了资源未开发阶段、掠夺资源阶段、计划开发阶段、资源危机阶段、保护和利用并重阶段等，同时每个时期政府当局开发利用及保护的原则、政策也皆有不同。本章以森林资源的利用和变化为主线，梳理内蒙古大兴安岭国有林区发展历程，借此发现资源衰竭地区每个阶段贫困发生的原因和特点。

一、森林资源未开发阶段（1898年以前）

从远古时期开始，人类就以森林为依托，生活在森林中，这一点在目前的人类发展史上已得到公认。内蒙古大兴安岭地区自古以来就是松桦遮天的原始森林，从东胡民族到鲜卑、蒙古、鄂温克、鄂伦春、锡伯、达斡尔等少数民族，都曾在此繁衍生息，过着以狩猎和采集为生，与森林共存的生活。由于当时社会生产力水平很低，人们对自然怀有敬畏之心，加之当时人口稀少，对森林资源也仅限于利用而非开发，生长量远大于利用量，未造成森林的破坏，保持在原始状态。

从春秋战国，一直到19世纪前半期的清嘉庆年间，内蒙古大兴安岭林区都保持着静谧的原生状态，栖息着众多的珍禽异兽。清代方式济曾在《异域录》中记载："林蔽深密，河水甘美，山内有虎、豹、熊、狼、野猪、鹿、狍、驼鹿等。"除地处偏远，冬季气候寒冷，人迹罕至因素之外，清代初期，清政府为保护满族发祥地，把东北林区划为"四禁"区域，即禁伐森林、禁采矿产、禁渔猎、禁农牧，并实行移民禁封政策，也是大兴安岭地区森林资源免遭破坏的重要原因。

嘉庆八年（1803年）后，内地很多地方发生灾荒内乱，开始有灾民进入大兴安岭林区，开垦荒地，砍伐树木。1840年鸦片战争后，中国逐渐沦为半封建半殖民地社会，外忧内患严重，民不聊生。19世纪80年代开始，清朝政府为加强东北边境防御，对大兴安岭地区实行部分开禁，从内地招徕移民进行开荒，即所谓的"移民实边"政策。同治、光绪年间，在内蒙古大兴安岭地区设立了招垦局，初期对人们伐木的数量并不限制。在经过审批后，凭票进行砍伐，收取税费，砍伐10根上缴1根作为税费，砍伐15~20根，上缴2根作为税费。砍伐数量越多，上缴的数量也越多。从总体上来看，由于当时道路设施和交通工具落后，可进入性差，进入林区内的移民数量并不多，人口依然稀少。对森林资源的利用主要是砍伐木材用于房屋建设、生火取暖做饭，对林地进行开垦种植，采伐量和开垦规模并不大。内蒙古大兴安岭林区仍处在自然再生的循环之中。

这一阶段森林资源丰富，进入内蒙古大兴安岭林区的人口主要是灾民和关内的移民，相对于利用的需求来说，森林资源仍然丰富。由于社会生产力较为低下，物质贫乏是社会的常态，但人们从森林资源获取的资源也足够生活所需，这是社会发展的一个阶段，因此不能称之为真正的贫困，真正的贫困还未出现。

二、入侵者疯狂掠夺森林资源阶段（1898~1945 年）

内蒙古大兴安岭地区大规模的森林采伐始于 1898 年俄罗斯西伯利亚大铁路（中东铁路）的修建，这也是内蒙古大兴安岭林区开发的历史起点。

在清朝末期，大兴安岭的森林采伐权控制在沙俄帝国主义手里。据不完全统计，1896~1911 年，仅十余年时间，除薪材外，沙俄在内蒙古大兴安岭砍伐木材达 500 万~700 万立方米。光绪二十二年至二十四年（1896~1898 年），沙皇俄国迫使清政府先后签订了《中俄密约》、《合办东省铁路公司合同章程》等一系列条约。条约中，允许沙皇俄国在中国东北修筑中国东省铁路（简称中东铁路，亦称东清铁路），规定中方向俄方无偿提供土地用于修建铁路，铁路使用 80 年后俄方再卖给中方。在铁路动工后，又签订《中俄续订东省铁路支线合同》，合同中规定，为满足铁路建设的需要，俄方可以采伐铁路沿线和附近的林木。修建铁路支线、干线所需的枕木，全部可以就近采伐木材；所建车站房屋和铁路局建筑以砖木结构为主，所需木材也就地采伐，有些地区的建筑甚至全部都是以木材为主体结构和材料的"木刻楞"房屋；机车和船的动力燃料、铁路员工和沿线的居民的生活燃料均为木材，可以就地砍伐木材使用。当时，大兴安岭林区采木公司众多，年采伐量达 10 万立方米。在铁路两侧的林木采伐完后，采伐开始向更深的林区扩展。到 1903 年 7 月东清铁路全线竣工通车时，铁路两侧方圆 30 千米范围内的森林已全部遭到砍伐。1904 年，俄方又提出签订《砍伐木植合同》，规定：俄方公司所砍伐的木材不仅可以用于铁路建设，也可以作为商品买卖，只需缴纳少量税费。沙皇俄国还在林区内自建林场，在林场内开设加工厂、松脂油工厂、火柴杆厂、木材蒸馏厂等。

随着日俄战争以日本战胜结束，日本取得对南满洲铁路的支配权，日本势力逐渐渗透到大兴安岭林区。仅 1914 年 1 年，内蒙古大兴安岭林区的采伐量达 20 万立方米以上。当时内蒙古大兴安岭林区，有沙俄、日本的独资企业，也有中俄、中日合办的林业企业，还有 3 方合办的采木公司。1924 年，俄方铁路管理局仍管辖着位于今内蒙古大兴安岭的绰尔河上游，总面积达 1125 平方千米的东林场和楚里斯喀牙林场，仅每年生产的原木、枕木和方木就达 16 万根以上。"九·一八"事变之前，以攫取木材为目的、采取掠夺式的采伐方式（伐根 1 米高）采伐的木材达 1000 万立方米以上。在 20 多年内，铁路沿线的森林被砍伐殆尽，采伐的范围包括了现内蒙古大兴安岭的南木、巴林、乌奴耳、免渡河、绰尔、绰源、毕拉河、克一河、乌尔旗汉镇、库都尔 10 个林业局的施业区。

"九·一八"事变后，大兴安岭林区落入日本帝国主义手中。在其控制的十四年间，对大兴安岭森林资源的掠夺式采伐不断向纵深发展。为了便于采伐作业，将铁路支线深入修筑至新帐房、西尼气一带。在此期间，修建了白城至阿尔山的铁路 337 千米，博林线 97 千米，牙林线 68 千米和许多运材公路、"战略"公路，兴建了不少制材厂，木材生产完全由关东军控制，采伐量不断增加。日俄控制的近 50 年间，对内蒙古大兴安岭森林资源的采伐量不断增加，采伐面积约 400 万公顷，造成次生林 280 万公顷，内蒙古大兴安岭林区森林资源遭到严重破坏。现在内蒙古大兴安岭林区铁路沿线的荒山秃岭和杨桦次生林，就是沙俄和日本掠夺大兴安岭森林的历史见证。

这期间进入内蒙古大兴安岭的人口主要是入侵者和日俄采伐雇用的工人。虽然人口逐渐增多，但由于战事频繁、社会动荡，人口构成不稳定，基础设施建设也主要以生产设施和劳工的基本生活设施为主，简易且不稳定，经济社会发展处于停滞甚至倒退状态，并未形成真正意义上的林区。因此，虽然森林资源遭到掠夺性开采，但并未形成现代社会意义上的贫困。

三、森林资源有计划开发利用阶段（1946~1978 年）

抗日战争胜利后，内蒙古大兴安岭林区开始在中国共产党的领导下生产建设。从艰苦创业起步，经历了解放战争和国民经济恢复时期，生产建设步入正轨，进入稳定发展阶段。

1946 年 3 月，东蒙自治政府在王爷庙（现乌兰浩特）成立东蒙林业公司。8 月，成立五叉沟、白狼、博克图作业所（现在的五岔沟、白狼、巴林林业局），林业工人相继进入林区从事林业生产，当时有林业职工 2102 人，虽然有少数家属随职工一起来到林区，但都散居于当地居民之中。1947 年，内蒙古自治政府决定组建内蒙古林矿总局对大兴安岭林区进行有组织的开发。内蒙古林矿总局便是现在内蒙古大兴安岭林管局的前身。1948 年，随着林业生产布局的扩大，职工人数也增长到 3689 人。

1949 年，新中国成立时，内蒙古大兴安岭林区年产木材量约为 17 万立方米。于 1950 年召开的全国第一次林业工作会议上，中央决定筹备开发大兴安岭林区。在对内蒙古大兴安岭林区的开发建设和管理上，特别提出，由于经过了一系列的战争，内蒙古大兴安岭林区森林受损严重，与东北大兴安岭林区分开管理，且如果仅从地方政府角度考虑，无论从林政管理，还是林业生产恢复方面都不利于管理。因此，内蒙古自治区政府决定由林务总局负责大兴安岭林区的生产建设和行政事业管理工作，全面开发林区，生产的木材用于支援新中国建设。由于新中国成立初期国家建设对木材的大量需要，林业生产需要面向社会招工，当时林业职工的主要来源是：临时工和计划外用工，从农村招收泥瓦工等工种，以及接收部队专业士兵，组成最初的护林大队。林业职工家属也随之开始迁来林区，林业人口逐年大幅度增加，到 1952 年末，林业职工人数已经达到 15028 人。随着国家经济的恢复，内蒙古大兴安岭林区的林业生产和基础建设开始起步。

1953 年，进入我国国民经济发展第一个五年计划时期，国家开始进行大规模经济建设。同年，内蒙古森林工业管理局归属中央森工部。大兴安岭林区作为国家重要木材生产基地，也被列入经济发展建设计划范畴。1953 年，我国与当时的苏联合作编制了第一个大兴安岭开发建设规划方案。1954 年，国务院批准了内蒙古大兴安岭的开发计划，林区开发建设开始向纵深发展。内蒙古大兴安岭林区的铁路随之延伸，乌尔旗汉镇、库都尔、图里河、伊图里河、根河、金河、阿龙山、满归、得耳布尔、莫尔道嘎、克一河、甘河、吉文、阿里河等原始林区相继开始开发建设，并成立了森工企业，作为县团级国营企业，组织生产建设，木材采运与加工、采种、育苗、迹地更新、森林抚育采伐、资源林政、森林资源统计、森林防火等生产工作全面展开。同时，逐步确立了"采伐与更新并举"、"以营林为基础"和"采育必须结合"的方针，建立了育林基金制度。

1958 年，进入国民经济发展的第二个五年计划时期时，现隶属内蒙古森工集团的 19 个林业局和内蒙古地方所属的地方"岭南八局"已基本具备雏形，并下设森林经营所、营林工段，全面开展森林经营活动。林区在生产方式上逐渐由手工作业变为机械化作业，由季节性作业变为常年作业，由原木生产变为原条生产，由游动式作业变为定居作业，在森林深处建立了林场，方便生活与生产。1958 年，内蒙古自治区下发《关于森工下放和森工营林合并问题的通知》，将内蒙古大兴安岭林业管理局与呼伦贝尔盟公署合并，称呼盟公署大兴安岭林业管理局，并明确了林管局的管辖区域范围、机构编制，以及森林经营、保护、防火等事业职能。将森工局和森林经营局合并为林业局，伐木场和森林经营所合并为林场，均为国营单位。1960~1962 年，林业部强调"开发新林区和建设新局，必须经过大片林区规划，按先有规划后有总体设计的两个步骤进行"。1963 年，开始按照调整后的林业规划，对金河、阿龙山、满归、得耳布尔、莫尔道嘎等林业局着手总体设计和筹建工作。这些林业局属于大片国有林区中的新建和拟建林业局，按照调整后的规划，依据国营全民所有制的模式进行建设。1964 年，林业部制定了《大兴安岭林区（会战区）开发建设方案》，决定在会战区建设 11 个林业公司，按照"政企合一"体制，建立新型的林区社会。1969~1979 年，由于呼伦贝尔盟划归黑龙江省，南木、巴林、乌奴耳、免渡河林业局划归呼伦贝尔盟。

这一时期，属于木材经济时期，木材采运业是林区的支柱产业。以锯材、制材、人造板、栲胶为主的林产工业开始起步，大小规模的木材加工厂和林产化工厂遍布林区。木材生产量进一步提高，1958 年木材生产量已达 343 万立方米。1960 年，木材产量达到 417.53 万立方米，锯材 92.50 万立方米，栲胶 1504 吨，工业总产值完成 103602.2 万元。林区农副业也开始起步，主要组织形式有用于为职工谋福利的全民所有的农牧场、农副业队，和产品主要用于销售的集体经济形式的家属生产队。为社会主义建设输送了大量的木材和林副产品，有力地支援了国家建设。为满足生产建设需要，陆续招收了大量劳动力。大批内地干部、工人、农民、转业军人、知识分子、大中专毕业生进入林区。人口快速增加，到 1969 年，林区总人口已达到 339144 人。随着森林资源得到大量的、有计划的开采，各项生产得到快速发展，各项基础设施建设也逐步完善。国家投入资金用于基础设施建设，建设职工住宅，修筑林区道路。还建立职工俱乐部、图书室、电影放映队、夜校、子弟学校、职工医院等。截至 20 世纪 60 年代，内蒙古大兴安岭林区已成为我国举足轻重的森林工业基地。

因处于国家经济建设的初期，生产建设需要大量的木材及其他林副产品，加之木材加工等林产工业的兴起，对劳动力需求很大，除老弱病残等弱势人群外，几乎每个劳动力都有较为稳定的生产或管理工作岗位，劳动力剩余并不明显。无论是正式职工还是临时或合同用工，至少每户家庭都有固定的收入来源。加之，由于计划经济的存在，生产和经济主要围绕林产工业展开，生产结构单一，属于集体劳动，工资为定额发放，其他的收入来源较少，贫富差距不明显，贫困现象尚未显现。由于国家有计划的投资建设，木材生产也为经济建设提供了充足的动力，这一时期林区的基础设施建设发展较快，生产生活环境相比同期的农村来说，要处于较为先进水平，属于国有林区发展的辉煌时期。

四、森林资源危机阶段（1979~1997 年）

中共十一届三中全会后，中央恢复了内蒙古自治区原有的行政区划，将林管局归为中央林业部直属单位，仍然负责林区生产和行政事业管理工作。1980 年，国务院决定，将林管局归属自治区管理，并更名为内蒙古牙克石林业管理局；次生林区的岭南八局，仍由地市级政府部门领导。1981 年，贯彻中共中央、国务院《关于保护森林发展林业若干问题的决定》和《中华人民共和国森林法》精神，加强了森林保护、护林防火和林政管理工作，恢复了林区公、检、法等机构。林业生产得到恢复，木材产量也迅速回升。

由于长期以来的大量开采，可采森林资源迅速减少。20世纪80年代初期，可采森林资源面临枯竭。国家和内蒙古国有林区也开始探索生产、发展和管理改革之路，采取了以煤代木等节约森林资源的措施。1989年，内蒙古大兴安岭林区第一次出现了亏损，林区开始步入经济危机。1990年，自治区人民政府发布《转发关于解决内蒙古大兴安岭林区"两危"问题的主席办公会议纪要的通知》。1990年，内蒙古国有林区第一次实现了更新跟上采伐。1991年，正式施行森林限额采伐制度。同年，林区试行林价制度，变森林资源的无偿采伐为有偿使用，实行林木商品化管理。森工企业也探索现代企业管理之路。1991年，开始推行承包责任制，实行现代化管理制度。1994年，开始实施劳动制度改革。1995年，内蒙古大兴安岭林管局在北京举行挂牌仪式，组建内蒙古森林工业集团。内蒙古自治区主席办公会议讨论决定，仍然保留内蒙古大兴安岭林业管理局的名称，及其行政和社会管理职能，实行两套班子一套人马的管理方式。"两危"困境也使得内蒙古大兴安岭林区开始探索多种经营之路。1979年以后，私营、个体家庭经济得到发展。期间有上百个生产经营项目，产品达240种，以家庭经济为主的个体经营户6000户。1983年，各林业局成立了多种经营机构。1992年，林区多种经营从业人员达13万余人，是职工人数最多的时期，以后逐渐减少。多种经营产业的发展，对安置职工子女、下岗职工就业起到了重要作用。

这一阶段，开始实施森林资源调查，并且实现了更新采伐，开始探索现代化企业制度的实施和企业改革，以及多种经营产业的发展。但由于以往的掠夺性采伐，使得可采森林资源匮乏，长期以木材采运业为主的单一产业结构，使得林区陷入经济危机，出现了"两危"的局面。由于计划经济体制的存在，改革处于初期阶段，林区接续产业尚未形成，与木材生产相关的加工业、林产化工等企业停产现象大量出现。与木材采伐和加工产业相关的职工大批下岗。单位拖欠职工工资现象严重，甚至达十年之久。这一时期，是林区最为困难的一段时期，因企业经济力量的减弱，基础设施建设几乎处于停滞状态，失去就业岗位的人口生活陷入困境，贫困从这一时期开始出现和凸显。

五、森林资源恢复与保护阶段（1998 年至今）

（一）天然林保护工程试点阶段

天然林保护工程的实施是我国林业发展以木材生产为主要生产任务逐渐转变为以生态建设为主要任务的重要标志。为贯彻落实中央和国务院精神，依据《国家计委办公厅对解决四川、云南国有林区森工企业问题的意见的函》中关于编制大江大河源头天然林保护工程规划的有关意见以及国务院办公厅的有关要求，林业部组织具体落实和部署，于 1997 年 3 月，拟定了《国有林区天然林保护工程技术方案》，并要求有关省（区）林业厅、森工（集团）公司编制国有天然林资源保护工程规划。天然林保护工程以保护生态环境和生物多样性为主要宗旨，以保护现有的天然林资源为目标，把"减产、分流、下岗"作为重点。将调减木材产量，加大森林资源管护力度，妥善分流安置富余人员，剥离企业承担的社会职能等作为主要措施，进一步发挥森林的生态屏障作用，促进生态、经济、社会的可持续发展。

1998 年 6 月，内蒙古国有林区开始封山育林以保护现有天然林，促进森林资源休养生息。1998 年 7 月，我国天然林保护工程开始试点，内蒙古国有林区图里河林业局和甘河林业局为试点单位。天保工程的实施，给内蒙古大兴安岭林区注入了新的生机与活力。1998~1999 年，林管局（森工集团）从主伐战线向森林管护和公益林建设方面分流 31947 人。1999 年，仅重点国有林区总人口已达到 49.2 万人，由 22 个民族组成；全民所有制在册职工 141797 人，集体所有制在册职工 80029 人。企业依然承担着科技、教育、文化、卫生等社会事业职能。构建了从学前教育到中小学教育、成人高等教育的教育体系。

（二）天然林保护工程一期阶段

2000 年 7 月，国务院总理办公会议议定同意继续实施天然林保护工程，研究落实有关政策措施。同年 12 月，国家林业局与相关部委联合下发《关于组织实施长江上游、黄河上中游地区和东北、内蒙古等重点国有林区天然林资源保护工程的通知》，同时印发《长江上游、黄河上中游地区天然林资源保护工程实施方案》和《东北、内蒙古等重点国有林区天然林资源保护工程实施方案》，天然林保护工程一期开始全面实施，实施期限为2000~2010年，累计投入资金588亿元，其中中央投入559亿元，占95.1%，地方配套29亿元，占4.9%。工程涵盖了内蒙古、吉林、黑龙江等5个省（区）共86个重点森工企业、16个地方森工企业，以及部分地方国有林场和县级林业局（场）。12月30日，国家林业局批准了内蒙古自治区人民政府上报的《内蒙古自治区重点国有林区天然林保护工程实施方案》，工程实施范围包括内蒙古森工集团所属17个国有重点森工企业、两个经营局、部分未开发林区及相关企业和岭南八局。内蒙古大兴安岭国有林区在营林项目中重点实施了公益林、商品林建设中的迹地更新、人工造林、森林抚育、人工促进更新及封山育林工程，形成了林管局、林业局、管护站、护林员四级一体的管护责任体系。许多以前木材生产人员通过分流、转岗成为管护员，有效保护了森林资源。2003年发布的《中共中央关于加快林业发展的决定》，更凸显了林业承担生态建设任务在公益事业中的重要地位，也促进了国有林区培育和保护森林资源，加快了生态建设的步伐。

一期工程建设期间，森林生态系统得到恢复，森林面积、蓄积量持续增长，森林质量得到提高。据测算，新增加涵养水源能力14.5亿吨，森林碳汇能力创造了120亿元的价值。中央财政对内蒙古国有林区企业承担的教育、医疗、公检法等事业经费给予补助，经费由中央和地方以80%和20%的比例分别承担。岭南八局和森工集团分别于2006年和2008年进行剥离企业办社会职能改革，完成了教育、医疗、防疫、电视四大系统和单位的属地化移交，在职人员、退休人员和遗属，及资产全部移交属地政府，实现了移交人员事业套改工资全部发放到位，兑现了工资待遇。

工程实施初期，内蒙古国有林区产业仍延续着以木材生产为主，林产工业、多种经营等非林非木产业为辅的主要格局。开始实施天然林资源保护工程后，坚持以森林资源休养生息和恢复发展为主题，林区木材产量逐年递减，产业结构发生了深刻变化，促进了新兴、替代和接续产业的发展。内蒙古国有林区重点加强奶牛肉牛养殖加工、白鹅养殖加工、特种动物养殖、中草药种植加工、山野菜野果采集加工、食用菌培植加工六大非林非木产业基地建设。林产工业、多种经营成为天保工程一期建设产业发展的两大支柱。充分利用林间林下资源，大力发展非林非木产业。2005 年，多种经营从业人员已经达到 11 万人，企业社会总产值由 2000 年的 11.9 亿元提高到 27.2 亿元。同时，还发展森林旅游业和赴俄森林经营业。将产业发展作为生态保护与经济建设的支撑，产业发展呈多元化。这一时期内，由于林区经济的下滑和计划生育的实行，林区人口数量呈下降趋势。2002 年，人口自然增长率出现负增长。2011 年，人口出生率为 0.069%，人口自然增长率降至最低点-0.502%。

（三）天然林保护工程二期阶段

2011 年 2 月 10 日，国家林业局、国家发展改革委、财政部、人力资源和社会保障部联合下发《关于继续组织实施长江上游黄河上中游地区和东北内蒙古重点国有林区天然林资源保护工程的通知》和《东北、内蒙古等重点国有林区天然林资源保护工程二期实施方案》，确定实施期限为 2011~2020 年。同年 5 月 20 日，全国天然林保护工程会议在北京召开，标志着全国天然林资源保护工程二期正式开始实施。天保二期建设对林区的资金投入主要用于森林资源抚育和管护、国有林区体制改革，以及基础设施改善等方面。天保二期的实施继续为林区生态保护提供了良好的政策支持和资金保证，为国家兑现国际气候变化实现森林资源质量和数量"双增长"的承诺提供了有力保证。

2011 年，天保工程第二期实施，在原有基础上进一步调减木材产量，内蒙古国有林区阿尔山、毕拉河等森工公司相继停伐。2014 年 4 月，国家在黑龙江重点国有林区启动试点全面停止天然林商业性采伐。2015 年 2 月 25 日，《人民日报》刊登国家林业局局长赵树丛的文章，称"2015 年全面停止内蒙古、吉林等重点国有林区 256 万立方米木材采伐"，"2016 年年底部署全面停止全国天然林商业性采伐"。2015 年 3 月，中共中央、国务院印发《国有林场改革方案》和《国有林区改革指导意见》。3 月 31 日，内蒙古大兴安岭重点国有林区全面停止天然林商业性采伐仪式在根河森工公司乌力库玛林场 517 工队举行。4 月 1 日起，内蒙古大兴安岭林区正式全面停止天然林商业性采伐。至此，内蒙古国有林区结束了长达 60 余年的采伐作业，进入生态建设发展的新阶段。

然而，林区社会经济的发展和转变完全依托国家投资的生态保护项目和资金是完全不够的，生态建设资金只能解决林区群众的"温饱"问题。天然林保护工程实施后，采取的分流职工、一次性安置、探索产业转型与发展等多种措施，使内蒙古国有林区森林资源增长，"两危"状况有所缓和，但由于历史积弊已久，森林资源尚未得到完全恢复，接续产业尚未真正形成，国有林区管理体制等原因，贫困落后的状况依然未从根本上得到改变。

第三节　贫困现状与特点

一、贫困现状

（一）区域产值及其增长速度低于全国水平

产值及其增长速度是反应一国或地区社会经济发展水平的最直接的宏观指标。一定时期内，一地区的产值及增长速度若低于全国或同类地区发展水平，则说明在这一特定时期内，这一地区的基础设施建设、人均收入、各次产业发展等低于平均水平，是社会经济发展整体状况落后的体现，隐含着区域和当地人口的贫困，这一状况如持续时间过长，会加剧贫困的发生和产生。对于长期依赖资源开发与利用的资源型地区，随着可采资源的衰竭，产值及增长速度缓慢状况更甚。

从内蒙古国有林区天保工程实施后的最近十年看，2003 年内蒙古国有林区企业总产值达到 2.05 亿元，2008 年达到了近年来产值最高点 7.09 亿元，环比增长速度 41.69%（见图 3-1），以后几年均未超过此增速，有下降的趋势。与自然条件相近的吉林、黑龙江、大兴安岭三个国有林区相比，内蒙古国有林区产值较低，在增长速度上，相对于全国平均来看，内蒙古国有林区增长速度波动较大，2009 年为-49.82%，原因是内蒙古国有林区体制改革，部分产业剥离，原属国有企业的部分转制成为民营或以职工入股的方式经营，未计入国有企业产值造成的。作为最大的国有林区，其产值并没有达到最大，如图 3-2 所示。

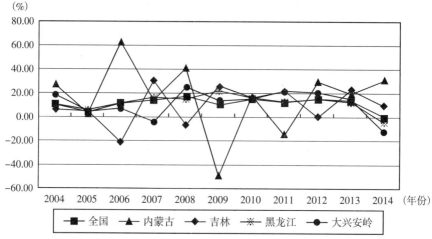

图 3-1　2004~2014 年全国及四大国有林区企业总产值环比增长速度

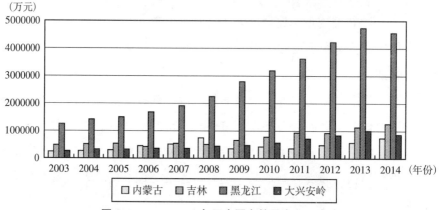

图 3-2　2003~2014 年四大国有林区企业总产值

（二）产业结构不合理

地区经济增长和发展长期依赖于资源的开发和利用，造成的产业结构不合理，似乎已成为资源型地区发展与转型过程中的共性问题。在经济发展过程中，劳动力、土地、资本、制度等要素配置倾向于自然资源的采掘与开发，会对制造业等产业的发展形成"挤压"现象，长期得不到发展。随着自然资源面临枯竭和国家对于自然环境的保护，资源型产业优势不复以往，不再能支撑该地区的发展，而新的产业并未培育起来，造成资源采掘业仍占主导，但发展势头渐衰，其他产业未充分发展，产业结构不合理地区整体发展水平较低的状况。资源衰竭地区的产业结构不合理，会造成经济发展缓慢、劳动力就业不足、人口收入较低等，是贫困产生的直接原因之一。

内蒙古国有林区产业构成：第一产业以森林经营和管护、木材采运，育苗，造林和更新，经济林产品的种植与采集，部分林业局对陆生野生动物繁育与利用，以及其他非木林业产业为主；第二产业近年来逐渐衰弱，截至 2014 年底，除免渡河、乌奴耳、巴林还有少数的木材加工和木制品制造外，其他加工业和林产化工业都在内蒙古国有林区内消退，从产值看，第二产业以建筑等非林产业产值为主，第三产业则以近年来逐渐发展起来的林业旅游与休闲服务为主。

2003 年，内蒙古国有林区各次产业产值分别为 144835 万元、29842 万元、29978 万元，产业结构组成为 70.77：14.58：14.65（见图 3-3）。2003~2013 年，第一产业、第二产业、第三产业均在 2008 年达到最高值，随后下降，至 2014 年呈波动式增长（见表 3-1）。2012 年，第一产业比重达到近年来最高 73.22%，第二产业比重达近年来最低 5.03%，第三产业为 21.75%。2014 年，内蒙古国有林区产业结构组成为 56：14：30（见图 3-4），产业结构呈以第一产业为主，第一、第二产业比重下降，第三产业比重上升的趋势（见图 3-5），总体上来看，三次产业均呈波动发展，第一产业、第二产业呈下降趋势，第三产业呈上涨趋势。这是由于天保工程实施后，内蒙古国有林区逐渐转变生产方式，以营林为主，可采森林资源减少，加之国有林区改制，以木材加工为主的第二产业企业改制、破产或撤销，第二产业整体产值下降。

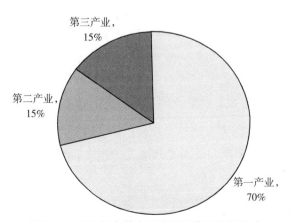

图 3-3　2003 年内蒙古国有林区产业结构组成

表 3-1 2003~2014 年内蒙古国有林区各次产业产值及所占比重

年份	第一产业		第二产业		第三产业		总产值 (万元)
	产值 (万元)	所占比重 (%)	产值 (万元)	所占比重 (%)	产值 (万元)	所占比重 (%)	
2003	144835	70.77	29842	14.58	29978	14.65	204655
2004	182370	69.77	41156	15.75	37860	14.48	261386
2005	188690	70.00	39089	14.50	41769	15.50	269548
2006	258042	58.75	74003	16.85	107184	24.40	439229
2007	299678	59.85	71043	14.19	130001	25.96	500722
2008	375894	52.98	154079	21.72	179509	25.30	709482
2009	236605	66.46	55205	15.51	64187	18.03	355997
2010	261621	62.28	96519	22.98	61954	14.75	420085
2011	244383	68.35	43303	12.11	69857	19.54	357543
2012	341028	73.22	23426	5.03	101302	21.75	465756
2013	370639	66.28	72189	12.91	116374	20.81	559202
2014	406646	55.29	106448	14.47	222369	30.24	735463

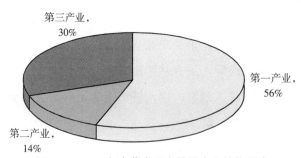

图 3-4 2014 年内蒙古国有林区产业结构组成

在大小兴安岭生态保护与经济转型规划中，目标要求到 2020 年三次产业比例应为 24：35：41。显然，内蒙古国有林区的第二、第三产业比重过低，产业结构不合理。目前，55：15：30 的三次产业结构构成中，第一产业比重过高，第二产业和第三产业比重都偏低，尤其第二产业发展严重不足。

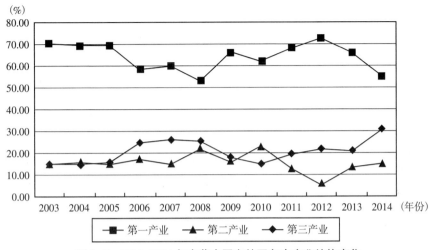

图 3-5 2003~2014 年内蒙古国有林区各次产业结构变化

（三）在岗职工收入水平较低

人均收入是国际上很长一段时间内测量一个家庭是否绝对贫困的重要指标。在进行计算时，一般以家庭总收入除以家庭人口总数得出。家庭收入已成为衡量一个家庭生活水平高低的重要标准。对于内蒙古国有林区来说，其他产业发展不足，就业岗位有限，家庭收入主要来源于林业系统在岗职工收入。石油、煤矿等资源型地区大多地处偏远山区，当地居民虽有部分土地可以经营，但由于资源的采掘和加工，土地及农业生产环境已遭到破坏，家庭收入同样来主要自于资源产业及相关的产业。资源型地区发展过程中，一旦资源开始趋向枯竭，随资源型产业而兴起的周边的运输、餐饮等产业也逐渐趋于衰落，甚至消失，家庭收入及人均收入也随之下降。

1. 低于林业系统在岗职工平均工资

从《中国林业统计年鉴》（2000~2014）看，按照林业系统在岗职工年平均工资来看，内蒙古森工集团在岗职工年平均工资逐年上涨，由 2000 年的 4258 元上涨到 2014 年的 36335 元，2000~2011 年均低于全国和内蒙古年均工资水平，2012 年、2014 年超过了全国林业系统年平均工资水平，但仍低于内蒙古林业系统在岗职工年平均工资（见图 3-6）。次生林区的岭南八局在岗职工年平均工资在林业系统在岗职工年平均工资水平中未直接列出，但可以从其他数据中推算：

从林业统计年鉴中国有林区分企业从业人员和劳动报酬情况看，2000年、2012年，岭南八局在岗职工劳动报酬高于森工集团；2001年、2002年、2003年、2004年、2005年、2006年、2008年、2010年、2011年、2014年均低于森工集团整体水平；2007年、2009年年均劳动报酬水平高于森工集团各林业局总体平均水平，但低于森工集团营林局水平。可以看出，次生林区的岭南八局在岗职工年均报酬仅在个别年份高于森工集团，而岭南八局职工人数远低于森工集团在岗职工人数。因此，从整体来看，内蒙古国有林区在岗职工年平均工资水平低于全国林业系统和内蒙古林业系统在岗职工年均工资水平。

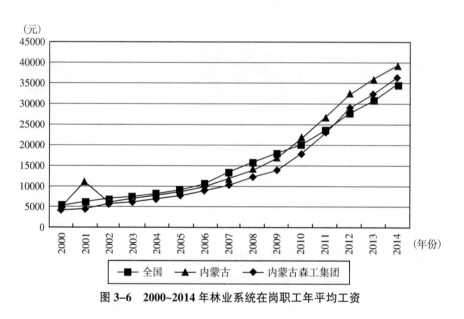

图3-6 2000~2014年林业系统在岗职工年平均工资

2. 低于内蒙古城镇职工收入水平

《内蒙古统计年鉴》（2001~2015）中列出了内蒙古城镇在岗职工2000年至2014年历年平均工资，2000~2014年，职工历年工资水均高于内蒙古森工集团工资水平（见表3-2），2005~2009年森工集团在岗职工工资还不及内蒙古城镇职工工资水平的一半，尽管在2009年后，增长幅度较大，但仍低于内蒙古城镇职工工资水平，仅为其水平的66.72%。

表 3-2　2000~2014 年内蒙古城镇及森工集团职工年工资水平

年份	内蒙古城镇职工（元）	内蒙古森工集团职工（元）
2000	6974	4258
2001	8250	4409
2002	9683	5617
2003	11279	6198
2004	13324	6852
2005	15985	7733
2006	18469	8888
2007	21884	10400
2008	26114	12257
2009	30699	13923
2010	35507	17873
2011	41481	23021
2012	47053	28988
2013	51388	32355
2014	54460	36335

（四）下岗和一次性安置职工生活更为困难

由于就业依赖于资源型产业，因而在资源趋于衰竭的过程中，若因就业岗位减少而失去工作机会，家庭收入骤减，生活则会陷入困顿。在资源型地区大规模开发建设过程中，涌现出较多的企业，而在资源减少后，企业面临倒闭或减产或转型升级，对于职工素质等有了新的要求，会致使部分职工下岗或者进行一次性安置，相对于原来有着固定收入和工作岗位来说，生活会更加艰难。

天保工程实施后，国有林区逐步转变生产任务，进行了体制改革和产业结构调整，一部分富余职工分流转岗，还有一大批企业人员下岗和一次性安置。2000年，天保工程实施初期，全国国有林区总人口 2945409 人，内蒙古国有林区444990 人，其中森工集团 397097 人，次生林区岭南八局 47893 人。截至 2005年，天保工程实施 5 年后，全国国有林区总人口 2751484 人，975687 户，内蒙古国有林区 363571 人，124341 户，其中森工集团 320255 人，112567 户，次生林区岭南八局 43316 人，11774 户。可见，自天保工程实施以来，无论是全国还是内蒙古国有林区的人口均有下降趋势，说明因为就业岗位的丧失，国有林区出现人口外流的趋势和现象。

2011 年，天保一期工程结束，全国国有林区下岗待安置职工共 104059 人，其中领取生活费职工人数 1799 人，比例为 1.73%；累计一次性安置职工 517054人，全国国有林区下岗职工和一次性安置人员共计 621113 人，占 2000 年天保工程实施初期全国国有林区总人口的 21.09%。内蒙古国有林区下岗待安置且没有领取生活费的职工 70719 人；一次性安置人员 76980 人，下岗职工和一次性安置人员共计达 147699 人，占 2000 年天保工程实施初期内蒙古国有林区总人口的33.19%，高于全国国有林区下岗待安置和一次性人员的平均比例；占全国国有林区下岗和一次性安置人员的 23.78%。从内蒙古国有林区内部看，2011 年，森工集团林管局下岗待安置职工 69423 人，森工集团营林局 1056 人，次生林区岭南八局共 240 人；一次性安置职工，森工集团林管局累计 65743 人，森工集团营林局 1775 人，次生林区岭南八局 9462 人。从一次性安置费用的情况来看，2011年全国国有林区一次性安置 84 人，领取了安置费 74 万元，人均 8809.5 元；2011 年内蒙古国有林区一次性安置 79 人（全部为内蒙古林业厅营林局，也即岭南八局职工），领取了安置费 67 万元，人均 8481.01 元，低于全国水平。在 2011年，内蒙古城镇职工在岗职工水平已达 41481 元，一次性安置人员所领取费用相当于城镇职工两个月工资，而领取了这笔费用意味着，从此失去了稳定的工作岗位和收入来源。同时，并不是所有下岗职工都享受一次性安置政策。

在国有林区长期以来产业结构单一、计划经济体制长期实行的背景下，在岗职工有着固定的工资收入，国有林区职工家庭主要的工资收入来源就是工资收入，尤其对于内蒙古国有林区来说，长期以来第二、第三产业未得到很好的发展，下岗职工和一次性安置职工才是贫困的主体。在调研过程中，职工家庭中，一人在岗就业，养活全家的现象很普遍；有的家庭原先只有 1 人是企业职工，另一个则为普通社会城镇人员，无固定工作，在岗的家庭成员下岗或一次性安置后，一个家庭失去了稳定的收入来源，陷入困顿。下岗和一次性安置的职工年龄在 40 岁左右，正是上有老下有小的年龄，原先的身份为工人，普遍文化程度较低，再次就业的选择，无非是外出务工和在林区内自谋职业。而由于自身文化水平和技能限制，外出务工选择的工作岗位多为建筑和餐饮服务行业，条件艰苦，工资水平不稳定；在林区内自谋职业，由于林区内新兴产业尚未形成，产业并未完全转型，就业岗位稀缺，工资水平较低，且不稳定，再加上赡养老人和子女就学的负担，下岗和一次性安置人员家庭更为困难。

（五）基础设施落后

基础设施包括道路交通、医疗、教育、居住环境等涉及社会民生的方方面面。区域经济发展落后、区域贫困通常主要表现之一即为基础设施落后。资源型地区通常在国家大规模开发建设的初期，基础设施建设较快，平均水平高于其他地区，而在资源趋于衰竭的过程中，基础设施建设随着社会经济发展的缓慢，而趋于停滞，落后于其他地区。

在内蒙古国有林区，先有林业生产，后有政府城镇建制。在先生产、后生活的理念下，林业工人开始了林区的开发建设，自 20 世纪 60 年代开始有计划开发建设，到 80 年代森工企业开始面临资源和经济的"两危"困境，很多职工还居住在 60 年代初期的板夹泥房屋里。在林区城镇内，道路硬化、给排水、垃圾清理等基础设施不足。医院、学校等社会性基础设施在建局初期，随着林区人口的增多和生产生活需要逐步建立，但随着"两危"困境的出现，企业无力承担升级改造任务，医疗和教育水平已远远低于其他区域。虽然近年来，各项政策和工程的实施，在基础设施建设方面多有扶持和帮助，但历史积弊已久，加之地处偏远，社会经济发展依然缓慢。医院、学校等社会性公共产品的提供需要更多的人才，而国有林区偏远落后，冬季气候寒冷，工资待遇低，成为人才进入的不利条件和障碍。因此，内蒙古国有林区基础设施建设和公共服务依然陈旧落后，区域内居民的生活环境和享受的公共服务落后于其他地区。

长期以来，国有林区企业承担着多项社会职能，虽有地方城镇建制，但镇级财政基础薄弱，地方政府对国有林区的基础设施建设不重视，国有林区内管理存在条块化分割的局面，基础设施建设存在障碍和困难。在进行社会职能剥离的企事分开改革后，由于林地管理、行政管理的交叉和分块管理，虽然地方政府在棚户区建设等方面提供了便利条件，但长期以来积累的管理壁垒，"林业的"、"地方的"（林区群众的通俗说法）将地方政府与国有企业管理划分开，造成在管理和交接上的障碍。而林业局所在的城镇，人口大多是林业职工或者原林业职工，加上城镇财政力量薄弱，很多林业局依然承担着主要的城镇基础设施建设任务。虽然近年来，地方政府也投入力量进行城镇基础设施建设与改造，但由于基础薄弱和现实中存在的壁垒，住房、用水、道路等方面都落后于其他城镇基础设施建设。

（六）企业生产效率低

资源型地区在大规模开发建设的过程中，均会设立大中型国有企业进行开发，同时兼有基础设施建设、社会保障等功能，由于国有经济对于社会效益兼顾、行政命令限制等本身的缺陷，其生产效率较低，员工工资增长较慢，长期对于其他经济成分的限制和挤压，造成当地经济发展缓慢、基础设施落后、人员收入较低等。

从可以查询到的资料来看，2012年，全国国有林区全员劳动生产率为20668元/人，吉林国有林区24186元/人，黑龙江国有林区20200元/人，大兴安岭31940元/人，而内蒙古国有林区仅为11073元/人，低于全国国有林区水平和自然条件相近的东北国有林区水平。

为进一步反映内蒙古国有林区企业生产效率，从全要素生产率测算结果来看内蒙古国有林区企业生产效率。选取劳动力和资金作为投入指标，企业总产值为产出指标，用DEA方法进行测算。研究结果表明，若采用2003~2013年面板数据，内蒙古国有林区综合效率均值为0.771，27个林业局中有17个林业局存在产出不足的情况，5个林业局存在劳动力或资金冗余，说明内蒙古国有林区企业生产效率较低。若从时间变化趋势来看，天保工程二期实施期间较一期工程实施期间有了提升。但若采用2014年的截面数据看，内蒙古国有林区平均综合效率仅为0.560，技术效率为0.718，规模效率为0.803，仅阿尔山林区处于相对生产前沿面，其余地区均存在不同程度的劳动或资金投入冗余，且有8个林业局处于生产规模递减阶段（见表3-3）。整体来看，内蒙古国有林区生产效率仍处于较低水平。

表 3-3　2014 年内蒙古国有林区各林业局综合效率

单位	综合效率	技术效率	规模效率	规模报酬
阿尔山	1.000	1.000	1.000	—
绰尔	0.751	0.857	0.877	drs
绰源	0.614	0.680	0.903	irs
乌尔旗汉镇	0.710	0.818	0.868	drs
库都尔	0.417	0.494	0.844	drs
图里河	0.391	0.404	0.967	drs
伊图里河	0.344	0.354	0.973	irs
克一河	0.599	0.611	0.981	irs
甘河	0.426	0.539	0.790	drs
吉文	0.570	0.655	0.870	irs
阿里河	0.732	0.804	0.911	drs
根河	0.616	0.832	0.741	drs
金河	0.790	0.824	0.958	irs
阿龙山	0.589	0.599	0.984	irs
满归	0.647	0.667	0.970	irs
得耳布尔	0.567	0.577	0.982	irs
莫尔道嘎	0.584	0.812	0.719	drs
大杨树	0.589	1.000	0.589	irs
毕拉河	0.730	1.000	0.730	irs
免渡河	0.403	0.524	0.768	irs
乌奴尔	0.387	0.618	0.626	irs
巴林	0.424	0.825	0.514	irs
南木	0.457	1.000	0.457	irs
红花尔基	0.508	0.632	0.804	irs
柴河	0.436	0.690	0.631	irs
五岔沟	0.521	0.566	0.920	irs
白狼	0.304	1.000	0.304	irs
mean	0.560	0.718	0.803	

二、内蒙古国有林区贫困特点

(一) 对资源依赖程度大

自然资源是一个地区经济社会发展的重要影响因素。内蒙古国有林区曾在20世纪六七十年代辉煌一时，为支持发展国家工业化道路提供了大量的生产建设用材，同时自身经济社会也快速发展：人口快速增加、基础设施和社会公共服务体系逐渐建立。相对于刚刚实行家庭承包责任制的农村和这一时期城市职工下岗来说，国有林区职工依托木材采运和林产加工业，有稳定就业岗位和工资收入，生活处于较高水平。

至20世纪80年代内蒙古国有林区出现了"两危"，企业发展陷入危机，内蒙古国有林区经济社会发展缓慢，很多林业局基础设施建设在十多年间处于停滞状态，职工也因加工企业的停产而下岗，生活困顿。天保工程实施后，国家的主要措施是木材产量逐步调减，积极培育和保护森林资源；职工分流、下岗职工一次性安置；培育接替产业，引导国有林区产业转型与升级。这些措施促进了森林资源的恢复和休养生息；培育和保护森林资源吸收了一部分分流职工就业，一次性安置下岗职工得到一部分费用，相对于十多年无工资的状态，生活境况有所好转；企业也因国家对于资源保护的重视得到部分发展资金，用于林区建设和改善职工福利待遇；"两危"的境况有所缓解。

在生活燃料方面，由于收入较低，基础设施落后，很多家庭依然居住在20世纪六七十年代建立的棚户区内，做饭和取暖燃料主要为木头桦子、抚育伐产生的烧材。在生活收入方面，随着人们对生态产品的认同和森林旅游业的发展，林特产品蘑菇、木耳、山野菜、林药等林下资源的采集和销售，成为下岗职工家庭的主要收入来源。虽然内蒙古国有林区内还有大量矿产资源，但内蒙古国有林区属于国家限制性开发区域，不能对矿产资源进行大规模开发。内蒙古国有林区贫困的产生与森林资源质量和数量变化有着密切的关系，而经济社会发展以及人们生活也以森林资源为基础。

(二) 社区产业发展空间不足

生产资料是家庭和个人的重要收入来源，更是维持基本生活和生计的基础。

在国有林区，森林资源无论是林木还是林地都归国家所有，由企业经营，用于木材生产和生态服务提供。家庭和个人并无林地等生产资料可以用于生产，增加收入，维持生计。在国有林区面临"两危"困境后，下岗人员失去了赖以生存的收入来源，更容易陷入贫困。并不会像农民进城务工那样，在务工不顺利找不到合适的岗位时还可以回到农村继续耕种，至少可以维持生计。经济发展过程中对于资源的依赖，土地等资源国有和国有企业经营的状况，使得区域内长期实行单一的计划经济体制，经济成分单一，制造业、服务业等产业发展不足，市场发展不完善，限制了当地居民自发发展其他产业和提高收入的机会，造成了对其他经济成分产业发展的长期限制和挤压，社区产业发展空间不足，也是资源衰竭区贫困的主要特点。

（三）企业肩负的社会责任更多

在资源衰竭地区开发建设的历史上，总离不开大中型国有企业的参与，国有企业在经营过程中，除对经济利润的追求外，还担负着增加当地就业、基础设施建设、低价为国家提供更多优质资源等责任。由于体制政策的安排，国有林区很长时间内实行政企合一的管理体制，在生产经营的同时，承担着教育、医疗、城镇建设等十多项社会职能。在国有林区建设初期，职工的医疗、教育、住房等公共服务和福利均由企业提供。而在发展过程中，为使更多人就业，国有林区长期处于"低收入，高就业"的状态。企业在发展过程中，不仅承担着就业、生产、基础设施建设，还承担着保护森林资源、提供生态服务、支持生态建设的任务，肩负的社会责任与其他企业相比更多。尽管在 2008 年就进行了社会职能剥离的改革，但由于所在城镇财政基础薄弱，一些企业依然承担着基础设施建设、医疗等任务，并未实现社会职能完全剥离。长期以来，肩负的社会责任多，负担沉重，企业经济积累不足，是造成国有林区的经济困境，企业发展能力较弱的重要原因，也是资源衰竭地区贫困区别于其他地区贫困的重要特点。

（四）人力资本水平低

在各地区都开展人才争夺战略的今天，人力资本水平低成为资源衰竭地区贫困的主要特点之一。这一特点主要体现在两个方面：一方面是综合素质水平较低；另一方面是人才流动存在障碍。综合素质水平较低可以通过学历和技术水平反映，也可以通过近年来新进企业的人员反映。内蒙古国有林区 40 岁以上企业人员第一学历大多为高中或中专学历，大学学历只占少数，还有很多仅有初中或小学文化。

而在其他诸如煤矿资源型地区，企业在建设之初，人员文化素质普遍不高，尤其是在生产一线的人员，大多来自于当地农村，平均文化水平只有小学、初中文化，在国家保护环境、去产能的背景下，不再适应生产的要求，大批人员下岗，人力资本整体水平低成为资源衰竭地区发展中凸显的主要障碍。

从森工集团看，2007 年开始面向社会公开招聘，2014 年转为面向林业系统招聘林业职工子女。从招聘入职的新进员工看，到林区工作的大学生多为冷门专业毕业生，大多数人是出于对国企职工身份认同进入企业，多是家在外地的大学本科毕业生。而当地生源的大学本科毕业生，多选择在家乡以外的地方就业。大学本科毕业生在国有林区工作期间，也在不断参加事业单位、国家公务员考试（这一行为出现在入职的五年内），考试成功者又离开企业，仅将国有林区工作作为跳板和保底工作。这种现象屡见不鲜，也从侧面反映了国有林区用人、留人机制不健全，待遇较低的现象。2014 年、2015 年仅面向林业职工子女招聘，虽然大多就业岗位属于基层生产单位，是解决职工子女就业的较好方式和渠道，但也反映了人力资源管理方面的缺陷和行业进入存在着障碍。

从岭南八局看，面向社会的招工更少，如：免渡河和南木林业局除按照政策接收和安置退伍军人外，已有近 10 年未有新进人员，40 岁员工在企业内已属于年轻员工，年龄结构不合理，"断档"现象严重，学历和专业组成也不合理。而有新进人员、年轻员工组成比例较高的林业局则是通过面向林业职工子女招聘，招聘渠道窄，外部人员进入难，人员流动性差。

（五）计划经济体制色彩依然浓重

资源地区大规模开发建设的历史始于国家的全面建设开发计划，每年资源开采量的多少、资源的调拨、资源的价格等都有着国家行政计划和命令的影子，影响了地区经济效率的提高和发展。在竞争激烈和市场经济发挥资源配置决定作用的时代背景下，计划经济色彩的存在也成为资源衰竭地区贫困区别于其他区域的特征之一。

笔者曾在内蒙古大兴安岭林区工作和生活3年之久,在初期经常听到一些大集体身份、合同工身份,企业改制等说法,不理解在现代企业管理制度下合同制的实行,还有集体身份和全民职工身份之分。经过长期与同事的接触,才了解到这是国有林区长期以来实行的计划经济体制留存问题,直至2015年4月停伐,国有林区一直实行按照国家计划采伐和管理的制度。这其中的重要原因是森林资源在我国属于稀缺资源,林业的外部性巨大,不仅要维持企业生产和职工的生计生活生存,还必须要兼顾生态建设,保障森林资源的质量和数量。

国有林区虽然在改制时实行了现代化企业制度,制定了各项规章制度,但实行的两块牌子一套人马的制度,经济政策、指令和资金多来自于上级政府部门,使得其并未摆脱计划经济体制的特征。在启动新项目和新产业项目上马时,只有前期的、浅层次的考察、参观和学习,并未进行深层次的市场需求调研和分析,对于投资回报和成本并未有科学的计算,仍然按照集团或上级的计划和安排进行。

在内蒙古国有林区,经常听到的说法是下岗,而再就业如果仍在国有企业体制管理下,人们的认识上觉得是稳定的、固定的工作,而如果再就业在私企或个体商户,或外出就业,无论收入的高低,都会被人们称之为"打工",似乎低人一等。在对于子女就业问题上,很多职工认为子女上学回来后,林业局应给予相应的政策招工进入林业局,得到稳定的岗位和收入,而对于子女上学期间所学专业和外出发展的意愿则考虑较少。可见,人们趋向于对国有企业职工身份的认同,实际上这也是长期以来人们在计划经济体制下生活,对于组织过于依赖的表现。

第四章 贫困的形成及对社会经济的影响

贫困的形成一方面是由于宏观环境因素的作用，另一方面是由于个人自身原因所致。资源型地区的贫困大多随着资源开采总量减少，加之国家政策的调整，可利用资源量逐年减少而出现。由于长期依赖资源利用与开采，产业构成不合理，一些产业因资源而兴，也因资源而衰，资源利用存在的挤出效应也使得制造业等接续产业尚未形成气候。资源开采造成土地资源的占用或荒废，使得土地资源减少，在可利用资源减少后，原先的土地尚未恢复至可以利用的水平。人员就业长期也极度依赖资源开采的发展，在资源面临衰竭、土地资源减少的情况下，人员就业也受到挑战。随着资源逐渐衰竭，地区的产业升级改造，对人力资源素质有了更高的要求，大多数资源地区地处偏僻山区，人力资源综合素质本身并不具有优势，就业更受到限制，个人生活水平受到影响。一系列的因素造成了资源衰竭地区的贫困形成。贫困问题的存在会影响社会安定和谐，影响经济政策的实施，还会影响资源和环境的保护效果。

本章从宏观和微观层面分别对内蒙古国有林区贫困产生机制进行分析，宏观层面的分析包括：由可采森林资源匮乏引起的企业经济危机和产业结构变动，产权制度安排造成的企业生产效率低、个人生产资料稀缺、企业社会负担沉重，自然区位劣势造成林地生产力低、接续产业发展不足等，国家投入和支持不足造成的基础设施建设落后、社会保障制度不健全、贫富差距过大等。从微观角度，贫困人群的受教育程度、健康状况、社会资本等是个人陷入贫困的主要原因。

第一节 贫困产生的原因分析

20 世纪 80 年代以前，内蒙古国有林区实行计划经济体制，形成以国有企业为主体的林业生产型社会。国有企业为职工提供包括住房、医疗等在内的生活保障和福利，加之国家对林业生产中木材的生产建设需要，国有林区长期和普遍处于"低收入、高就业"的社会经济环境中，正常的适龄劳动力通过国家调配或农村招工进入国家林业企业参加林业生产采运、加工等生产环节劳动，或通过参加后期发展的多种经营参加劳动，在整体社会环境发展水平较低的情况下有效防止了显性贫困的发生，显性的贫困发生在失去劳动力的残疾人、重病、高龄而无赡养者等群体间。20 世纪 80 年代开始，国有林区出现"两危"困境，基础设施建设、住房等公共服务和福利提供能力减弱，接续产业尚未形成，区域整体发展缓慢落后。内蒙古国有林区贫困人口构成的主体由少数的需要社会救济的人群演变为因"两危"而形成的下岗失业人员及其家庭。

内蒙古国有林区贫困产生的机制需要从宏观和微观两方面研究，不仅需要从个人因素出发研究，也需要从国有林区经济体制、资源匮乏与产业转型的角度和背景出发和研究。国有林区贫困发生的宏观原因主要有：可采森林资源引起的企业经济危机和产业结构调整，产权制度安排造成的企业效率低（社会负担沉重）、个人生产资料稀缺，国有林区自然区位劣势造成的接续产业发展不足、林地生产力低等。此外，还有国家投入和支持不足导致的地区发展落后、社会保障体系不健全、收入分配不公等。国有林区贫困发生的微观因素主要有：个人受教育程度、健康状况、社会资本等。两方面共同作用，导致国有林区贫困的产生，如图 4-1 所示。

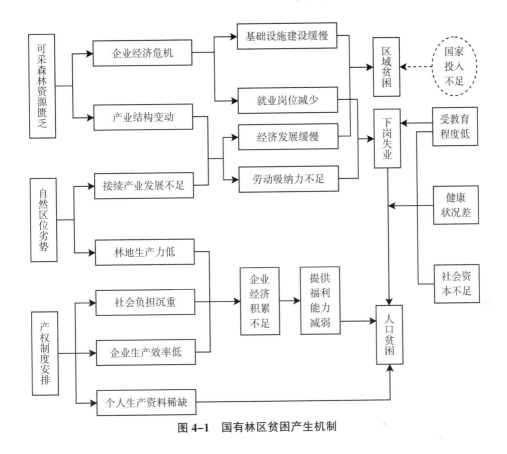

图 4-1 国有林区贫困产生机制

一、贫困产生的宏观原因分析

内蒙古国有林区贫困的产生与资源、经济体制、自然区位、国家投入等因素相关，具有阶段性特征。从宏观层面分析，内蒙古国有林区贫困产生的机制可以归纳为以下几个方面：

（一）由可采森林资源匮乏引起的企业经济危机，造成产业结构变动，大规模人员下岗失业，国有林区贫困问题显性化

日俄入侵时期，内蒙古国有林区的森林资源被大量掠夺。新中国成立后，为支援国家建设累计提供了 2 亿立方米木材。由于长期以来的重采轻育和森林资源生长周期长的特性，在 20 世纪 80 年代，内蒙古国有林区出现了可采森林资源危机，可采林木资源量大幅下降，原先与采运业相关的人员和木材加工业人员出现大规模下岗，成为内蒙古国有林区的贫困群体的构成主体。

从企业看，内蒙古国有林区先有林业生产，后有地方建制。所建立的森工企业以林木采伐和加工为主，可采林木资源的匮乏，造成企业采伐资源减少和加工原料的缺乏，企业主业受到重创，经济利润自然下降，加之长期以来林木价格采取国家计划价格，企业长期以来承担多项社会职能，负担沉重，企业经济出现危机，生产出现停滞，企业中出现大量富余人员，企业无力承担基础设施建设、人员的工资、住房和医疗等福利。在很长的时间内，基础设施落后，职工工资水平低，甚至工资拖欠，生活得不到保障。国有林区实行改革后，出现了大批量的一次性安置人员，虽然有一部分安置费用，但从长期看，失去了稳定的收入来源，加上物价的飞涨，并且内蒙古国有林区地处偏远，许多生活物资依赖于外运，生活费用较高，因而，出现以下岗失业人员为主体的贫困群体。

从产业结构看，内蒙古国有林区长期以来以林业生产为主，可采森林资源危机造成以林木采运和加工为主的传统林业产业逐减衰弱，而新兴的产业尚未真正形成，未形成将传统产业淘汰劳动力吸纳的能力和规模。且新兴产业需要新的技能和理念的引入，而内蒙古国有林区长期以来自成社会体系，使得其职工观念落后，技能素质也不能满足新兴产业的需要，很难进入新兴产业部门，形成了大规模的下岗失业人员。

（二）产权制度安排造成国有林区企业社会负担沉重、整体产出效率较低、个人生产资料稀缺

根据新制度经济学理论，产权制度对经济效率有重要影响，是市场制度和其他制度安排的基础。在内蒙古国有林区，森林资源所有权归国家（全民）所有。国家与森工集团或地方林业部门形成委托代理关系。森工集团与各林业局形成第二层级的委托代理关系，拥有经营权、使用权，收益权归所有者和经营者共同所有，收益在所有者和经营者间分配。这一产权制度安排造成产出效率低，主要表现在企业生产和林地利用两个方面。

一是国有林区企业的生产是在国家的计划和指导下进行。过去，木材采伐量由国家根据经济建设需要定额采伐，木材价格都是执行国家指导价格，配额采伐木材的经济收益，根据比例由国家和企业共同分配。在这一体制下，造成过去木材价格低廉，企业经济积累很少。而在国家所有这一经济体制下，由于产权不明晰，造成在发展中国有资产的损失，采用各种手段和措施寻租，将木材私自采伐、倒卖，赚取收益。在企业生产中，在计划经济体制下采用"吃大锅饭"的生产管理方式，无论劳动量多与少，只要岗位级别一样，所取得的工资报酬均是一样的，也造成了企业的生产效率较低，经济积累不足。

二是森林资源和林地都归国家所有，企业在生产过程中，也严格按照这一产权方式进行管理。在集体林区，农村实行土地承包责任制，极大地激活了人们的劳动积极性。而在国有林区，在无明确的法律和政策规定条件下，单位无法将林地承包给个人进行充分利用。国有林区在改革探索中，由单位组织发展的林下种植、养殖等产业也由于产权不明晰，造成生产效率低下，最终破产下马。在生态建设中，出现的林下资源掠夺性采集等森林资源破坏现象，也与目前归国家所有这一产权制度安排有关。

（三）自然区位劣势是造成内蒙古国有林区接续产业发展不足、林地生产力较低的重要原因

从内蒙古国有林区整体发展情况来看，内蒙古国有林区的自然地理区位是限制产业发展的重要因素。内蒙古国有林区地处偏远山区，交通不便，气候寒冷。虽然有丰富的矿产资源，但在目前的政策和环境下，并不允许进行大规模开发，不能成为国有林区发展的主要产业。在发展种植业方面，由于气候原因，作物每年生长季节很短，在以生态建设为主要任务的背景下，只能利用疏林地和防火带等发展种植业，或者在林下种植林药等作物，可用于种植的林地也很有限。在特色山野菜和菌类等绿色食品生产和加工上，国有林区地处偏远，且长期以来生产技术和营销理念落后，市场上对这一区域的产品并无明显的认同。森林旅游虽然逐步发展，但地处偏远，很多地区交通并不便利，且旅游业受自然、经济、社会等变化影响较大，需求弹性较高，具有敏感性和脆弱性，将其作为主要或主导接续产业，风险也较高。在发展高科技、服务业、加工业等产业方面，地处偏远的国有林区，无论是在消费群体，还是在发展环境上，显然并不占优势。国有林区的自然区位劣势是造成国有林区自身发展能力较弱的重要因素。

（四）国家投入和支持的不足，也是造成国有林区发展落后、社会保障不健全、贫富差距拉大的主要原因

国有林区由于经济体制安排和自然区位等因素，自身发展具有很大的弱质性，长期处于低水平发展状态。根据经济增长理论，资本投入是经济增长的重要影响因素，要摆脱"低水平均衡"的困境，可以通过加大基础设施投资、教育投资等，摆脱这一低水平的均衡状态。改革开放以来，国家在反贫困方面取得了很大的成绩，在农村地区实施了大量的扶贫政策，大量投资用于基础设施建设、完善社会保障体系，通过农业税费改革、实行农业补贴等提高农民收入，建立农业社会化服务体系促进农业的发展等，而这些政策措施并未覆盖缺乏生产资料，缺乏就业岗位，接续产业发展不足的国有林区。

在基础设施建设的投入方面，国家对于国有林区的投资建设力度仍较低，在农村或城市地区，很多的基础设施建设由国家或地方政府全额投入，而内蒙古国有林区所处的城镇尽管有基层政府的存在，但同一项建设项目（例如，内蒙古实施的"十个全覆盖"工程）企业需以自己配套和筹集资金的方式完成。且在建设投资方面的力度，远远赶不上农村，更谈不上其他地区的城镇。在产业发展上，按照国家要求，国有林区以森林资源保护和培育为主要任务，用于生态建设，其他矿产资源的开发受到限制。在生态产业发展上，国家仅出台了指导性的意见，在具体的措施和政策上，并没有为国有林区提供优惠的政策，国有林区生态补偿机制也尚未建立。

我国城镇居民的社会保障从单位保障过渡到社会保障。而从全国范围看，内蒙古国有林区的社会保障制度在全国来说是较为落后的，依然以单位保障为主。虽然企业为在岗职工缴纳了社会保险，一次性安置人员也被统一纳入了地方养老和医疗统筹，但因一次性安置人员并无固定工作单位，保险费用均须个人全额缴纳和承担。对于存在下岗失业情况的家庭来说，养老和医疗保险费用数额较大，负担沉重，很多家庭选择不缴纳或拖欠养老和医疗保险费用，或者选择其中一项缴纳。在国有林区长期二元化管理体制下，下岗和一次性安置人员被认为是属于"林业"的，在失去稳定工作的收入来源后，在最低生活保障等方面并没有被地方很好地吸纳和接收。也就是说，基本的社会保障比如低保政策并没有覆盖到从林业过渡到"地方"的人员和家庭，不能像普通的城镇人口一样享受社会保障待遇。

国有林区还存在收入差距过大，收入分配不公的问题。根据调研取得的数据，内蒙古国有林区家庭年人均收入最高者为 70000 元，最低者仅为 1250 元。在家庭收入差距加大的同时，收入分配不公也是使内蒙古国有林区贫困加剧的重要因素。收入不公表现在两个方面：一个是单位内部的收入差距较大，国有林区企业局级领导实行年薪制，年薪为 10 万元以上，一线员工仅为 3 万元左右；另一个是国有林区与地方收入差距依然较大，内蒙古国有林区长期以来职工工资水平和增长幅度较低，直至 2008 年左右内蒙古国有林区开始改革，工资开始上涨，但依然低于同地区工资水平。同时有一部分职工采取一次性安置措施，失去了固定收入来源，在这种综合性背景下，一部分职工家庭陷入贫困。而个人陷入贫困和收入差距过大的一个重要原因是失去就业岗位，目前也尚未出现对国有林区下岗失业人员再就业的优惠政策或者有组织地引导其外出务工的措施。

二、贫困产生的微观因素分析

内蒙古国有林区贫困的产生，不仅与社会经济发展的宏观因素相关，而且与贫困者个人自身的素质相关。收入水平仅仅是贫困的一个方面，医疗、社会关系等所处社会环境都有可能影响贫困，但家庭成员的受教育水平、年龄、身体健康状况、就业情况等因素很大程度上决定了一个家庭的收入和生活消费水平，从而对家庭的贫困与否产生了决定性的影响。影响家庭陷入贫困状况的微观因素主要有：

（一）受教育程度

家庭成员个人的受教育程度很大程度上影响着就业状况，进而影响到其收入水平，从而影响到贫困状况。受教育程度越低，在就业市场的竞争中处于不利地位，收入水平处于较低水平，越容易陷入贫困。受教育程度是反映劳动者素质的重要指标，决定着个人未来就业情况、发展前景和生存能力。在劳动力市场发展较为充分和成熟的情况下，受教育程度低、自身素质较差的人在劳动力市场竞争中处于劣势地位，就业机会较少，或者实现了就业但岗位的稳定性较差，岗位技能的替代性较高，若企业经济状况恶化，最容易失业下岗的也是这部分受教育程度较低的劳动者。

在对内蒙古国有林区的调研中，户主只有小学文化的有 35 户，初中文化的有 283 户，占 52.39%，整体受教育程度水平较低。受教育水平较低也影响着社会经济水平的发展，制约着他们自身业务和技术水平的提升，在与其他劳动者的竞争中处于劣势地位。而在对内蒙古国有林区的调查中，大部分家庭处于一人就业养活全家的状态，下岗失业是家庭陷入贫困的重要原因。在访谈中，一次性安置人员均提出要求出台政策返岗。在面对当地经济社会发展程度较低，就业岗位有限的情况，问及是否愿意离开林区到外地就业时，多数人回答不愿意，不愿意的原因主要有：受教育程度低，无一技之长；年龄较大；家在本地，亲戚朋友都在本地，不愿意离开。而在因年龄较大不愿意离开本地到外地就业的群体中，也有相当部分是由于受教育程度较低原因的限制，也反映出了贫困与受教育程度的高度相关性。调研中，大部分包括在岗人员在内的人认为如果离开林区，由于外地就业竞争就业压力更大，可能找不到更好的工作。

（二）健康状况

家庭成员的健康状况是一个家庭陷入贫困的重要影响因素。困难家庭收入水平较低，生活消费处于较低水平，营养状况较差，生活压力较大，由此产生的身体和精神患病的概率也高于非困难家庭。而对于贫困家庭或处于贫困边缘的家庭来说，家庭成员一旦患有大病或重病，不仅会造成家庭经济上的负担，而且是家庭劳动力的损失，患病者不仅会被排除出劳动力市场，而且还需家人的照料。疾病与贫困相互交织，形成恶性循环。而内蒙古国有林区现阶段医疗保障体系还未完善。一般重病大病的费用高昂，访谈中医疗报销的额度在 50%~75%，剩下自费的部分对于家庭来说仍是一笔巨大的费用，即使是家庭中有在岗职工的家庭，大部分生活困难家庭也是因为因病返贫，走访的困难户中多患有脑梗、残疾等疾病，家庭负担沉重，经济处于负债状况，生活状况急剧恶化，使家庭陷入了贫困。在患病前，这些家庭基本都处于家庭和睦温馨的平稳状态。在贫困家庭中，很大部分家庭小病不看或者拖延，大病则会使一个家庭倾家荡产。而若患病家庭中有子女就学，家庭生活状况则更加窘迫。

(三) 社会资本

社会关系状况也成为贫困的影响因素。根据社会资本理论，在同等条件下，社会资本丰富的家庭，家庭成员在升职就业方面更具有优势，就业概率和升职概率更大。在内蒙古国有林区面临改革时，就业形势也在发生改变，社会关系丰富的家庭更有可能得到相关政策的准确信息，从而采取正确的选择和行动，确保实现就业和不失业下岗。内蒙古国有林区在 2008 年实行改革时，员工采取自愿选择一次性安置或进入再就业中心等待有就业岗位时进行再上岗。一部分选择了一次性安置，虽然得到一笔资金，但失去了以后稳定的收入来源，也成为在调研中贫困群体的重要组成部分。而大部分社会关系丰富或家庭中有干部的家庭成员则会选择进行等待再次安置就业，近些年内蒙古国有林区工资上涨幅度比过去 20 年间的上涨幅度要大，因此生活上较为宽裕。而在遇到困难时，国有林区的传统观念和人情往来也较为重视，也更有可能获取亲戚朋友间借款等经济方面的帮助。而根据下文中具体家庭收入影响因素的分析，家庭中有或曾有科级以上干部的家庭收入也远远高于普通家庭。

第二节　贫困对社会经济发展的影响

根据福利经济学理论，贫困会影响整体社会经济福利水平。提高贫困人口和区域的经济福利水平，提高收入和福利均等化水平，会促进社会整体福利经济水平的提高。而作为以生态建设为主要任务的国有林区，贫困还会影响森林资源的保护效果。

一、贫困影响社会安定和谐发展

贫困群体处于社会底层，生活水平和质量不高，若这一状况长期发展和积累，会造成这一群体生活困顿，被社会忽略和排斥。内蒙古国有林区大部分贫困群体并非由于个人懒惰或文化水平非常低下所导致，个人素质趋于平均水平，而是由于国有林区可采森林资源缺乏和经济体制的变革而导致的失业下岗，使大批人口陷入失去稳定收入来源的困境。也正是这种特殊的背景下，内蒙古国有林区的贫困群体呈现出特殊的特征：

第一，内蒙古国有林区贫困群体除少数患大病重病陷入贫困的家庭外，其余家庭陷入贫困并不是因为个人缺乏生存和劳动能力，而是由于经济体制转轨和产业转型造成的原有就业岗位的缺失和新就业机会的缺乏。

第二，内蒙古国有林区贫困群体出现长期化和代际传递的趋势。也即因失去就业机会处于贫困的家庭长期处于贫困状态，而这一状况也会传递到下一代，依然没有稳定的就业岗位和收入来源，生活处于贫困状态。

第三，内蒙古国有林区由于长期以来形成的林区文化风俗，人情风俗较浓，因此贫困群体也有较强的群体意识。自内蒙古国有林区改革后，每个林业局都有上访事件发生，每个季节都有到林业局或上级上访的群众，每个林业局也设了相应的部门接待上访群众，多为当时一次性安置人员，要求提供就业岗位实现再次上岗。

第四，内蒙古国有林区贫困群体长期处于物质匮乏和信息闭塞的状态，而又缺少社会关系和社会资本的帮助，使得其与其他主流群体脱离，表现出与其他社会群体分裂的趋势。

贫困状态的长期积累会造成贫困群体普遍强烈的剥夺感，形成负面的社会心理。而贫富差距扩大则意味着社会财富越来越向少数人手中集中。我国的目标是全面建成小康社会，实现共同富裕，而不是贫富差距过大，两极分化严重的社会。相对富裕群体的较高消费和经济水平使贫困群体产生更强烈的剥夺感。长期的生活压力和心理压抑会造成这一群体在心理和行为上的对非贫困群体的对立，隐藏着产生社会冲突的危机。这一特征的积累和发展，当贫富差距和所承受的心理压力超过一定的限度时，会激发贫困群体的不满，导致心理失衡，引起社会冲突等社会矛盾，影响社会的安定和谐发展。

二、贫困影响经济政策的实施效果

贫困地区的基础设施落后，贫困群体的收入水平低，相应地其生活消费能力也低。在经济平稳发展的新常态下，会对拉动内需经济政策实施的效果产生较大的负向影响。在贫富差距较大的现实下，富裕阶层的高消费拉动市场消费价格上涨的同时提高了低收入阶层的生活成本。而贫困群体阶层由于收入较低，生活、教育、医疗等基本消费得不到满足，影响着扩大内需，从而影响拉动经济增长经济政策的实施效果。研究表明，当收入增长到一定量时，消费倾向会呈反方向变化。而目前低收入家庭的消费需求因收入和消费能力低而得不到满足，增加低收入群体的收入，有利于刺激消费的增长。低收入群体增长的收入会有更多的部分转化为基本消费，更大幅度拉动经济的增长。

贫困还会干扰国有林区新兴产业的发展。基础设施落后本身就是产业发展的不利条件。而在发展过程中，由于贫富差距扩大，下岗失业陷入贫困的群体，会因自身未享受到或享受较少发展成果而干扰正常的社会秩序。例如，在森林旅游发展过程中，原下岗失业人口可以通过林特产品木耳、蘑菇等的采集和销售，交通，餐饮服务等参与到森林旅游发展中，但由于个人能力等原因，每个人从中获取的收益并不同。收益较少的人群会在与游客的接触中散播当地关于森林旅游的负面信息，甚至出现强买强卖、哄抬物价的现象，干扰正常的市场秩序，影响产业的正常发展，从而影响产业发展对经济发展促进和带动作用的发挥。

三、贫困影响资源与环境的保护效果

内蒙古国有林区地处偏远，属于欠发达地区，长期以来其经济社会发展依赖于森林资源的开发，在 20 世纪七八十年代以前，经济社会的快速发展依赖于森林资源的粗放式掠夺开发为国家和社会提供木材，完成国家下达的任务，获得国家对国有林区的投资建设，带动着社会就业。七八十年代以后，可采森林资源枯竭，引发了严重的资源贫困，随之，各项社会发展停滞、缓慢。内蒙古国有林区的贫困起源于可采森林资源的匮乏，这一点毋庸置疑，贫困是森林资源无序采伐利用的一个结果。而在天保工程实施后，国家在制度、资金方面给予了国有林区支持，森林资源恢复、增长，职工生活有所好转，对于森林资源的破坏也逐渐减少。但由于制度设计和管理体制的原因、资金的有限性、新兴产业发展不足、劳动吸纳力有限等原因，并未使全部的人群受益，至少在经济收入方面，在一定程度上损害了贫困人群，尤其是在改制过程中下岗和一次性安置人员的利益，他们本来无固定收入来源，与现有受益者的收入水平和贫富差距更为明显。

无论是在过去还是现在，森林资源一直都是内蒙古国有林区人们重要的生活物质来源。相对于富裕家庭来说，贫困家庭对森林资源的依赖更加明显。在国有林区住房条件是衡量一个家庭是否贫困的重要表征。楼房区的住户，相对较为富裕，生活条件较好，而住在平房的住户，较为贫困，生活条件较差，其主要生活燃料仍依赖于木头桦子、烧材等林区自产的资源。有些平房用户甚至不愿搬入楼房居住，因为搬入楼房居住后，每年取暖费等费用较高。且在平房区的住户可以利用院中有限的土地种植少量蔬菜，以供食用，节约了生活费用。

在调研中，通过问卷调查的形式调查了国有林区居民对天保工程的态度和对目前天保工程政策实施是否满意，结果显示607个被调查者中，35人对天保工程持反对的态度，19人持无所谓态度。35人中，5人同时处于收入贫困和多维贫困状态，1人处于单维收入贫困状态，20人处于多维贫困状态（见图4-2）。在持无所谓态度的19人中，有4人同时处于收入贫困和多维贫困状态，10人处于多维贫困状态。可见，贫困会影响到对天保工程实施的态度，而只有当其认识到天保工程实施的价值，且成为受益者时，才会积极参与到其中，支持工程的实施。贫困者大多居住于平房，天保工程的实施，使得家庭中一部分人下岗，且生活中的燃料的获取也受到影响，生计问题受到威胁，因此，其态度会发生变化，只有解决其切身关系的生计问题，从贫困中脱离出来，才会真正支持天保工程的实施，不从中阻碍和破坏。不会因为生计原因违法破坏森林资源，不对林下资源进行掠夺性采集，不冒着违法的危险采伐树木，不围捕野生动物。而他们反对的主要原因是，认为森林资源恢复效果不明显。有95人对目前实施的天保工程政策不满意，95人中，12个家庭同时存在收入贫困和多维贫困，5人仅处于收入贫困状态，48人处于多维贫困状态（见图4-3）。对生态环境保护工程的认识，不仅与其家庭条件有关，同时也与本人的思想意识相关，但一定程度上其生活和收入状态影响着其对工程的态度和对政策的满意度。对政策不满意的原因，主要在于认为补贴标准较低，还有认为因天保而下岗，收入不稳定，这些是主要的原因。

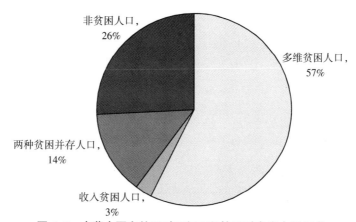

图4-2　内蒙古国有林区对天保工程持反对态度人群组成

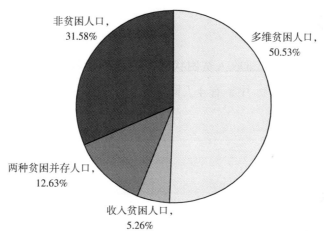

图4-3　内蒙古国有林区对天保工程实施政策不满意人群组成

　　作为祖国重要的木材储备和生态建设重要战略基地，内蒙古国有林区更是祖国北方重要的生态屏障。贫困问题的解决对于生态环境的保护效果有着良好的促进作用。因此，要认清贫困问题的持续存在对于森林资源保护效果的负面影响，应解决好内蒙古国有林区的贫困问题，使森林资源得到更好和持续的保护，更好地发挥生态服务功能。

第五章 贫困综合评价

贫困本身是一个涉及社会经济等各方面的综合性较强的问题。资源地区的贫困通常还伴随可利用资源逐渐减少、生态恶化、基础设施落后等问题。在我国目前的资源管理体制下，资源型地区的贫困区别于一般的城市和农村贫困。内蒙古国有林区区域广阔，涉及人群广泛，本章建立了包含经济、社会、生态三方面共22个指标的综合贫困评价指标体系，采用27个林业局2004~2014年数据，运用SPSS 17.0软件进行面板数据因子分析贫困综合评价，提取产业结构与资源量等八个主导因子，对综合评价结果进行聚类分析，按贫困水平将内蒙古国有林区分为重度贫困、中度贫困、轻度贫困、脱贫和较富裕五个类型，并分阶段分析各林业局贫困变化情况，有利于了解各区域综合贫困程度。从主导因子角度出发，以找出各林业局发展中弱项，为以后的反贫困提供基础和依据。

第一节 贫困综合评价体系构建

对贫困进行综合评价的第一步是建立一个能全面、客观反映各区域贫困状况的综合评价体系。

一、指标体系构建原则

内蒙古国有林区在未来的发展中，企业办社会职能将全部剥离。将其发展纳入地方政府社会经济发展规划范围，依托于所在的城镇发展，是不可逆的趋势。

但在当前历史环境下，虽然国有林区进行社会职能剥离、企业重组等改革探索，但因其所在区域政府财力有限等原因，林区企业办社会的社会职能并未完全剥离，或者相关人员和资产已接收，但社会职能未发挥，一些社会职能仍由企业承担。这一特殊现象的存在，要求构建一套能够客观、全面反映国有林区贫困状况的综合指标体系。在构建指标体系时应遵循以下原则：

（一）系统性和全面性

内蒙古国有林区的贫困是一个综合性、系统性强的社会问题。在进行指标体系设计时，遵循系统和全面性原则，建立能系统、全面反映国有林区经济、社会、环境状况的指标体系。要注意到指标体系的层次性和结构完整性，不仅能够反映所在区域的经济社会情况，也能够反映森工企业经营情况。在以生态建设为主要任务的背景下，不仅能够反映经济状况，还能反映森林资源状况。不仅能够反映人口的贫困状况，还能从区域发展的角度，反映区域整体贫困状况。

（二）科学性和客观性

评价指标体系的设计关系到贫困评价是否准确，关系到贫困综合评价能否客观反映国有林区贫困程度。建立国有林区贫困综合评价指标体系时，应遵循科学设置的原则，从贫困的基本内涵出发，注重贫困研究的综合性，客观反映国有林区贫困的本质属性。指标体系能够真实地反映国有林区各区域贫困程度和贫困状况。在选取指标时，也要注意其定义与内涵，以及其数据来源、是否能够量化，以满足数据易于计算的需要；各指标间做到有层次但不重复，同一指标的选取也考虑其绝对量和相对量，哪个更为符合和适合贫困综合评价。

（三）可操作性和实践性

贫困评价指标体系构建服务于贫困综合评价，是一个实践和应用性很强的问题，最终为扶贫或者减贫提供依据和政策。指标体系的设计应考虑到数据的可获得性、计算的可操作性等。在指标设计时，选取了代表性强、计算简捷、操作简便易懂、数据易于获得的指标。在指标筛选时，侧重指标的实践性，使其能服务于应用，不为研究而研究，将指标体系设计得庞大、复杂，也不为使计算简便，遗漏重要指标变量。

（四）体现国有林区区域特点

国有林区无论从长期以来的管理体制来看，还是从产业发展特点来看，都具有特殊性，其贫困特征也区别于农村和一般城镇的贫困。在指标体系设计时，要注意所选的指标能够反映国有林区区域特征和差异。

二、指标体系构建思路及框架

首先，明确指标体系的构建是服务于国有林区贫困综合评价，这是指标体系构建的总目标。其次，根据贫困的概念和相关理论，贫困是一个涉及经济、社会、生态等多方面的综合性社会问题，国有林区的贫困状况可以通过这三个方面表现。最后，经济、社会、生态等方面的发展情况，又分别可以通过不同的数据指标来表示。综上，构建的指标体系由三个层次构成，也即目标层、约束层和指标层，每一层级均为上一层级的目标服务，且对下一层级构成约束，这样建立起来的指标体系目标明确，层次合理，可以系统反映需要综合评价的问题的各方面。与构建其他综合评价指标体系的思路一致，本书也利用这一思路构建国有林区贫困评价指标体系。

国有林区贫困综合评价是要将贫困这一系统性、综合性很强的社会问题进行量化研究，做到层层细致分解与表达。第一层级，目标层是反映贫困程度的综合评价指数；第二层级，约束层是为实现上一层级目标层服务的，由多个指标组成，是反映总目标的分目标，在本研究中则由经济、社会、生态等组成；第三层级，指标层由单个的指标构成，单个指标从不同的层面反映国有林区发展状况，而指标的选择受限于约束层也即单目标的实现，也即在约束层的指导下选择。为使构建的指标体系能够全面反映国有林区贫困状况，在各约束层下的指标建立初期，做到全面细致、不遗漏，建立初始的指标集，然后根据研究需要，在所取专家建议和借鉴前人研究的基础上筛选出合适的指标。

三、指标的筛选与表达

内蒙古国有林区的贫困表现为社会经济发展落后，可采森林资源匮乏等，是一个包含了经济、社会、生态三个方面在内的集合概念。在上述原则和思路的指导下，经过指标筛选，建立国有林区贫困综合评价指标体系，如表 5-1 所示。

表 5-1　国有林区贫困综合评价指标体系

目标层 A	约束层 B	指标层 C	指标数量
国有林区贫困综合评价指标体系	经济 B_1	人均林业产值	X_1
		林业产值增长速度	X_2
		非林产业产值比重	X_3
		第一产业产值比重	X_4
		第二产业产值比重	X_5
		第三产业产值比重	X_6
		企业销售产值	X_7
		资产负债率	X_8
		成本费用利润率	X_9
	社会 B_2	在岗职工年均工资水平	X_{10}
		林业就业率	X_{11}
		户均住宅面积	X_{12}
		大专及以上学历职工比例	X_{13}
		社会保障覆盖率	X_{14}
		社会性固定资产投资	X_{15}
		人均公路长度	X_{16}
	生态 B_3	人均森林管护面积	X_{17}
		人均木材产量	X_{18}
		人均非木质林产品产量	X_{19}
		生态旅游人数	X_{20}
		年造林面积	X_{21}
		中幼龄林抚育面积	X_{22}

（一）经济

一个地区的经济发展水平可以通过社会产值、产业结构等方面表现。社会产值和产业结构是经济发展的基础，是体现经济发展程度最直观的指标。对于国有林区来说，森工企业（林业局）长期以来都是最重要的林业生产单位，经营状况是林区经济发展的重要影响因素和表现。因此，内蒙古国有林区的经济发展水平通过社会产值、产业结构、森工企业经营状况三个方面体现。

1. 社会产值

衡量经济发展最直观的指标是社会产值，社会产值总额、人均社会产值、社会产值增长速度都是常用的指标，社会产值总额与人口数量、区域经济规模等相关，相比较而言，人均社会产值更能反映其实际水平。社会产值增长速度是将当期发展水平与基期发展水平对比得出的。国有林区长期以来以林业生产为主，林业是社会经济发展的基础，选取人均林业系统社会总产值和林业系统社会总产值增长速度反映其经济发展水平。

$$人均林业系统社会总产值 = \frac{林业系统社会总产值}{林区总人口}$$

人均林业系统社会总产值在本书中为逆指标，也即人均林业系统社会总产值越大，则该期内，该地区贫困度越低。

林业系统社会总产值增长率 =

$$\frac{本年林业系统社会总产值 - 上年林业系统社会总产值}{上年林业系统社会总产值} \times 100\%$$

该指标在本书中也为逆指标，也即林业系统社会总产值增长率越大，则该期内，该地区贫困度越低。

2. 产业结构

一个地区的产业结构组成可以通过各次产业占总产值比重表示。国有林区的产业发展中包含着非林产业与林业产业，国有林区可采森林资源的减少和停止天然林商品性采伐的现实状况，要求国有林区调整产业结构，若对林业产业依赖程度依然较大，林业产值占社会产值比重较高，则说明产业发展不均衡，仍需调整，同时选取非林业产值占林业社会总产值比重和各次产业占社会总产值比重作为衡量产业结构的指标。

$$非林产业产值占林业社会总产值比重 = \frac{非林产业总产值}{林业系统社会总产值} \times 100\%$$

该指标在本书中为逆指标，也即非林业产值占林业社会总产值比重越大，说明该地区发展对林业的依赖度越低，则该期内该地区贫困度越低。

$$第一产业占林业社会总产值比重 = \frac{林业第一产业产值}{林业社会总产值} \times 100\%$$

$$第二产业占林业社会总产值比重 = \frac{林业第二产业产值}{林业社会总产值} \times 100\%$$

$$第三产业占林业社会总产值比重 = \frac{林业第三产业产值}{林业社会总产值} \times 100\%$$

在本书中这三个指标均为逆指标，在此不考虑产业结构构成合理性，因为对于特定的各次产业来说，无论是第几产业，都是产值越大，对总产值的贡献度越大，对地区发展的贡献也越大，则该期内该地区贫困度越低。

3. 森工企业经营状况

尽管进入新的历史时期，国有林区生产任务逐渐转变为以生态建设为主，但国有林区主要生产单位依然是各森工企业和营林局，并且目前仍实行企业化管理。无论是职工数量，还是产业发展上，森工企业的经营效益依然很大程度上影响着当地经济的发展。森工企业经济效益指标主要有企业销售产值、总资产贡献率、资本保值增值率、资产负债率、资产周转率、成本费用利润率、产品销售率等。从总量指标讲，企业销售产值是最为简便、明了的指标；从财务计算角度和常用的对外公布指标讲，资产负债率和成本费用利润率都是最常用和容易理解的指标，本书选用这3个指标作为衡量森工企业经济效益的指标。

企业销售产值，是以货币形式表现的报告期内企业实际销售的产品总量，不仅包括本期生产、本期销售的产品总量，而且包括以前生产本期销售的产品总量，该指标反映企业的销售规模。在内蒙古国有林区企业销售产值则主要是木材产品的销售产值，在本书中为逆指标。

$$资产负债率 = \frac{负债总额}{资产总额} \times 100\%$$

在本书中为正指标。

$$成本费用利润率 = \frac{利润总额}{成本费用总额} \times 100\%$$

在本书中为逆指标。

(二) 社会

社会状况主要反映人民生活的各方面，包括收入水平、就业、住房、教育、社会保障情况、道路等公共基础设施建设等。

收入水平可以用在岗职工工资水平表示，

$$在岗职工年均工资水平 = \frac{在岗职工工资总额}{在岗职工年均人数}$$

在本书中为逆指标。

就业情况，因在国有林区始终以林业生产为主，所以林业吸纳劳动力情况可以作为整体就业水平的反映。

$$林业就业率 = \frac{年末在册职工人数}{林区人口总数} \times 100\%$$

在本书中为逆指标。

住房情况通过户均住房面积反映。

$$户均住宅面积 = \frac{林区年末房屋住宅总面积}{林区总户数}$$

在本书中为逆指标。

教育水平用大专及以上学历职工人数表示。

$$大专及以上学历职工比例 = \frac{大专及以上学历在岗职工人数}{在岗职工总人数}$$

在本书中为逆指标。

社会保障通过社会保障覆盖率反映。

$$社会保障覆盖率 = \frac{(享受医疗保险人数 + 享受养老保险人数)/2}{林区总人数}$$

在本书中为逆指标。

社会性固定资产投资，反映一个地区公共基础设施建设水平和规模。在国有林区社会固定资产投资的计算为全部固定资产完成额减去营林固定资产投资完成额，主要指民生基础设施建设投资额。

$$人均公路长度 = \frac{年末林区公路实有量}{林区人口总数}$$

在本书中为逆指标。

（三）生态

国有林区的大部分地区生态系统完整，空气清新，森林资源较其他地区较为丰富，生态贫困主要是林业生态的贫乏，即可利用森林资源的匮乏。因此，所采取的指标主要是针对森林资源的消耗，以及生长潜力的指标。在有木材生产任务的阶段，可利用的森林资源主要集中于木材及其他非木质林产品的利用。在以生态建设为主要任务和国家部署国有林区全面停止天然林商品性采伐的背景下，林业职工的职责主要以管护为主，一个地区森林资源总量和其发挥的生态功能的发挥可以用人均森林管护面积衡量，可利用的森林资源逐渐集中于林下资源的开发，不仅物质性林产品得到利用，其景观价值也得到开发和利用。无论是木质林产品、非木质林产品，还是非物质林产品，森林资源作为消耗性资源，生长周期较长，其潜力和作用的发挥都需要保护和维持，对所消耗部分进行及时补充和增加。在以生态建设为主要任务的背景下，无论是国家计划内完成的任务还是自主进行的造林和抚育，都是对林业生态作用和潜力发挥的重要补给。因此，将人均木材产量、人均非木质林产品产量、人均森林管护面积、生态旅游人数、年造林面积、中幼龄林抚育面积作为林业生态的衡量指标。

$$人均森林管护面积 = \frac{森林管护面积}{林区人口总数}$$

在本书中为逆指标。

$$人均木材产量 = \frac{当年木材产量}{林区人口总数}$$

在本书中为逆指标。

$$人均非木质林产品产量 = \frac{非木质林产品产量}{林区人口总数}$$

非木质林产品产量用11种主要经济林产品、中药材、食用菌、山野菜的总产量表示。

在本书中为逆指标。

生态旅游人数为各林区年接待森林旅游的人数。

年造林面积和中幼龄林抚育面积反映未来森林资源增长的潜力。

第二节　贫困综合评价方法的选择

综合评价方法的中心思想是将选取的多个指标转化成一个能反映综合情况的指标，对所研究事物或内容进行评价。综合评价方法有很多，有些方法需要人为赋予各指标以相对重要性，再与所取得的指标数据结合进行综合评价，指标的权重是主观确定的，可以归类为主观权重方法，如层次分析法、模糊综合评价方法等；有些方法则可以根据指标数据间的关系，直接计算出指标的相对重要程度，进而得出综合指数进行评价，这类方法可以归类为客观权重赋予方法，如因子分析法等。

本书对内蒙古国有林区贫困进行研究，期望得到客观、正确的结果，为避免由于人为、主观因素对权重的判断，影响综合评价结果，采用客观赋权方法。研究不仅试图对内蒙古国有林各分区域的贫困状况进行综合评价，还力图找出对国有林区贫困影响最大、起主导作用的因素和指标。而客观赋权的因子分析方法正好可以满足研究的需要。因此，选取因子分析方法。

一、因子分析及基本思想

1904 年，Charles Spearman 的《对智力测验得分进行统计分析》一文的发表，标志着因子分析研究的开始。因子分析是多元统计分析方法中处理降维的方法之一，可以将具有复杂关系的多个变量降维处理、综合为数量较少的几个因子，同时给出原始变量和这几个因子间的相互关系，还可以根据不同的因子对变量进行分类。

因子分析的基本思想是对各变量相关系数矩阵进行研究，找出能反映多个变量间相关关系的几个随机变量，但这几个随机变量是不可观测的，通常称为公因子。根据变量间相关性的大小将变量分组，相关性较大的变量为一组，同组内的几个变量间相关性较高，不同组间的变量相关性则较低。因子分析按照研究对象和问题的不同，可以分为 R 型因子分析和 Q 型因子分析。R 型因子分析是对变量作因子分析，Q 型因子分析则是对样品作因子分析。本书属于对与贫困相关的多个变量作因子分析，因此，属于 R 型因子分析。

二、因子分析的数学模型

因子分析的数学模型为：

$$\begin{cases} X_1 = a_{11}F_1 + a_{12}F_2 + \cdots + a_{1m}F_m + \varepsilon_1 \\ X_2 = a_{21}F_1 + a_{22}F_2 + \cdots + a_{2m}F_m + \varepsilon_2 \\ \vdots \\ X_p = a_{p1}F_1 + a_{p2}F_2 + \cdots + a_{pm}F_m + \varepsilon_p \end{cases} \tag{5-1}$$

可用矩阵表示为：

$$\begin{bmatrix} X_1 \\ X_2 \\ \vdots \\ X_p \end{bmatrix} = \begin{bmatrix} a_{11} & a_{12} & \cdots & a_{1m} \\ a_{21} & a_{22} & \cdots & a_{2m} \\ \vdots & \vdots & & \vdots \\ a_{p1} & a_{p2} & \cdots & a_{pm} \end{bmatrix} \begin{bmatrix} F_1 \\ F_2 \\ \vdots \\ F_m \end{bmatrix} + \begin{bmatrix} \varepsilon_1 \\ \varepsilon_2 \\ \vdots \\ \varepsilon_p \end{bmatrix} \tag{5-2}$$

简记为：$\underset{(p\times 1)}{X} = \underset{(p\times m)}{A}\underset{(m\times 1)}{F} + \underset{(p\times 1)}{\varepsilon}$，且满足：

（1）$m \leqslant p$；

（2）$Cov(F, \varepsilon) = 0$，即 F 和 ε 是不相关的；

$$（3）D(F) = \begin{bmatrix} 1 & 0 & \cdots & 0 \\ 0 & 1 & \cdots & 0 \\ \vdots & \vdots & \ddots & 0 \\ 0 & 0 & 0 & 1 \end{bmatrix} = I_m \tag{5-3}$$

即 $F_1 \cdots F_m$ 不相关，且方差都等于 1；

$$D(\varepsilon) = \begin{bmatrix} \sigma_1^2 & 0 & \cdots & 0 \\ 0 & \sigma_2^2 & \cdots & 0 \\ \vdots & \vdots & \ddots & \vdots \\ 0 & 0 & 0 & \sigma_p^2 \end{bmatrix} \tag{5-4}$$

即 ε_1，…，ε_p 间不存在相关关系，且方差不相等。

$X = (X_1, \cdots, X_p)'$ 是可测的 p 个指标所构成的 p 维随机向量，$F = (F_1, \cdots, F_m)'$ 是不可观测的向量，F 为 X 的公共因子或潜因子，即前面所说的综合变量，可以把它们理解为高维空中的相互垂直的 m 个坐标轴；a_{ij} 为因子载荷，是第 i 个变量在第 j 个公共因子上的负荷，如果把变量 X_i 看成 m 维因子空间中的一个向量，则 a_{ij} 表示 X_i 在坐标轴 F_j 上的投影，矩阵 A 称为因子载荷矩阵；ε 称为 X 的特殊因子，通常理论上要求 ε 的协方差阵是对角阵，ε 中包含了随机误差。

三、因子分析步骤

（1）原始数据的标准化；

（2）变量间相关系数矩阵的建立；

（3）相关系数矩阵特征根及单位特征向量的计算，根据累计贡献率值取前 m 个特征根及相应特征向量，建立因子载荷矩阵；

（4）对因子载荷矩阵进行方差最大化正交旋转；

（5）计算各公因子得分；

（6）根据各公因子得分及系数计算综合因子得分，进行综合评价。

四、因子分析模型中各变量的统计意义

为进一步对因子分析计算结果进行理解和分析，对因子分析数学模型中的各个变量的统计意义进行说明。在因子模型中，各变量是已经经过标准化处理的变量，相应的公因子和特殊因子也是标准化变量。

（一）因子载荷的统计意义

已知模型：$X_i = a_{i1}F_1 + a_{i2}F_2 + \cdots + a_{ij}F_j + \cdots + a_{im}F_m + \varepsilon_i$ (5-5)

两端乘 F_j 得：$X_iF_j = a_{i1}F_1F_j + a_{i2}F_2F_j + a_{ij}F_jF_j + \cdots + a_{im}F_mF_j + \varepsilon_iF_j$ (5-6)

于是，

$$E(X_iF_j) = a_{i1}E(F_1F_j) + a_{i2}E(F_2F_j) + \cdots + a_{ij}E(F_jF_j) + \cdots + a_{im}E(F_mF_j) + E(\varepsilon_iF_j)$$

(5-7)

由于在标准化下有：

$$E(F) = 0，E(\varepsilon) = 0，VAR(\varepsilon_i) = 1，E(X_i) = 0，VAR(X_i) = 1$$

因此，$E(X_iF_j) = r_{X_iF_j}$，$E(F_iF_j) = r_{F_iF_j}$，$E(\varepsilon_iF_j) = r_{\varepsilon_iF_j}$

所以上式可写成：

$$r_{X_iF_j} = a_{i1}r_{F_1F_j} + a_{i2}r_{F_2F_j} + \cdots + a_{ij}r_{F_jF_j} + \cdots + a_{im}r_{F_mF_j} + r_{\varepsilon_iF_j} = a_{ij} \tag{5-8}$$

因子载荷量 a_{ij} 是第 i 个变量与第 j 个公共因子间的相关系数，表示第 i 个变量在第 j 个公共因子上的负荷（比重），反映第 i 个变量对于第 j 个公共因子的相对重要性。

（二）变量共同度

X_i 的变量共同度就是因子载荷矩阵 A 中第 i 行元素的平方和：$h_i^2 = \sum_{j=1}^{k} a_{ij}^2$，变量共同度也称为公共方差。$X_i$ 的共同度反映了全部公因子变量对 X_i 总方差的解释能力。

（三）因子变量 F_j 的方差贡献

因子变量 F_j 的方差贡献为因子载荷矩阵 A 中第 j 列元素的平方和：$S_j = \sum_{i=1}^{p} a_{ij}^2$，体现了同一因子 F_j 对原始所有变量总方差的解释能力，表示了第 j 个因子解释原所有变量总方差的比例。

第三节　贫困综合评价方法与过程

一、数据来源与处理方法

（一）数据来源

贫困是一个动态的过程，同时也是长时期发展和积累的历史结果，若仅用 1 年或一个时间点的数据（截面数据）进行反映和分析，显得较为单一，有失客观性，因此采用 2004~2014 年面板数据进行分析。数据来源于《中国林业统计年鉴》

(2003~2014)、《内蒙古大兴安岭林业管理局统计年鉴》（2003~2014）以及岭南八局历年的统计报表资料。对于在中国林业统计年鉴中可以查询到的指标则采用中国林业统计年鉴数据，查询不到的则采用林业局资料。

（二）面板数据因子分析处理方法

面板数据是同时在时间和截面空间上取得的二维数据。若只选取一个时间点，是若干个样本在这一时间点上的变量观测值，为截面数据；若选取同一样本，是样本在不同时间点的变量观测值，是一个时间序列。面板数据是截面数据和时间序列数据的综合。

上文中介绍的是传统的因子分析方法和步骤，通过对数据进行降维、简化，研究多指标间的内部关系，将众多变量简化、综合为少量的几个互不相关的几个因子。传统的因子分析法通常用来分析同一时间点上的观测数据，也即截面数据，而对于不同时间跨度的观测数据则无法计算处理。本研究使用的数据为面板数据，借鉴前人的成果，利用面板数据因子分析方法对内蒙古国有林区各林区贫困进行综合评价。

具体处理过程如下：

（1）建立原始指标数据库（见附录Ⅰ）。

（2）对逆指标进行处理。

本书将贫困度视为正指标，即最后计算出的贫困指数越高，则贫困度越高。对贫困度有正向影响的为正指标，有负向影响的则为逆指标。逆指标处理方法有两种：

$$X_{ij} = \frac{1}{X_{ij}} \qquad X_{ij} = -X_{ij}$$

（3）数据标准化。

标准化公式：

$$x_{ij} = \frac{X_{ij} - \overline{X}_j}{S_j} \tag{5-9}$$

式中，X_{ij} 为标准化后的数据，$\overline{X}_j$ 为第 j 个变量指标数据的平均值，S_j 为第 j 个变量指标数据的标准差。

（4）对经过数据标准化处理后形成的标准化矩阵，计算各变量间相关系数，形成相关系数矩阵。

（5）求相关系数矩阵的特征值和特征向量，得出公因子。

（6）根据累计贡献率要求得到因子载荷矩阵，并对因子载荷矩阵通过方差最大正交旋转法进行因子旋转。

（7）计算各公因子得分。

第 i 个单位第 t 年的综合得分为：

$$W_i(t) = \frac{\sum_{n=1}^{N} \varphi_n(t)F_{ni}(t)}{\sum_{n=1}^{N} \varphi_n(t)} \tag{5-10}$$

式中，$\varphi_n(t)$ 为在第 t 年数据因子分析中第 n 个因子的贡献率，$F_{ni}(t)$ 为在 t 年数据因子分析中第 i 个单位第 n 个公共因子的得分。

（8）计算面板数据公共因子总得分和综合总得分。

面板数据第 i 个单位第 n 个公共因子总得分：

$$\rho_{ni} = \frac{\sum_{t=t_0}^{T} \varphi_n(t)F_{ni}(t)}{\sum_{t=t_0}^{T} \varphi_n(t)} \tag{5-11}$$

面板数据第 i 个单位综合总得分：

$$\overline{W}_i = \frac{\sum_{t=t_0}^{T} \gamma(t)W_i(t)}{\sum_{t=t_0}^{T} \gamma(t)} \tag{5-12}$$

式中，$\gamma(t)$ 为第 t 年数据因子分析中第 i 个单位公共因子方差累计贡献率，$W_i(t)$ 第 i 个单位第 t 年因子分析综合得分。

二、面板数据贫困综合评价

（一）数据适用性检验

原始指标数据的单位、性质各异，按照因子分析的原理，先对变量指标的原始数据进行逆处理、标准化处理，使各数据指标对于最终的贫困影响性质一致，且消除量纲的影响。并非所有的指标数据都适合做因子分析，若各变量间的相关程度很低，说明各变量间的关系已不能用因子分析进行降维处理，运用因子分析法是无意义的。因此，在进行因子分析前，应对数据是否适合因子分析进行检验。常用的方法是进行 Bartlett 球形检验和 KMO 检验。Bartlett 球形检验相关系数阵是否为单位矩阵，如果不是，就表明变量之间存在相关关系，可以进行因子分析。KMO 则检验变量间的偏相关性，Kaiser 给出了 KMO 度量标准：KMO 值在 0.9 以上表示非常适合；0.8 表示适合；0.7 表示一般；0.6 表示不太适合；0.5 以下表示极不适合。

先对面板数据整体进行适用性检验，Bartlett 球形检验和 KMO 检验结果如表 5-2 所示。Bartlett 球形度检验结果显示，相伴概率 Sig 值为 0.000，低于显著性水平 0.05，拒绝了数据矩阵是单位矩阵的原假设，说明变量间存在相关关系，可以做因子分析。面板数据的 KMO 值为 0.856，大于 0.5，说明数据整体适合做因子分析。根据 KMO 和 Bartlett 的检验结果，数据整体适合做因子分析。整体的相关系数矩阵详见附录Ⅱ。分别对 2004~2014 年数据进行 KMO 和 Bartlett 检验，KMO 值均在 0.7~0.9，Sig 值也都为 0.000，说明数据适合进行因子分析。

表 5-2　KMO 和 Bartlett 检验结果

取样足够度的 Kaiser-Meyer-Olkin 度量		0.856
Bartlett 的球形度检验	近似卡方	1807.512
	Df	231
	Sig.	0.000

用 SPSS 17.0 软件可以得到因子分析处理过程。第 7 步和第 8 步的公共因子总得分和面板数据综合得分可以通过 Excel 计算实现。先对 2004~2014 年数据分

别进行因子分析，也即进行了 11 次因子分析。以 2004 年为例来说明前 7 步的实现过程和因子分析的步骤，及其代表的含义。

（二）提取公因子

在对数据进行了逆处理和标准化处理后，建立相关系数矩阵 R，求 R 的特征值和特征向量，SPSS 运行结果如表 5-3 所示。表 5-3 中第一栏为相关系数矩阵的特征根（主成分的方差），共有 8 个因子对应的特征根大于 1，分别为 5.636、3.151、2.534、2.252、1.508、1.297、1.166、1.016。

表 5-3　2004 年因子分析公因子提取结果

成分	初始特征值			提取平方和载入			旋转平方和载入		
	合计	方差贡献率(%)	累计方差贡献率(%)	合计	方差贡献率(%)	累计方差贡献率(%)	合计	方差贡献率(%)	累计方差贡献率(%)
1	5.636	25.617	25.617	5.636	25.617	25.617	3.509	15.950	15.950
2	3.151	14.322	39.939	3.151	14.322	39.939	2.858	12.992	28.942
3	2.534	11.520	51.460	2.534	11.520	51.460	2.510	11.409	40.351
4	2.252	10.235	61.695	2.252	10.235	61.695	2.210	10.045	50.396
5	1.508	6.853	68.548	1.508	6.853	68.548	2.148	9.765	60.161
6	1.297	5.895	74.443	1.297	5.895	74.443	2.145	9.751	69.912
7	1.166	5.300	79.743	1.166	5.300	79.743	1.689	7.677	77.589
8	1.016	4.618	84.360	1.016	4.618	84.360	1.490	6.772	84.360
9	0.719	3.267	87.628						
10	0.630	2.861	90.489						
11	0.512	2.325	92.814						
12	0.382	1.735	94.549						
13	0.334	1.519	96.069						
14	0.240	1.092	97.161						
15	0.226	1.026	98.188						
16	0.153	0.695	98.883						
17	0.090	0.409	99.292						
18	0.059	0.266	99.558						
19	0.045	0.204	99.763						
20	0.034	0.156	99.919						

成分	初始特征值			提取平方和载入			旋转平方和载入		
	合计	方差贡献率(%)	累计方差贡献率(%)	合计	方差贡献率(%)	累计方差贡献率(%)	合计	方差贡献率(%)	累计方差贡献率(%)
20	0.034	0.156	99.919						
21	0.016	0.071	99.990						
22	0.002	0.010	100.000						

注：提取方法为主成分分析法。

各公因子的方差贡献率和累计方差贡献率在第二栏显示，并且按照方差贡献率的大小顺序排列，分别解释了方差的 25.617%、14.322%、11.520%、10.235%、6.853%、5.895%、5.300%、4.618%，累计方差贡献率为 84.360%，大于 80%。第三栏为所提取的公因子经旋转后的方差贡献：经过旋转后，各公因子的方差贡献率均发生了不同幅度的变化，但是 8 个公因子的累计方差贡献率不变，仍为84.360%。因此，选取公因子的个数为 8。

输出的公因子方差表见表 5-4，显示 22 个变量的共性方差在 0.67~0.96，均大于 0.5，且大部分在 0.8 以上，表示所提取的 8 个公因子能够很好地反映原始变量的主要信息。碎石图（见图 5-1）中，第 8 和第 9 成分间的下降坡度较为陡峭，之后变化较为平缓，说明从 22 个变量中提取的 8 个公因子可以表达足够的原始变量的信息。

表 5-4　2004 年因子分析公因子方差

	初始	提取
Zscore （VAR00001）	1.000	0.935
Zscore （VAR00002）	1.000	0.839
Zscore （VAR00003）	1.000	0.905
Zscore （VAR00004）	1.000	0.882
Zscore （VAR00005）	1.000	0.822
Zscore （VAR00006）	1.000	0.881
Zscore （VAR00007）	1.000	0.738
Zscore （VAR00008）	1.000	0.859
Zscore （VAR00009）	1.000	0.653

续表

	初始	提取
Zscore（VAR00010）	1.000	0.880
Zscore（VAR00011）	1.000	0.771
Zscore（VAR00012）	1.000	0.872
Zscore（VAR00013）	1.000	0.837
Zscore（VAR00014）	1.000	0.938
Zscore（VAR00015）	1.000	0.812
Zscore（VAR00016）	1.000	0.938
Zscore（VAR00017）	1.000	0.839
Zscore（VAR00018）	1.000	0.677
Zscore（VAR00019）	1.000	0.891
Zscore（VAR00020）	1.000	0.954
Zscore（VAR00021）	1.000	0.842
Zscore（VAR00022）	1.000	0.794

注：提取方法为主成分分析法。

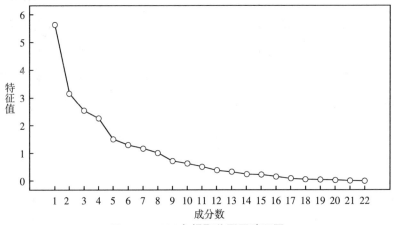

图 5-1　2004 年提取公因子碎石图

综上，提取的公共因子个数为 8，且可以表达足够的原始数据信息，结果理想。

（三）公因子命名

因子载荷矩阵中元素 a_{ij} 的统计意义是第 i 个变量与第 j 个公共因子的相关系

数，即表示 X_i 依赖 F_j 的分量（比重），表示第 i 个变量在第 j 个公共因子上的负荷，反映第 i 个变量在第 j 个公共因子上的相对重要性。旋转的因子载荷矩阵可以使因子载荷矩阵结构简化。对因子载荷矩阵实行方差最大正交旋转法后得到旋转因子载荷矩阵（见表 5-5），使载荷矩阵的每一列元素的平方值向 0 或 1 两极分化，或者说公共因子的贡献越分散越好。正交旋转后得到的因子载荷矩阵总方差达到最大值，使每个变量仅在一个公共因子上有较大的载荷，在其余公共因子上的载荷比较小，至多是中等大小，更加明确了每个公共因子的意义，有利于对实际问题进行科学分析。

表 5-5　2004 年因子分析旋转成分矩阵载荷

	成分							
	1	2	3	4	5	6	7	8
Zscore （X_1）	−0.090	0.074	0.135	0.867	−0.157	−0.227	−0.268	0.048
Zscore （X_2）	−0.012	−0.046	0.829	0.024	−0.273	0.223	0.119	0.102
Zscore （X_3）	0.893	−0.125	−0.149	−0.118	−0.224	−0.031	−0.001	0.075
Zscore （X_4）	−0.305	0.076	0.140	−0.205	−0.033	0.835	−0.154	−0.020
Zscore （X_5）	−0.231	0.105	−0.054	−0.028	−0.107	−0.124	0.853	0.006
Zscore （X_6）	0.872	−0.181	−0.022	0.122	−0.156	−0.186	−0.012	0.116
Zscore （X_7）	−0.467	0.393	0.076	0.167	0.324	−0.248	0.208	−0.348
Zscore （X_8）	0.494	−0.033	−0.043	−0.069	−0.461	0.020	−0.256	0.573
Zscore （X_9）	0.288	−0.081	−0.227	−0.339	−0.176	0.461	0.390	−0.046
Zscore （X_{10}）	−0.166	0.251	0.398	0.316	0.647	−0.145	−0.300	−0.005
Zscore （X_{11}）	−0.232	0.065	0.688	0.381	0.283	−0.007	−0.007	−0.120
Zscore （X_{12}）	0.031	0.051	0.033	0.107	0.087	0.073	0.100	0.913
Zscore （X_{13}）	0.042	−0.126	0.308	−0.015	0.282	0.605	0.509	0.139
Zscore （X_{14}）	−0.114	0.057	0.911	−0.036	0.263	−0.048	−0.137	−0.023
Zscore （X_{15}）	−0.282	−0.013	0.038	−0.039	0.853	0.019	−0.023	0.019
Zscore （X_{16}）	0.054	−0.337	0.004	0.852	0.214	0.053	0.202	0.077
Zscore （X_{17}）	0.620	−0.126	0.196	0.419	0.016	0.465	0.051	0.073
Zscore （X_{18}）	−0.691	0.124	0.261	0.190	0.090	−0.090	0.244	0.070
Zscore （X_{19}）	0.150	−0.922	−0.014	0.077	0.022	−0.077	0.082	−0.018

	成分							
	1	2	3	4	5	6	7	8
Zscore（X_{20}）	−0.078	0.964	0.083	−0.011	−0.079	0.064	0.009	−0.003
Zscore（X_{21}）	−0.201	0.768	−0.063	−0.122	0.353	−0.157	0.200	0.062
Zscore（X_{22}）	−0.378	−0.142	0.150	−0.139	0.211	−0.604	0.249	−0.343

注：提取方法为主成分分析法。旋转法为具有 Kaiser 标准化的正交旋转法。a. 旋转在 18 次迭代后收敛。

从表 5-5 中可以看出，公共因子 F_1 在变量 X_3（非林产业产值比重）、X_6（第三产业产值比重）、X_{18}（人均木材产量）、X_{17}（人均森林管护面积）指标上的载荷都超过 0.5，载荷较高，非林产业产值比重和第三产业产值比重都考察的是对林业的依赖度，木材产量是根据资源情况由国家每年下达任务，管护面积反映人均森林资源量，反映的是非林产业及人均资源情况，命名为产业结构与资源量因子。

公共因子 F_2 在 X_{20}（生态旅游人数）、X_{19}（人均非木质林产品产量）、X_{21}（年造林面积）指标上的载荷都超过 0.5，载荷较高，三者在指标筛选中是森林资源发挥生产及生态作用的潜力指标，命名为森林资源生态潜力因子。

公共因子 F_3 在 X_{14}（社会保障覆盖率）、X_2（林业产值增长速度）、X_{11}（林业就业率）指标上的载荷都超过 0.5，载荷较高，社会保障覆盖率、林业就业率涉及重要社会民生问题，就业后，会享受相应的医疗和养老社会保障，林业产值增长速度涉及的是林业系统社会总产值，命名为就业与发展因子。

公共因子 F_4 在 X_1（人均林业产值）、X_{16}（人均公路长度）指标上的载荷都超过 0.5，不仅与经济和基础设施总量相关，还与人口数量相关，命名为人均社会因子。

公共因子 F_5 在 X_{15}（社会性固定资产投资）、X_{10}（在岗职工年均工资水平）指标上的载荷都超过 0.5，两者分别涉及了区域内的居民可以享受的公共基础设施和收入水平，共同反映职工生活水平，命名为生活水平因子。

公共因子 F_6 在 X_4（第一产业产值比重）、X_{13}（大专及以上学历职工比例）、X_{22}（中幼龄林抚育面积）指标上的载荷都超过 0.5，内蒙古国有林区第一产业以营林为主，中幼龄林的抚育也是营林的一项重要内容。

公共因子 F_7 在 X_5（第二产业产值比重）、X_{13}（大专及以上学历职工比例）指标上的载荷都超过 0.5，教育水平在 F_6 上的载荷更大。

公共因子 F_8 在 X_{12}（户均住宅面积）、X_8（资产负债率）指标上的载荷都超过 0.5，国有林区的发展过程中，在国家实施棚户区改造项目之前，职工住宅面积发展速度缓慢，职工住房主要是林区建设初期企业为职工提供的住房，指标上的载荷都超过 0.5，命名为企业经营因子。

公因子命名结果和载荷指标结果具体如表 5-6 所示。

表 5-6　公因子命名及载荷指标

公因子	F_1	F_2	F_3	F_4	F_5	F_6	F_7	F_8
载荷指标	X_3、X_6、X_{17}、X_{18}	X_{19}、X_{20}、X_{21}	X_2、X_{11}、X_{14}	X_1、X_{16}	X_{10}、X_{15}	X_4、X_{13}、X_{22}	X_5、X_{13}	X_8、X_{12}
因子名称	产业结构与资源量	森林资源生态潜力	就业与发展	人均社会	生活水平	营林与教育水平	第二产业	企业经营

（四）公因子得分与综合得分

将样品的 p 个变量值代入式（5-12），可以计算每个样品的公共因子得分。因子分析中，根据得到的因子得分系数矩阵（见表 5-7）和原始变量指标数据的标准化值，可以计算出每个单位各公因子的得分数。

表 5-7　主成分得分系数矩阵

	成分							
	1	2	3	4	5	6	7	8
Zscore（X_1）	−0.092	0.058	−0.038	0.437	−0.217	−0.027	−0.110	−0.021
Zscore（X_2）	−0.013	−0.020	0.423	−0.066	−0.260	0.003	0.095	0.028
Zscore（X_3）	0.345	0.064	0.048	−0.062	0.064	−0.089	0.076	−0.071
Zscore（X_4）	−0.192	−0.014	−0.024	−0.031	−0.061	0.453	−0.186	−0.070
Zscore（X_5）	−0.032	0.045	0.013	0.041	−0.128	−0.111	0.528	0.055
Zscore（X_6）	0.349	0.045	0.085	0.020	0.069	−0.165	0.091	−0.031
Zscore（X_7）	−0.010	0.127	−0.025	0.105	0.059	−0.048	0.123	−0.197
Zscore（X_8）	0.019	0.012	0.060	−0.069	−0.153	−0.095	−0.110	0.366
Zscore（X_9）	0.094	0.018	−0.057	−0.074	−0.002	0.195	0.217	−0.113

	成分							
	1	2	3	4	5	6	7	8
Zscore (X_{10})	0.094	0.070	0.077	0.044	0.321	−0.039	−0.166	0.028
Zscore (X_{11})	0.026	0.014	0.245	0.102	0.025	0.000	0.015	−0.094
Zscore (X_{12})	−0.103	−0.023	−0.023	−0.031	0.107	−0.083	0.073	0.724
Zscore (X_{13})	0.074	−0.032	0.085	−0.013	0.179	0.240	0.285	0.051
Zscore (X_{14})	0.082	−0.015	0.431	−0.183	0.061	−0.107	−0.063	0.010
Zscore (X_{15})	0.032	−0.066	−0.091	−0.104	0.510	0.036	−0.059	0.117
Zscore (X_{16})	0.006	−0.075	−0.137	0.432	0.079	0.093	0.152	−0.003
Zscore (X_{17})	0.253	0.065	0.041	0.224	0.089	0.223	0.082	−0.140
Zscore (X_{18})	−0.259	−0.032	0.051	0.077	−0.128	−0.035	0.117	0.158
Zscore (X_{19})	−0.038	−0.351	0.015	−0.025	0.052	−0.063	0.036	0.025
Zscore (X_{20})	0.084	0.388	0.027	0.063	−0.093	0.046	0.037	−0.066
Zscore (X_{21})	0.097	0.276	−0.052	−0.050	0.193	−0.080	0.136	0.093
Zscore (X_{22})	−0.022	−0.105	0.126	−0.140	0.026	−0.307	0.150	−0.101

注：提取方法为主成分分析法。

各公共因子的得分表达式：

$$F_1 = -0.092X_1 - 0.013X_2 + 0.345X_3 - 0.192X_4 - 0.032X_5 + 0.349X_6 - 0.010X_7$$
$$+ 0.019X_8 + 0.094X_9 + 0.094X_{10} + 0.026X_{11} - 0.103X_{12} + 0.074X_{13} + 0.082X_{14}$$
$$+ 0.032X_{15} + 0.006X_{16} + 0.253X_{17} - 0.259X_{18} - 0.038X_{19} + 0.084X_{20} + 0.097X_{21}$$
$$- 0.022X_{22} \tag{5-13}$$

$$F_2 = 0.058X_1 - 0.020X_2 + 0.064X_3 - 0.014X_4 + 0.045X_5 + 0.045X_6 + 0.127X_7$$
$$+ 0.012X_8 + 0.018X_9 + 0.070X_{10} + 0.014X_{11} - 0.023X_{12} - 0.032X_{13} - 0.015X_{14}$$
$$- 0.066X_{15} - 0.075X_{16} + 0.065X_{17} - 0.032X_{18} - 0.351X_{19} + 0.388X_{20} + 0.276X_{21}$$
$$- 0.105X_{22} \tag{5-14}$$

$$F_3 = -0.038X_1 + 0.423X_2 + 0.048X_3 - 0.024X_4 + 0.013X_5 + 0.085X_6 - 0.025X_7$$
$$+ 0.060X_8 - 0.057X_9 + 0.077X_{10} + 0.245X_{11} - 0.023X_{12} + 0.085X_{13} + 0.431X_{14}$$
$$- 0.091X_{15} - 0.137X_{16} + 0.041X_{17} + 0.051X_{18} + 0.015X_{19} + 0.027X_{20} - 0.052X_{21}$$
$$+ 0.126X_{22} \tag{5-15}$$

$$F_4 = 0.437X_1 - 0.066X_2 - 0.062X_3 - 0.031X_4 + 0.041X_5 + 0.020X_6 + 0.105X_7$$
$$- 0.069X_8 - 0.074X_9 + 0.044X_{10} + 0.102X_{11} - 0.031X_{12} - 0.013X_{13} - 0.183X_{14}$$
$$- 0.104X_{15} + 0.432X_{16} + 0.224X_{17} + 0.077X_{18} - 0.025X_{19} + 0.063X_{20} - 0.050X_{21}$$
$$- 0.140X_{22} \tag{5-16}$$

$$F_5 = -0.217X_1 - 0.260X_2 + 0.064X_3 - 0.061X_4 - 0.128X_5 + 0.069X_6 + 0.059X_7$$
$$- 0.153X_8 - 0.002X_9 + 0.321X_{10} + 0.025X_{11} + 0.107X_{12} + 0.179X_{13} + 0.061X_{14}$$
$$+ 0.510X_{15} + 0.079X_{16} + 0.089X_{17} - 0.128X_{18} + 0.052X_{19} - 0.963X_{20} + 0.193X_{21}$$
$$+ 0.026X_{22} \tag{5-17}$$

$$F_6 = -0.027X_1 + 0.003X_2 - 0.089X_3 + 0.453X_4 - 0.111X_5 - 0.165X_6 - 0.048X_7$$
$$- 0.095X_8 + 0.195X_9 - 0.039X_{10} + 0.000X_{11} - 0.083X_{12} + 0.240X_{13} - 0.107X_{14}$$
$$+ 0.036X_{15} + 0.093X_{16} + 0.223X_{17} - 0.035X_{18} - 0.063X_{19} + 0.046X_{20} - 0.080X_{21}$$
$$- 0.307X_{22} \tag{5-18}$$

$$F_7 = -0.110X_1 + 0.095X_2 + 0.076X_3 - 0.186X_4 + 0.528X_5 + 0.091X_6 + 0.123X_7$$
$$- 0.110X_8 + 0.217X_9 - 0.166X_{10} + 0.015X_{11} + 0.073X_{12} + 0.285X_{13} - 0.063X_{14}$$
$$- 0.059X_{15} + 0.152X_{16} + 0.082X_{17} + 0.117X_{18} + 0.036X_{19} + 0.037X_{20} + 0.136X_{21}$$
$$- 0.150X_{22} \tag{5-19}$$

$$F_8 = -0.021X_1 + 0.028X_2 - 0.071X_3 - 0.070X_4 + 0.055X_5 - 0.031X_6 - 0.197X_7$$
$$+ 0.366X_8 - 0.113X_9 + 0.028X_{10} - 0.094X_{11} + 0.724X_{12} + 0.051X_{13} + 0.010X_{14}$$
$$+ 0.117X_{15} - 0.03X_{16} - 0.140X_{17} + 0.158X_{18} + 0.025X_{19} - 0.066X_{20} + 0.093X_{21}$$
$$- 0.101X_{22} \tag{5-20}$$

根据这 8 个因子得分函数可以分别计算出 27 个林业局的 8 个因子得分，见表 5-8。

表 5-8　2004 年各林业局公因子得分

	FAC1_1	FAC2_1	FAC3_1	FAC4_1	FAC5_1	FAC6_1	FAC7_1	FAC8_1
阿尔山	-0.81706	1.86949	-0.41867	1.49775	0.18566	-0.33346	-0.86112	0.07899
绰尔	-0.80971	-0.08574	1.13386	-0.19309	-0.42824	-0.41502	0.37897	-0.80296
绰源	-0.45467	-0.01669	0.05182	-0.34714	-1.14129	0.56275	0.15238	0.18210
乌尔旗汉镇	-0.54479	-0.27439	1.23094	0.01794	-1.19922	-0.98741	-1.57864	-0.21929

	FAC1_1	FAC2_1	FAC3_1	FAC4_1	FAC5_1	FAC6_1	FAC7_1	FAC8_1
库都尔	-0.15746	0.36600	0.84331	-0.28926	-0.13492	-0.50917	-0.70235	-1.01010
图里河	-0.34553	0.44229	1.40473	-0.73714	1.55506	-1.10855	-1.00153	3.20005
伊图里河	0.14479	1.45084	-0.70677	-0.88791	1.83837	0.85159	-0.41864	-0.87941
克一河	-0.40350	-0.84936	0.12279	-0.21894	-0.10603	-0.07055	0.09830	-0.73171
甘河	-0.08885	0.36517	0.40179	-0.72384	1.22977	-0.71311	-0.86574	-0.37805
吉文	-0.17402	0.10230	-0.27813	-0.56123	-0.26834	1.69072	-0.50096	-0.76810
阿里河	-1.02295	0.44758	0.88822	-0.40725	0.15291	-0.11552	-0.48960	-0.80190
根河	-1.82838	1.60891	-2.31573	2.20124	-0.97370	-0.10860	0.09757	1.16605
金河	-1.11710	-0.56271	0.20356	-0.89096	0.93701	1.25111	1.82026	1.32593
阿龙山	-0.81466	-0.83138	-0.57558	-1.08544	0.77181	-0.48107	1.91656	0.10387
满归	-0.62929	-0.50988	0.83908	-0.27951	-0.97331	-0.28386	0.30267	-0.18294
得耳布尔	-0.65440	-0.57254	0.20754	0.33764	-0.20494	-0.51432	0.34477	-0.44351
莫尔道嘎	-1.13944	-0.52742	0.04912	-0.25241	-0.39629	1.40223	-0.12223	-0.05033
大杨树	0.21963	-0.86945	-0.58893	0.00091	-0.38431	1.59593	-1.44928	-1.13130
毕拉河	1.40102	-1.46371	-0.48764	0.79587	0.37158	1.81249	-1.13090	1.14999
免渡河	1.60775	1.28070	-0.01048	-0.11112	0.36975	-0.96947	0.33759	-1.04955
乌奴耳	1.79522	1.21007	2.13083	1.25807	-1.51220	0.39115	1.92287	0.29746
巴林	2.03604	1.55755	-1.46260	-2.33291	-0.97562	-0.04559	-0.42353	0.73292
南木	1.12545	-1.11807	0.20946	0.59770	-1.14402	-0.13579	-0.39704	0.91037
红花尔基	0.55323	-1.99253	-1.78027	0.29410	0.03386	-2.75417	-0.27456	-0.42466
柴河	0.61247	-0.67286	-0.80409	-0.27580	-0.67990	-0.14401	0.69626	1.16311
五岔沟	1.16371	-0.56121	0.61219	2.41559	2.50587	0.33599	0.05861	-0.37422
白狼	0.34251	0.20706	-0.90036	0.17717	0.57068	-0.20431	2.08931	-1.06285

公共因子相关性检验：表5-9显示了8个公因子的协方差矩阵，各因子相关系数为0，说明所提取的8个因子间没有相关性，实现了因子分析提取公因子和降维的分析目标，同时也说明是经过了正交旋转法得到的。

表 5-9 2004 年成分得分协方差矩阵

成分	1	2	3	4	5	6	7	8
1	1.000	0.000	0.000	0.000	0.000	0.000	0.000	0.000
2	0.000	1.000	0.000	0.000	0.000	0.000	0.000	0.000
3	0.000	0.000	1.000	0.000	0.000	0.000	0.000	0.000
4	0.000	0.000	0.000	1.000	0.000	0.000	0.000	0.000
5	0.000	0.000	0.000	0.000	1.000	0.000	0.000	0.000
6	0.000	0.000	0.000	0.000	0.000	1.000	0.000	0.000
7	0.000	0.000	0.000	0.000	0.000	0.000	1.000	0.000
8	0.000	0.000	0.000	0.000	0.000	0.000	0.000	1.000

结合方差贡献率可以得到综合得分评价函数：

$$W_i(2004) = \frac{\sum_{n=1}^{N} \varphi_n(t)F_{ni}(t)}{\sum_{n=1}^{N} \varphi_n(t)}$$

$$= \frac{0.2562F_1 + 0.1432F_2 + 0.1152F_3 + 0.1024F_4 + 0.0685F_5 + 0.0590F_6 + 0.053F_7 + 0.0462F_8}{0.8436}$$

W_i 为目标函数，括号中的 2004 表示因子分析的是 2004 年数据，i 表示第 i 个地区。

以阿尔山为例，2004 年综合得分为：

$$W_1(2004) = \frac{\sum_{n=1}^{N} \varphi_n(t)F_{ni}(t)}{\sum_{n=1}^{N} \varphi_n(t)}$$

$$= \frac{0.2562F_1 + 0.1432F_2 + 0.1152F_3 + 0.1024F_4 + 0.0685F_5 + 0.0590F_6 + 0.053F_7 + 0.0462F_8}{0.8436}$$

$$= \frac{0.2562 \times (-0.8171) + 0.1432 \times 1.8695 + 0.1152 \times (-0.4187) + 0.1024 \times 1.4978 + 0.0685 \times 0.1857 + 0.0590 \times (-0.3335) + 0.053 \times (-0.8611) + 0.0462 \times 0.0790}{0.8436}$$

$= 0.1359$

依次可以计算出各地区各年综合得分，2004 年各地区综合得分情况见表 5-10。

表 5-10 2004 年内蒙古国有林区各林业局贫困综合评价得分及排序

单位	最终得分	排序
阿尔山	0.13585	10
绰尔	−0.21298	17
绰源	−0.20981	16
乌尔旗汉镇	−0.31926	22
库都尔	−0.05159	13
图里河	0.23369	6
伊图里河	0.22023	7
克一河	−0.32396	23
甘河	−0.02302	11
吉文	−0.11887	14
阿里河	−0.23316	18
根河	−0.34786	24
金河	−0.16472	15
阿龙山	−0.44371	26
满归	−0.28687	21
得耳布尔	−0.28178	20
莫尔道嘎	−0.40422	25
大杨树	−0.23399	19
毕拉河	0.355687	4
免渡河	0.616815	3
乌奴耳	1.235919	1
巴林	0.330953	5
南木	0.175698	8
红花尔基	−0.60768	27
柴河	−0.02932	12
五岔沟	0.845089	2
白狼	0.142851	9

（五）面板数据公共因子得分和综合总得分

用上述方法对 2004~2014 年 27 个地区数据进行了 11 次分析，每次因子分析的公共因子贡献率和方差贡献率如表 5-11 所示。

表 5-11　2004~2014 年内蒙古国有林区贫困公因子贡献率和方差贡献率

贡献率	2004 年	2005 年	2006 年	2007 年	2008 年	2009 年	2010 年	2011 年	2012 年	2013 年	2014 年
F1	25.617	23.261	24.065	25.143	23.935	25.311	30.006	24.418	23.462	23.794	27.435
F2	14.322	12.995	15.364	17.846	15.762	13.774	12.18	13.678	16.855	15.283	15.463
F3	11.52	9.4	11.407	12.722	10.314	11.383	11.39	10.609	11.383	11.445	12.258
F4	10.235	8.433	10.192	9.482	7.952	10.798	8.428	9.502	10.223	8.907	10.558
F5	6.853	7.794	7.59	8.112	7.814	6.178	6.947	6.732	7.026	6.17	8.388
F6	5.895	7.214	6.662	5.836	5.735	5.728	6.458	6.505	5.278	5.748	5.351
F7	5.3	5.82	5.236	3.974	5.348	5.305	5.005	5.235	4.881	5.619	4.951
F8	4.618	4.629	4.97	3.526	4.882	4.686	4.416	5.004	4.308	5.17	3.987
累计贡献率	84.36	79.548	85.486	86.642	81.742	83.163	84.832	81.683	83.415	82.137	88.389

历年提取的八个公因子累计方差贡献率均达到 79% 以上，效果较好。

1. 面板数据公因子总得分

根据式（5-11），计算每一地区 n 个公共因子总得分，依然以阿尔山为例，计算其第 1 个公共因子综合得分：

$$\rho_{11} = \frac{\sum_{t=1}^{11} \varphi_1(t) F_{ni}(t)}{\sum_{t=1}^{11} \varphi_1(t)} = (-0.8171 \times 0.2562 - 0.5171 \times 0.2326 - 0.1628 \times 0.2407$$

$$- 0.2114 \times 0.2514 - 0.2863 \times 0.2394 - 0.5648 \times 0.2532 - 1.0075 \times 0.3001$$

$$- 0.7274 \times 0.2442 - 0.7570 \times 0.2346 - 1.2323 \times 0.2379 - 0.9475 \times 0.2744) /$$

$$(0.2562 + 0.2326 + 0.2407 + 0.2514 + 0.2394 + 0.2532 + 0.3001 + 0.2442$$

$$+ 0.2346 + 0.2379 + 0.2744)$$

$$= -0.6671$$

同理，可计算出每个地区各公共因子面板数据总得分，如表 5-12 所示。

表5-12 各地区面板数据各公因子总得分

地区	F_1	F_2	F_3	F_4	F_5	F_6	F_7	F_8
阿尔山	−0.66708	−0.02981	0.29544	1.56999	−0.33387	0.14600	−0.38285	−0.74160
绰尔	−1.05816	0.07712	0.35980	−0.05431	0.63315	0.53554	−0.08152	−0.19900
绰源	−0.69789	−0.17557	−0.12823	−0.14079	0.05096	−0.41155	−0.11509	−0.27112
乌尔旗汉镇	−0.51752	−0.05187	0.07718	0.54760	−0.03611	−0.15283	−0.09748	−0.36080
库都尔	−0.41200	0.12938	0.04081	0.40164	0.19687	−0.16947	−0.01335	−0.61813
图里河	−0.31415	0.21197	0.20080	0.74356	0.39108	0.33048	−0.24283	0.68634
伊图里河	0.14965	0.44203	0.05798	0.22335	0.37227	0.15361	0.15291	−0.25024
克一河	−0.37915	−0.13450	0.10020	−0.11919	0.07614	−0.03179	−0.03306	−0.24809
甘河	−0.27665	0.72979	0.41557	−0.29573	0.55022	0.04014	0.36899	0.09271
吉文	−0.54843	0.47630	0.08775	−0.02682	0.21143	0.21093	−0.03366	0.03514
阿里河	−0.83378	0.14749	0.40011	0.83936	0.09651	0.26333	−0.30126	0.37387
根河	−0.80486	0.36573	0.13842	0.96915	−0.38711	−0.21044	0.02007	0.43609
金河	−0.65516	−0.11314	−0.02295	−0.95199	0.13370	0.05379	−0.11451	0.43653
阿龙山	−0.68154	−0.07529	−0.00473	−1.03995	0.17769	−0.14406	0.21308	0.00871
满归	−0.79284	−0.10307	0.09068	−0.13093	−0.04706	−0.03103	0.03073	−0.45403
得耳布尔	−0.79482	−0.04858	0.07154	−0.31772	−0.09449	−0.00094	−0.00895	0.18156
莫尔道嘎	−1.16640	−0.03947	−0.07542	−0.43656	−0.56397	−0.45790	0.36478	0.38906
大杨树	0.54866	−0.60096	−0.38909	0.21727	−0.46497	−0.02162	−0.20472	−0.30027
毕拉河	0.20738	−0.94903	−0.71505	0.89627	−0.84141	−0.04551	0.20718	0.39797
免渡河	1.94169	−0.05314	0.30471	1.47921	−0.50574	0.07148	0.14525	−0.23395
乌奴耳	1.60910	0.25965	0.13234	0.38074	−0.10874	−0.42605	0.27065	−0.23950
巴林	1.06452	−0.19884	−0.86757	−0.54028	−0.26104	0.35709	0.18308	−0.19383
南木	1.40394	−0.07115	−0.47486	−0.50642	0.09092	0.13881	−0.01035	0.29067
红花尔基	0.44247	−1.72973	−0.82033	−2.30912	0.03584	−0.59696	−0.54466	−0.13275
柴河	0.41222	−0.38522	−0.37378	−2.10604	0.05262	0.19538	0.16681	0.40756
五岔沟	1.82289	0.66831	0.60653	0.48185	0.29348	−0.01811	−0.91699	0.09882
白狼	0.99790	0.76578	0.44473	0.22586	0.28165	0.22169	0.97774	0.40827

2. 面板数据贫困综合总得分

根据式（5-12），仍以阿尔山为例：

$$\overline{W}_1 = \frac{\sum\limits_{t=1}^{11} \gamma(t)W_i(t)}{\sum\limits_{t=1}^{11} \gamma(t)} = (0.1359 \times 0.8436 + 0.2326 \times 0.7955 - 0.1909 \times 0.8549 +$$

$0.3895 \times 0.7914 - 0.5181 \times 0.8174 - 0.8150 \times 0.8316 - 0.5906 \times 0.8042 - 0.2321 \times 0.8169 - 0.1610 \times 0.7912 + 0.1444 \times 0.8214 + 0.1704 \times 0.844) = -0.1316$

依次可以计算出各单位 2004~2014 年面板数据贫困综合总得分，结果如表 5-13 所示。

表 5-13　内蒙古国有林区面板数据贫困综合得分及排序

单位	面板数据最终得分	综合排序	单位	面板数据最终得分	综合排序
阿尔山	-0.13160	16	满归	-0.29803	25
绰尔	-0.17060	18	得耳布尔	-0.22702	21
绰源	-0.29513	23	莫尔道嘎	-0.40426	26
乌尔旗汉镇	-0.18320	19	大杨树	-0.08627	12
库都尔	-0.13780	17	毕拉河	-0.29685	24
图里河	0.05359	9	免渡河	0.67300	3
伊图里河	0.16478	8	乌奴耳	0.54717	4
克一河	-0.12372	15	巴林	0.16595	7
甘河	0.19296	6	南木	0.37811	5
吉文	-0.06373	11	红花尔基	-0.52686	27
阿里河	-0.11810	13	柴河	-0.00591	10
根河	-0.12343	14	五岔沟	0.78404	1
金河	-0.21461	20	白狼	0.68094	2
阿龙山	-0.23342	22			

从面板数据贫困综合评价最终得分看，内蒙古国有林区贫困水平差别较大，贫困度最高的为五岔沟，贫困度为 0.784，最低的为红花尔基-0.527，其他林业局贫困度在这两者之间，说明内蒙古国有林区发展水平差距较大。

第四节 贫困综合评价结果分析

一、综合贫困度分析

（一）综合贫困度聚类分析

聚类分析又称群分析，是研究样本或指标分类问题的一种多元统计方法。类即是指相似元素的集合。聚类分析常与因子分析结果结合使用，根据分析数据结果，将水平相近的样本或性质类似的指标划为一类。若按离差平方和系统聚类分析方法，根据上文中因子分析得分结果将内蒙古国有林区 27 个林业局进行聚类分析，以判断它们之间的相似度，聚类分析冰柱图结果如图 5-2 所示。

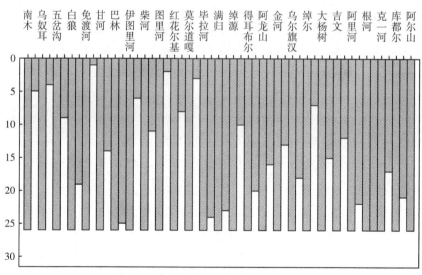

图 5-2 各地区贫困度聚类分析冰柱图

从图 5-2 中可以看出，若按贫困水平可将 27 个林业局分为五类：

（1）五岔沟、白狼、免渡河为一类，综合贫困度在 0.67~0.79 之间，是内蒙古国有林区最贫困的地区，贫困是一个相对的概念，可以将这 3 个地区视为内蒙古国有林区重度贫困地区；

（2）南木、乌奴耳为一类，贫困度在 0.378~0.547，为内蒙古国有林区中度贫困地区；

（3）甘河、巴林、伊图里河、柴河、图里河为一类，贫困度在 0.005~0.19，为内蒙古国有林区轻度贫困地区；

（4）毕拉河、满归、绰源、得耳布尔、阿龙山、金河、乌尔旗汉镇、绰尔、大杨树、吉文、阿里河、根河、克一河、库都尔、阿尔山为一类，贫困度在 -0.6~ -0.3，为内蒙古国有林区脱贫地区；

（5）红花尔基、莫尔道嘎为一类，贫困度在 -0.526~-0.404，为内蒙古国有林区较为富裕地区。

（二）分阶段贫困水平分析

区域贫困是一个长期积累的过程，若将 11 年分为两个阶段看，可以看出贫困水平的变化，对区域整体发展有所了解和分析。将 2004~2014 年 11 年分为 2004~2009 年、2010~2014 年两个时间段分析，则各地区贫困度计算及排名结果如表 5-14 所示。

表 5-14　内蒙古国有林区分阶段贫困水平分析

单位	2004~2009 年		2010~2014 年	
	贫困度	排序	贫困度	排序
阿尔山	−0.1330422	13	−0.129851	16
绰尔	−0.2041012	18	−0.13005	17
绰源	−0.2436425	21	−0.357445	25
乌尔旗汉镇	−0.2488346	22	−0.103786	13
库都尔	−0.1395188	15	−0.135709	18
图里河	0.09094857	10	0.0083777	10
伊图里河	0.15519796	9	0.1763791	7
克一河	−0.204195	19	−0.026339	11
甘河	0.24901191	6	0.1251239	9
吉文	−0.0428336	11	−0.089022	12
阿里河	−0.1258001	12	−0.108788	14

续表

单位	2004~2009 年		2010~2014 年	
	贫困度	排序	贫困度	排序
根河	−0.1353035	14	−0.109052	15
金河	−0.1830874	16	−0.252756	21
阿龙山	−0.1976672	17	−0.276689	23
满归	−0.3174609	25	−0.274519	22
得耳布尔	−0.2134158	20	−0.243474	20
莫尔道嘎	−0.3020553	24	−0.527927	26
大杨树	−0.3422487	26	0.2234785	5
毕拉河	−0.270097	23	−0.329226	24
免渡河	0.78061204	1	0.5427811	4
乌奴耳	0.43485098	5	0.6830815	3
巴林	0.17617658	7	0.1535744	8
南木	0.53350143	3	0.1900724	6
红花尔基	−0.4411691	27	−0.630551	−27
柴河	0.16247191	8	−0.209668	19
五岔沟	0.63339033	2	0.9663387	1
白狼	0.52831128	4	0.8656448	2

2004~2009 年时间段内，贫困度最高的地区为免渡河，贫困度为 0.78；贫困度最低地区为红花尔基，贫困度为−0.44。2010~2014 年，贫困度最高地区为五岔沟，贫困度为 0.97；贫困度最低地区仍为红花尔基，贫困度为−0.63。从贫困度最高的结果来看，总体贫困度有所提高；而从最低贫困度来说，贫困度降低，可以看出，内蒙古国有林区各地区发展水平并不均衡，出现两极分化现象。若将两阶段各地区贫困度和排序结果分别用图表示，趋势更加明显，如图 5-3 所示。

从图 5-3 可以看出，就贫困水平来说，阿尔山、绰尔、乌尔旗汉镇、库都尔、伊图里河、克一河、阿里河、根河、满归、大杨树、乌奴耳、五岔沟、白狼 13 个林业局贫困度提高，其余 14 个林业局贫困度有所降低。整体来看，贫困度有所降低，但是从发展均衡程度来看，2004~2009 标准差为 0.33，2010~2014 年离差平方和为 0.38，说明近五年来，内蒙古国有林区各地区综合发展更加不均衡。

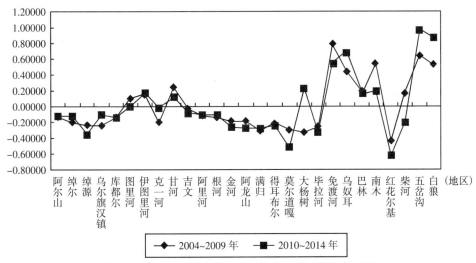

图5-3　内蒙古国有林区各地区两阶段贫困度变化趋势

从排名次序看，在2004~2009年这一时期内，贫困度最高的5个地区依次为免渡河、五岔沟、南木、白狼、乌奴耳，最低的5个地区依次为红花尔基、大杨树、满归、莫尔道嘎、毕拉河；2010~2014年这一时期内，贫困度最高的5个地区依次为五岔沟、白狼、乌奴耳、免渡河、大杨树，最低的5个地区依次为红花尔基、莫尔道嘎、绰源、毕拉河、阿龙山。从次序变化来看（见图5-4），总体上，15个位次下降，9个位次上升，其余3个位次不变。变化最大的为大杨树，贫困度从上一阶段的26位上升为5位，相对来说更为贫困；其次为柴河，贫困

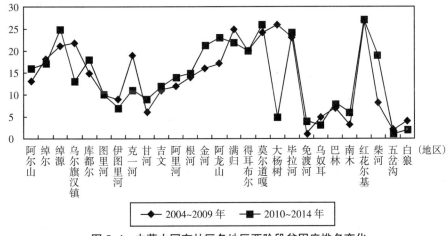

图5-4　内蒙古国有林区各地区两阶段贫困度排名变化

度从上一阶段的 8 位下降为 19 位，贫困度下降，综合发展较快；乌尔旗汉镇
从 22 位上升为 13 位，更加贫困；克一河从 19 位变为 11 位，更加贫困；阿龙
山从 17 位变为 23 位；金河从 16 位变为 21 位；其余位次变化仅在 5 位以内，
图里河、得耳布尔、红花尔基 3 个地区在内蒙古国有林区贫困度排名中的次
序，两个时期内无变化。

二、各公因子分析

各公因子对总方差的贡献率代表了其对总方差的解释程度，也说明了其在综合
评价中的重要程度，排名越靠前，对方差的解释程度越大，最后的结果也越大。

（一）产业结构与资源量因子

产业结构与资源量因子是提取的第一公因子，主要代表非林产业产值比重、
第三产业产值比重、人均木材产量、人均森林管护面积等变量指标，对面板数据
因子综合总得分、贫困度的影响最大。通过对各地区产业结构与资源量因子得分
和排序分析发现（见表 5-15），免渡河、五岔沟、乌奴耳、南木、巴林排在前五
位，最后五位是莫尔道嘎、绰尔、阿里河、根河、得耳布尔。非林产业、第三产
业结构均是非林产业；人均木材产量代表可利用森林资源，人均森林管护面积则
代表森林资源总量，对于已经全面停止天然林商业性采伐的内蒙古国有林区来说，
木材产量已无影响，森林资源量则可能随着森林资源面积的增加而增加。因此，免
渡河、五岔沟、乌奴耳、南木、巴林需通过大力发展非林产业，提高非林产业在
总产值中的比重，减少对林业生产的依赖，摆脱贫困，降低贫困度。

表 5-15　各林业局第一公因子得分及排序

单位	F1	按 F1 排序	单位	F1	按 F1 排序
阿尔山	-0.66708	19	满归	-0.79284	22
绰尔	-1.05816	26	得耳布尔	-0.79482	23
绰源	-0.69789	21	莫尔道嘎	-1.16640	27
乌尔旗汉镇	-0.51752	16	大杨树	0.54866	7
库都尔	-0.41200	15	毕拉河	0.20738	10
图里河	-0.31415	13	免渡河	1.94169	1
伊图里河	0.14965	11	乌奴耳	1.60910	3

单位	F1	按 F1 排序	单位	F1	按 F1 排序
克一河	−0.37915	14	巴林	1.06452	5
甘河	−0.27665	12	南木	1.40394	4
吉文	−0.54843	17	红花尔基	0.44247	8
阿里河	−0.83378	25	柴河	0.41222	9
根河	−0.80486	24	五岔沟	1.82289	2
金河	−0.65516	18	白狼	0.99790	6
阿龙山	−0.68154	20			

（二）森林资源生态潜力因子

森林资源生态潜力因子是提取的第二公因子，主要代表到该地区生态旅游人数、人均非木质林产品产量、年造林面积等变量指标。通过对各地区森林资源生态潜力因子得分和排序分析发现（见表 5-16），白狼、甘河、五岔沟、吉文、伊图里河排在前五位，最后五位是红花尔基、毕拉河、大杨树、柴河、巴林。该因子上得分高的地区应加快发展森林旅游、生产非木质林产品、扩大造林面积等。

表 5-16　各林业局第二公因子得分及排序

单位	F2	按 F2 排序	单位	F2	按 F2 排序
阿尔山	−0.02981	12	满归	−0.10307	19
绰尔	0.07712	11	得耳布尔	−0.04858	14
绰源	−0.17557	22	莫尔道嘎	−0.03947	13
乌尔旗汉镇	−0.05187	15	大杨树	−0.60096	25
库都尔	0.12938	10	毕拉河	−0.94903	26
图里河	0.21197	8	免渡河	−0.05314	16
伊图里河	0.44203	5	乌奴耳	0.25965	7
克一河	−0.13450	21	巴林	−0.19884	23
甘河	0.72979	2	南木	−0.07115	17
吉文	0.47630	4	红花尔基	−1.72973	27
阿里河	0.14749	9	柴河	−0.38522	24
根河	0.36573	6	五岔沟	0.66831	3
金河	−0.11314	20	白狼	0.76578	1
阿龙山	−0.07529	18			

（三）就业与发展因子

就业与发展因子是提取的第三公因子，主要代表社会保障覆盖率、林业产值增长速度、林业就业率等变量指标。排在前五位的是五岔沟、白狼、甘河、阿里河、阿尔山，排在最后五位的是巴林、红花尔基、毕拉河、南木、大杨树（见表5-17）。该因子上得分高的地区，应提高林业就业吸纳能力、提高林业产值增长速度等。

表 5-17 各林业局第三公因子得分及排序

单位	F3	按 F3 排序	单位	F3	按 F3 排序
阿尔山	0.29544	5	满归	0.09068	12
绰尔	0.35980	6	得耳布尔	0.07154	15
绰源	−0.12823	21	莫尔道嘎	−0.07542	20
乌尔旗汉镇	0.07718	14	大杨树	−0.38909	23
库都尔	0.04081	17	毕拉河	−0.71505	25
图里河	0.20080	8	免渡河	0.30471	7
伊图里河	0.05798	16	乌奴耳	0.13234	10
克一河	0.10020	11	巴林	−0.86757	27
甘河	0.41557	3	南木	−0.47486	24
吉文	0.08775	13	红花尔基	−0.82033	26
阿里河	0.40011	4	柴河	−0.37378	22
根河	0.13842	9	五岔沟	0.60653	1
金河	−0.02295	19	白狼	0.44473	2
阿龙山	−0.00473	18			

（四）人均社会因子

人均社会因子是提取的第四公因子。主要反映人均林业产值、人均公路长度等变量指标数据信息。排在前五位的是免渡河、白狼、根河、阿里河、阿尔山，排在最后的五位是红花尔基、巴林、毕拉河、柴河、满归（见表5-18）。该因子得分较高的地区应在适当控制人口增长数量、提高林业产值、加快道路建设等方面努力。

表 5-18 各林业局第四公因子得分及排序

单位	F4	按 F4 排序	单位	F4	按 F4 排序
阿尔山	1.56999	1	满归	−0.13093	17
绰尔	−0.05431	15	得耳布尔	−0.31772	20
绰源	−0.14079	18	莫尔道嘎	−0.43656	21
乌尔旗汉镇	0.54760	7	大杨树	0.21727	13
库都尔	0.40164	9	毕拉河	0.89627	4
图里河	0.74356	6	免渡河	1.47921	2
伊图里河	0.22335	12	乌奴耳	0.38074	10
克一河	−0.11919	16	巴林	−0.54028	23
甘河	−0.29573	19	南木	−0.50642	22
吉文	−0.02682	14	红花尔基	−2.30912	27
阿里河	0.83936	5	柴河	−2.10604	26
根河	0.96915	3	五岔沟	0.48185	8
金河	−0.95199	24	白狼	0.22586	11
阿龙山	−1.03995	25			

（五）生活水平因子

生活水平因子是提取的第五公因子，主要反映社会性固定资产投资、在岗职工年均工资水平等变量指标数据信息。排在前五位的是绰尔、甘河、伊图里河、图里河、五岔沟，排在最后五位的是毕拉河、莫尔道嘎、免渡河、阿尔山、根河（见表 5-19）。该因子上得分较高的地区应积极争取各方面资金投入社会性基础设施建设，提高人员工资水平。

表 5-19 各林业局第五公因子得分及排序

单位	F5	按 F5 排序	单位	F5	按 F5 排序
阿尔山	−0.33387	24	满归	−0.04706	17
绰尔	0.63315	1	得耳布尔	−0.09449	19
绰源	0.05096	13	莫尔道嘎	−0.56397	26
乌尔旗汉镇	−0.03611	18	大杨树	−0.46497	22
库都尔	0.19687	8	毕拉河	−0.84141	27
图里河	0.39108	4	免渡河	−0.50574	25

续表

单位	F5	按 F5 排序	单位	F5	按 F5 排序
伊图里河	0.37227	3	乌奴耳	−0.10874	20
克一河	0.07614	11	巴林	−0.26104	21
甘河	0.55022	2	南木	0.09092	16
吉文	0.21143	7	红花尔基	0.03584	14
阿里河	0.09651	12	柴河	0.05262	15
根河	−0.38711	23	五岔沟	0.29348	5
金河	0.13370	10	白狼	0.28165	6
阿龙山	0.17769	9			

（六）营林与教育水平因子

营林与教育水平因子是提取的第六公因子，主要反映第一产业产值比重、大专及以上学历职工比例、中幼龄林抚育面积等变量指标的数据信息。排在前五位的是绰尔、巴林、图里河、白狼、阿里河，排在最后五位的是红花尔基、莫尔道嘎、乌奴耳、绰源、根河（见表 5-20）。该因子得分较高的地区，应加快以营林为主的第一产业发展，做好中幼龄林抚育、提高职工教育水平等。

表 5-20　各林业局第六公因子得分及排序

单位	F6	按 F6 排序	单位	F6	按 F6 排序
阿尔山	0.14600	9	满归	−0.03103	17
绰尔	0.53554	1	得耳布尔	−0.00094	14
绰源	−0.41155	24	莫尔道嘎	−0.45790	26
乌尔旗汉镇	−0.15283	21	大杨树	−0.02162	16
库都尔	−0.16947	22	毕拉河	−0.04551	19
图里河	0.33048	3	免渡河	0.07148	11
伊图里河	0.15361	8	乌奴耳	−0.42605	25
克一河	−0.03179	18	巴林	0.35709	2
甘河	0.04014	13	南木	0.13881	10
吉文	0.21093	6	红花尔基	−0.59696	27
阿里河	0.26333	5	柴河	0.19538	7
根河	−0.21044	23	五岔沟	−0.01811	15
金河	0.05379	12	白狼	0.22169	4
阿龙山	−0.14406	20			

（七）第二产业因子

第二产业因子是提取的第七公因子，主要反映第二产业产值比重信息。排在前五位的是白狼、甘河、莫尔道嘎、乌奴耳、阿龙山；排在最后五位的是五岔沟、红花尔基、阿尔山、阿里河、图里河（见表5-21）。该因子得分较高的地区，应提高第二产业产值比重。

表 5-21　各林业局第七公因子得分及排序

单位	F7	按 F7 排序	单位	F7	按 F7 排序
阿尔山	−0.38285	25	满归	0.03073	11
绰尔	−0.08152	18	得耳布尔	−0.00895	13
绰源	−0.11509	21	莫尔道嘎	0.36478	3
乌尔旗汉	−0.09748	19	大杨树	−0.20472	22
库都尔	−0.01335	15	毕拉河	0.20718	6
图里河	−0.24283	23	免渡河	0.14525	10
伊图里河	0.15291	9	乌奴耳	0.27065	4
克一河	−0.03306	16	巴林	0.18308	7
甘河	0.36899	2	南木	−0.01035	14
吉文	−0.03366	17	红花尔基	−0.54466	26
阿里河	−0.30126	24	柴河	0.16681	8
根河	0.02007	12	五岔沟	−0.91699	27
金河	−0.11451	20	白狼	0.97774	1
阿龙山	0.21308	5			

（八）企业经营因子

企业经营因子是提取的第八公因子。主要反映户均住宅面积、资产负债率等变量指标信息。排在前五位的是图里河、金河、根河、白狼、柴河，排在最后五位的地区是阿尔山、库都尔、满归、乌尔旗汉镇、大杨树（见表5-22）。此公因子得分较高的地区，应加快职工住宅建设、降低企业资产负债率等。

表 5-22　各林业局第八公因子得分及排序

单位	F8	按 F8 排序	单位	F8	按 F8 排序
阿尔山	-0.74160	27	满归	-0.45403	25
绰尔	-0.19900	17	得耳布尔	0.18156	10
绰源	-0.27112	22	莫尔道嘎	0.38906	7
乌尔旗汉镇	-0.36080	24	大杨树	-0.30027	23
库都尔	-0.61813	26	毕拉河	0.39797	6
图里河	0.68634	1	免渡河	-0.23395	18
伊图里河	-0.25024	21	乌奴耳	-0.23950	19
克一河	-0.24809	20	巴林	-0.19383	16
甘河	0.09271	12	南木	0.29067	9
吉文	0.03514	13	红花尔基	-0.13275	15
阿里河	0.37387	8	柴河	0.40756	5
根河	0.43609	3	五岔沟	0.09882	11
金河	0.43653	2	白狼	0.40827	4
阿龙山	0.00871	14			

三、分析结果讨论与启示

本部分基于国有林区宏观统计数据，通过建立综合贫困评价指标体系，利用面板数据因子分析法对国有林区贫困进行实证分析，结果证明国有林区内各地区的发展不均衡。

（1）从公因子贡献方面看，非林产业和第三产业的发展已成为国有林区摆脱贫困的重要途径，而充分发挥森林资源潜力，利用其生态功能，发展森林生态旅游产业，发展林业经济，增加非木质林产品生产产量，同时提高职工收入，加大社会基础设施建设等成为重要途径。以加工业为主的第二产业和企业的发展仍然是影响地区贫困的重要因子，但在木材采伐量几乎为零、以生态建设为主要任务和国有林区改革的背景下，要继续做好营林工作，提高教育水平。

根据公因子提取结果，影响内蒙古国有林区区域贫困的主要指标有：非林产业产值比重、第三产业产值比重、人均木材产量、人均森林管护面积、生态旅游人数、人均非木质林产品产量、年造林面积、社会保障覆盖率、林业产值增长速度、林业就业率等。非林产业产值比重、第三产业产值比重是国有林区产业结构的重要体现，也可以看出依托森林资源发展非林非木产业和森林旅游为主的服务业是产业发展和转型的重要方向。人均木材产量、人均森林管护面积、生态旅游人数、人均非木质林产品产量、年造林面积等均与森林资源数量和质量相关，人均木材产量代表的是可采森林资源，人均管护面积代表森林资源量的多寡，生态旅游人数则是森林资源质量和生态潜力发挥的重要代表，只有森林资源丰富、系统完备才能吸引更多的游人。社会保障和就业是社会生活的重要体现，林业就业吸纳力有限，应靠发展其他产业吸纳更多的劳动力，同时为其提供养老、医疗等社会保障服务。林业产值增长速度是社会经济发展的重要体现。综上，森林资源数量与质量、产业发展是影响内蒙古国有林区贫困的重要因素，通过产业发展为劳动力提供就业岗位，促进经济发展是国有林区发展和努力的方向。

（2）从地区贫困和改善情况来看，重度贫困的有五岔沟、白狼、免渡河。五岔沟在第一因子排名第2，第二因子排名第3，第三因子排名第1，第四因子排名第8，第五因子排名第5，第六因子排名第15，第七因子排名第27，第八因子排名第11；白狼第一因子排名第6，第二因子排名第1，第三因子排名第2，第四因子排名第11，第五因子排名第6，第六因子排名第4，第七因子排名第1，第八因子排名第4；免渡河第一因子排名第1，第二因子排名第16，第三因子排名第7，第四因子排名第2，第五因子排名第25，第六因子排名第11，第七因子排名第10，第八因子排名第18。

根据贫困综合度、排名情况分阶段分析以及各地区公因子得分情况，可以看出，内蒙古国有林区各林区发展并不平衡，每个地区的贫困影响因素侧重点和薄弱点并不同，应根据得分情况和实际情况区别对待。总体看，应优先对五岔沟、白狼、免渡河等重度贫困地区和南木、乌奴耳等中度贫困地区进行扶持，使其摆脱贫困。同时，可以借鉴邻近地区发展的经验摆脱贫困。红花尔基、莫尔道嘎为较富裕地区，分别处于北部原始林区和岭南次生林区，但一个共同点是：近年来，都依托森林资源开展森林旅游。处于贫困状态的地区也可以利用森林资源发展森林旅游，促进经济社会发展，但应打造有区别和特色的森林旅游，避免同类景观的重复出现。

第六章　贫困测量及影响因素分析

　　随着近年来扶贫开发的进展与成效的显现，贫困已由原来的区域性、整体性的贫困逐渐转变为更为微观的、个体的贫困。家庭作为构成社会最基本的单位，是与人们日常生活关系最密切的组织，贫困人口和家庭的存在影响着社会稳定。资源型地区家庭的就业随着可利用资源的减少受到了影响。国有林区的贫困随着国有林区可利用森林资源逐年减少，国有森工企业经济困难，原有职工大批下岗，失去了稳定的收入来源与国企单位的保障和福利，贫困随之深入发展。在天保工程实施后，国有林区整体状况好转，"两危"困境有所好转，但一部分家庭仍然处于贫困状态。对内蒙古国有林区家庭状况进行深入调查研究，有利于在反贫困过程中对贫困微观个体进行有针对性的精准帮扶。因此，继上文中对各林区贫困程度进行研究后，本章将视角转为对国有林区住户家庭贫困的研究。通过实地调研、入户调研和访谈相结合取得的数据和资料，总结出内蒙古国有林区家庭贫困具有人均收入低、生活居住条件差、因病因学致贫现象普遍等特征。利用入户调研数据，对收入贫困进行测量，建立包含教育、健康、生活水平3个维度8个指标的多维贫困指标体系，对多维贫困发生率和程度进行测量，并建立Logistic二元因变量计量模型，从家庭特征、社区特征等方面对国有林区住户家庭贫困影响因素进行分析，找出与家庭和人口贫困相关的重要指标和因素。

第一节　调研地选择

　　本研究根据林业产值、林地面积、职工工资水平、林区人口数和家庭户数等指标，选取了4个林业局（林区）作为调研地，均位于岭南次生林区，包含了林业人口数量较多、规模较大的免渡河林业局，产业转型较为成功、获得"'全国十佳'国有林场"称号的五岔沟林业局，建设开发较早的巴林林业局，以及发展处于中期水平的南木林业局作为调研样本地，具有代表性。而若用上文中综合评价标准评判，调研地中包含有重度贫困、中度贫困和轻度贫困3种贫困程度不同的地区。之所以从次生林区中选取具体调研地，是因为岭南次生林区较早陷入可采森林资源危机，继而出现经济危困的"两危"困境，较早转为以营林为主要生产任务，探索产业发展和转型，更早纳入地方政府发展规划。在国有林区改革、全面停止天然林商品性采伐的背景下，在未来的发展中，原始林区和次生林区的发展和面临的环境将更加相近。以岭南次生林区作为研究区域，对其贫困状况进行研究，具有先见性和代表性，可以为大兴安岭国有林区全面停止天然林商品性采伐后，解决贫困问题，提供先验性经验、借鉴和参考。

第二节　调查问卷设计及样本分布

　　调研数据主要以调查问卷的形式获得。有关内蒙古国有林区住户家庭微观数据的获取工作包括调查问卷设计、问卷调查、数据录入、整理与分析等。贫困问题从微观层面上讲是以家庭为单位的，一个家庭的贫困涉及多方面，不仅包括收入和消费水平，还应包括其生活居住环境，拥有的物质资本等方面，而家庭的贫困影响因素则涉及到家庭特征因素，包括家庭人口数量、劳动力数量、家庭成员受教育程度、有无病患等。因此，问卷的设计涵盖了这些方面（见附录Ⅲ）。因处于林区林产品采集季节，在对 4 个局的林场和职工进行选取时，则是随机抽样，选取林场家里有人的住户进行访问。在进行调查时，同时进行访谈，对职工家庭生活实际状况进行了解，同时与林业局随行人员进行核实，以确保信息的真实性和有效性。历经 3 个月（2015 年 8~10 月），共发放问卷 640 份，获取有效问卷 607 份，有效率达 94.84%。有 33 份属于无效问卷，原因是有些家庭不愿意透露具体收入和家庭情况，有些家庭在家成员对家庭收入等情况不了解。因此，以 607 份有效问卷为研究样本，获取研究所需数据，涉及人口 2432 人，涵盖了国有林区居住在林场和局址的住户，具体分布如表 6-1 所示。

表 6-1　内蒙古国有林区入户调查样本分布

所在盟（市）	林业局	所属基层单位	户数
呼伦贝尔	免渡河	森调队	13
		贮木场	28
		扎敦河林场	26
		免森公司	25
		三根河林场	23
		北大河林场	22
		银岭河林场	34
		红旗林场	21
	巴林	苗圃	16
		喇嘛山林场	17
		博克图林场	13
		雅鲁林场	15
		局址	13
	南木	昆尼气林场	18
		三七林场	16
		阿木牛林场	17
		务达哈气	13
		大石门林场	4
		局址	26

所在盟（市）	林业局	所属基层单位	户数
兴安盟	五岔沟	加工厂	31
		海力斯台林场	29
		五岔沟林场	33
		西口林场	41
		明水河林场	37
		牛汾台林场	34
		局址	42
合计			607

第三节　家庭贫困特征

一、人均收入低

在内蒙古国有林区，"一人就业，养活全家"的现象较为普遍，也即是说家庭中只有一人目前就业于所在的林业局，有固定的收入来源，而其他的就业岗位很少，从调研的数据也可以看出，包括打工、种植、养殖、服务、商业等在内的兼业对家庭收入的贡献很小，所以总体上，人均收入较低。从调研所获取的数据来看，2014 年内蒙古国有林区家庭年人均收入为 15287.53 元。而根据国家统计局数据，2014 年我国居民人均可支配收入 20167 元，城镇居民人均可支配收入28844 元，农村居民人均可支配收入 10489 元。国有林区人均收入远低于我国城镇居民人均可支配收入，仅为其 53%，略高于农民人均可支配收入。

二、生活居住条件差

在内蒙古国有林区，很多 3~4 口人的家庭依然居住在面积仅为 30 多平方米的砖木房内。虽然实施了棚户区改造工程，在林区本地和异地都建设有楼房，并按照一定标准给予补贴，但由于长期以来林区工资收入低，家中人口就业率低等原因，购房房款需个人支付的部分对很多家庭来说负担过于沉重，所以仍居住在六七十年代的砖木结构的平房内，甚至板夹泥房屋里，面积狭小，无自来水入户，无室内水冲厕所。无论是卫生条件、居住面积，还是出行条件，都与城镇生活水平相差甚远。在入户调研时，常听到职工或其家属的一句话是："有钱就住楼了啊。"

三、因病致贫、因学致贫现象普遍

国有林区的医疗和教育落后已是一个既成事实。国有林区的医院和学校是随着 20 世纪五六十年代国有林区的开发而建设的林业医院和林业学校。但随着林区面临"两危"困境，社会经济发展缓慢，林区医院和学校的设施建设及人才配备都较为落后。在医院，居民平时头疼脑热会到当地医院医治，稍微大一些的病，都会转移到邻近的省市医院，花费较大，如果遇到大病、长病，更会使一个家庭陷入贫困。林区学校教育只有 9 年制的义务教育，且教育水平不高。有些林场在建局初期设立有小学，随着社会发展，林场所建小学撤销，林场职工子女在幼儿园、小学期间就须离开家，到学校寄宿求学。即便居住在局址的家庭，也因当地学校教育水平较低，从小学便将子女送到邻近县市就读。林区城镇不设高中，从高中开始，林区子女全部开始到外地住校求学。读大学的费用对于林区家庭来说，相当于一个职工将近一年的工资收入。就医、子女上学也是使一个林区家庭陷入贫困的重要因素。在调研中，51 户家庭中有残疾、患大病或长病的人员，51 户家庭认为家庭陷入贫困是由疾病导致的；84 户家庭中有子女正在读大学，平均每年花费为 20000 元，相当于林区普通工人一年的工资，其中 58 户认为家庭状况不好是因子女上学花费过高导致。

第四节　贫困测量

一、收入贫困测量

贫困测度是贫困识别与反贫困的前提及基础。贫困识别和界定是贫困测度的第一步。传统的理论用收入水平和物质消费界定贫困，也即用贫困线测定人口是否贫困。

（一）内蒙古国有林区收入贫困标准界定

贫困线是在一定的时间、空间和社会发展阶段的条件下，维持人们的基本生存所必需消费的物品和服务的最低费用，贫困线又称贫困标准。世界银行 2015 年 10 月初宣布，按照购买力平价计算，将国际贫困线标准从原来的每人每天生活支出 1.25 美元上调至 1.9 美元。按照现行的汇率（1 美元约为人民币 6.35 元），约为人民币每人每天 12.07 元，每人每年约 4345 元。我国的贫困线，也经历了几次调整。1985 年，我国确定的贫困线为人均年纯收入 200 元。2007 年，调整为人均年纯收入 1067 元。2008 年，我国绝对贫困线标准定为人均年纯收入 785 元以下，低收入贫困线标准为人均纯收入 786~1067 元。2009 年提高到 1196 元。2011 年 11 月 29 日，中央决定将农民人均纯收入 2300 元作为新的国家扶贫标准。目前，我国现行的标准是 2011 年调整后的标准。

根据国家统计局 2015 年 2 月发布的《2014 年国民经济和社会发展统计公报》，我国 2014 年全年全国居民人均可支配收入为 20167 元。按常住地分，城镇居民人均可支配收入 28844 元；农村居民人均可支配收入 10489 元。根据调查取得的有效样本问卷，607 户家庭，人口共计 1840 人，年人均收入为 15287.53 元。以家庭为单位，最高人均年收入为 75000 元，最低为 1250 元。可以看出，内蒙古国有林区职工收入水平远低于城镇人口收入，而略高于农村收入水平。

假定城镇人口因大多有工作岗位，有固定的收入来源，将其贫困视为相对贫困，纳入相对贫困研究的范畴。内蒙古国有林区职工历来无农用耕地，属城镇居民。因此，本书将国有林区人口贫困归为城镇人口贫困问题，作为相对贫困问题进行研究。相对贫困的识别和界定方法有两种：

（1）比例法，国际上一般将一个国家的 20% 最低收入阶层作为相对贫困人口。我国在确定城镇相对贫困人口时做法为：首先根据城市居民统计资料将住户按照人均收入分组（五等分或七等分），其中的最低收入户（通常占全部居民户的 5% 或 10%）为贫困户。贫困户中家庭人均生活费收入的上限即为贫困线。

（2）收入平均数法，即以全部居民人均生活费除以 2 或 3 作为贫困线，收入处于贫困线下的群体为相对贫困人口。由于受调研条件所限，不能取得国有林区全部家庭的收入分组数据，且内蒙古国有林区跨行政区域，不能以统计年鉴中某一盟市或旗县数据为标准，所以采取收入平均数法界定内蒙古国有林区的贫困线。

所调查的 607 户家庭，年人均收入为 15287.53 元。若按年人均收入的 50% 计算，也即 7643.765 元，约 7644 元，也即月均收入 637 元；若按年人均收入的 1/3 计算，也即 5095.843 元，约 5096 元，也即月均收入 425 元，为贫困标准。月人均收入为 637 元，从绝对值看，高于目前我国农村贫困标准，但国有林区人口无耕地资源，生活资料全部需要购买，生活费用较高。调查中取得的数据为总收入数据，并未将家庭所需缴纳的社会保险等费用扣除，也未除去生活中水电等费用，所以 637 元仅够维持生活。而 425 元，对于现在城镇生活来说显得过于低。因此，将 637 元作为内蒙古国有林区贫困线。年人均收入低于 7644 元，或人均月收入低于 637 元的家庭属于收入贫困户。

（二）贫困指数测定

根据取得的调研数据，607 户家庭中，有 49 户家庭年人均收入低于 7644 元，则这 49 户属于收入贫困户。

1. 贫困发生广度

贫困发生广度是指在一个区域内贫困发生的概率或范围。衡量一个地区贫困发生广度的指数一般为：贫困发生率。贫困发生率即为一个地区贫困人口占总人口的比例。

贫困发生率计算公式为：$H = \dfrac{q}{n}$ (6-1)

式中，q 代表一个地区（国家）的贫困人口数量，n 代表一个地区（国家）人口总数。

根据贫困发生率的公式计算，可得内蒙古国有林区贫困发生广度为：$H = \dfrac{q}{n} = \dfrac{49}{607} = 8.07\%$

也即，内蒙古国有林区内，每 100 个人中约有 8 个人处于收入贫困状态。

贫困发生率粗略地反映了一个地区收入贫困发生的广度，但对于贫困人口的收入贫困程度如何的信息，无法提供。当贫困者因为某一原因变得更加贫困时，贫困发生率不会随之改变，并不会反映这一变化。

2. 贫困深度

贫困深度是指贫困人口的贫困状况，可以通过贫困人口收入与贫困线的距离，以及贫困人口内部的差异程度来反映和计算。一般反映贫困深度的指标为总贫困缺口、平均贫困缺口、贫困缺口率等。

（1）总贫困缺口指要使得区域内全部贫困人口生活水平达到脱贫水平也即贫困线时所需要的社会资金或财力。计算公式为：

$$m = \sum_{i=1}^{q} (z - y_i)$$ (6-2)

式中，z 代表贫困线，y_i 代表第 i 个贫困者的收入。

根据调研所得数据，假设要使调研中 607 户中的 49 户摆脱贫困，需要的社会资金或者转移支付、福利、补贴为 73534.57 元。

（2）平均贫困缺口指贫困人口平均收入距离贫困线的距离。计算公式为：

$$l = z - \bar{y}$$ (6-3)

式中，z 代表贫困线，$\bar{y}$ 代表贫困人口平均收入。

根据调研数据，内蒙古国有林区贫困人口平均收入为 6143.29 元，贫困线为 7644 元，则平均缺口为：1500.71 元。即要使贫困者脱贫，达到生存标准，需要平均为每个贫困者发放 1500.71 元。

（3）贫困缺口率指平均贫困缺口与贫困线的比率。贫困缺口率越小，贫困程度越轻，越接近 0，则说明贫困人口的经济收入基本接近贫困线，已达到贫困的临界点。计算公式为：

$$I = \sum_{i=1}^{q} (z - y_i)/qz = 1/z \qquad (6-4)$$

根据调研数据，内蒙古国有林区贫困缺口率为 19.63%。

3. 贫困强度

本书使用 FGT 指数测量内蒙古国有林区贫困强度。FGT 指数由经济学家 Foster，Greer 和 Thorbecke 于 1984 年提出。FGT 指数直接使用贫困缺口作为权数，反映贫困人口内部的差异程度。贫困缺口的权数越大，贫困人口的贫困在指数中反映的程度更深。公式为：

$$FGT_\alpha = \frac{1}{n} \sum_{i=1}^{q} (\frac{z - y_i}{z})^\alpha \qquad (6-5)$$

将收入由低到高排列，前 q 个人属于贫困人口，y_i 为第 i 个人的收入，z 为贫困线，n 为总人口。参数 α 表示贫困敏感度，α 越大，赋予贫困程度较深的人口更大的权数。α 取值一般为 0、1、2，当 α = 0 时，FGT_0 即为 H，表示贫困发生率，反映贫困发生广度；当 α = 1 时，FGT_1 即为 I，表示贫困缺口率，反映贫困发生的深度；当 α = 2 时，加大了较贫困人口的权数，越贫困则其权数相对更大，表示贫困人口的加权收入缺口，也称平方贫困距，进一步反映贫困深度。在贫困发生率一定的情况下，α 越大，FGT 越能反映贫困深度，FGT 指数越大则说明贫困人口群体内部的收入差异程度越深，贫困程度也越深。

根据调研取得的数据，将 607 户家庭人均收入从低到高排列，前 49 户属于贫困户，α = 2，z 取值为 7644 元，经计算平方贫困距为 0.6382%，贫困强度指数约为 0.64%。

4. 综合贫困指数

综合贫困指数是指将贫困发生率、贫困缺口率及贫困线指数组合起来，可得到另一个新的贫困指标量，计算公式为：

$$R = H \times I \times K \qquad (6-6)$$

表示贫困缺口占总国民收入的份额或比重。

贫困线指数指直接用贫困线与总体人均收入相比较，比值也反映一个社会人口贫困问题。计算公式为：

$$K = \frac{z}{\bar{y}} \tag{6-7}$$

在本书中为 0.5。

综合贫困指数经计算为 0.007920705，约为 0.79%。

根据统计数据，2014 年，内蒙古国有林区尚有林业人口 294770 人。按照调研数据的计算结果，内蒙古国有林区贫困发生率为 8.07% 计算，贫困人口数约为 23787 人；若想使每个贫困者脱贫，收入达到贫困线标准，则每年需社会资金约为 35698797.94 元，即总贫困资金缺口为 35698797.94 元，贫困缺口占内蒙古国有林区国民总收入的 0.79%。

在本书中，计算出的 FGT 指数和综合贫困指数都只针对贫困者的收入，与非贫困者的总体状况无关。

二、多维贫困测量

贫困是一个复杂的社会问题，涉及到经济、社会的方方面面。贫困的统计不仅应该反映物质的贫困，在社会快速发展和以全面建成小康社会为目标的前提下，还应该反映涉及健康、教育等人文方面的贫困。如果只从收入方面衡量贫困程度，而忽视教育、健康、公共服务等方面，则不能全面反映一个地区的贫困广度和深度，也会给扶贫工作带来盲点，从而影响到经济社会的全面健康发展。

1979 年，Morris 提出物质生活质量指数，Hagenaars 于 1987 年从收入和闲暇两个维度研究贫困。1985 年，阿马蒂亚·森首次将能力贫困纳入贫困分析框架中，并于 1992 年进行了改进，扩展了贫困研究的内涵，多维贫困开始真正引起了人们的注意。联合国开发计划署（UNDP）于 1990 年提出人类发展指数（HDI），用于评估发展水平和人类进步，并于 1997 年指出贫困不仅仅是缺乏收入的问题，也是一种对人类发展的权利、较长寿命、拥有知识、尊严和体面生活标准等多方面的剥夺。

国有林区的收入水平较低，已形成普遍的共识，而其基础设施落后，社会发展缓慢，生活水平低也是一个众所周知的现象，这一状况可以通过生活在国有林区的家庭住户的情况反映。2015 年，朱洪革等利用 2013 年重点国有林区民生监测项目的调研数据，从教育、健康和生活水平 3 个方面共 8 个指标对重点国有林区的多维贫困进行测量，结果表明：重点国有林区有 35.7% 的职工住户家庭存在至少 3 个指标的贫困。

（一）多维贫困测度步骤

本书借鉴已有学者的研究，选择适合内蒙古国有林区发展水平的测度多维贫困的维度和各项指标，进而计算多维贫困指数。计算和研究步骤如下：

1. 多维贫困维度和指标的选择

UNDP-MPI 是联合国开发计划署（UNDP）与牛津大学合作在对人类发展指数和人类贫困指数扩展的基础上，发布的"多维贫困指数"（Multidimensional Poverty Index，MPI），通过健康、教育和生活水平 3 个维度共 10 个指标来反映多维贫困。健康维度有是否营养不良和家中成员健康程度两个指标，教育维度有家庭成员受教育程度和是否有失学儿童两个指标，生活水平维度有饮水、用电、做饭燃料、卫生条件、住房和家庭财产六个指标。本书在维度和指标选择上借鉴 MPI，结合国有林区实际情况，建立内蒙古国有林区多维贫困指标体系。

因上文中已对收入贫困的贫困发生率等进行了研究，在维度选择中，不再将收入作为单独维度列入，而选择教育、健康、生活水平三个维度。教育维度选择家庭成员受教育程度和家中是否有失学儿童两个指标。健康维度选择家中成员健康程度 1 个指标，用家中是否有残疾人或患大病长病的人员来反映。生活水平维度用饮用水、燃料、住房、卫生条件、财产状况、享受社会保障 6 个方面的指标反映。

2. 确定多维贫困的剥夺临界值

剥夺临界值是判断某一方面是否贫困的标准，如家庭的某一方面的状况达到临界值，则该家庭在这一方面属于贫困，赋值为 1，否则为 0。

教育维度贫困剥夺临界值：因社会的快速发展，九年制义务教育的普及，加之国有林区人口属城镇人口，在过去几十年间，很多林业人口也属于国有企业职工。因此，本研究临界值相比一般情况下或其他研究中，家庭成员受教育程度最高为小学或初中的标准略有提高，将家中有小学及以下的成年人或者家中有失学儿童视为教育贫困。

健康维度贫困剥夺临界值：根据小康的目标，将营养不良指标除去。而在国有林区因病致贫的情况普遍，家中有残疾人和大病、长病人员，不仅在劳动力方面受影响，在医疗费用方面的支出也会增加。因此，将家中至少有 1 名残疾人或大病长病人员作为健康贫困的临界值。

生活水平维度贫困剥夺临界值：在社会发展和国有林区城镇人口的现实条件，以及内蒙古"十个全覆盖"工程实施的背景下，有以下几个指标：

（1）饮用水：自来水入户应是一件普遍的事情，但是在内蒙古国有林区，这一目标并未实现。很多家庭饮用水仍需自取，并且为地表水，因此将饮用水为非自来水定为饮用水贫困的剥夺临界值。

（2）燃料：使用煤、木头桦子等不清洁能源为主要做饭、取暖燃料为燃料贫困剥夺临界值。

（3）住房：根据可取得的数据，2014 年内蒙古农村牧区平均每人居住面积为 25.8 平方米，城市平均每人居住面积为 30.65 平方米。为与前文中收入贫困界定标准相对应，将临界值标准定为城市人均居住面积的 1/2，将住房为平房且人均居住面积不足 15.33 平方米的家庭视为住房贫困。

（4）卫生条件：内蒙古国有林区因有很大一部分人员居住在平房，大多使用的为旱厕，还有一部分为公共厕所和无设施的，这些卫生设施条件艰苦，对生活环境影响较大，冬天寒冷，夏天气味不雅。因此将设施为旱厕、公共厕所和无设施作为卫生条件的临界值。

（5）财产状况：家庭中若拥有小汽车，直接视为不贫困。家庭居住地距离主街道或主公路 4 千米以上，无任何交通工具，直接视为贫困。家中无汽车、电脑，拥有摩托车或自行车、电话或手机、电视机、洗衣机、电冰箱、电暖气中的两种以下视为贫困。

（6）享受社会保障：在我国将养老、医疗等社会保障不断向前推进，农村医疗、养老社会保障也逐渐健全的背景下，内蒙古国有林区的城镇人口仍有一部分未享受和覆盖，因此，将家庭中成年人至少有 1 人未享受医疗、养老中的

1 项作为社会保障临界值。

3. 计算各家庭的多维贫困

根据每个家庭各个指标所测得的数值，根据多维贫困临界值的界定，判断每个家庭的各项指标是否属于贫困，判断家庭是否处于多维贫困。当一个家庭的贫困指标达到 3 个时，该家庭属于多维贫困，反之，不属于多维贫困，仅是某一方面的贫困或者不贫困。

4. 确定维度和指标的权重

在多维贫困的研究发展中，人类发展指数、UNDP-MPI 指数，以及后来沿袭的研究中，大多都赋予教育、健康、生活水平相同的权重。而在一个家庭中，健康、教育和生活水平都是一个家庭生活的重要方面，都影响着家庭生活的质量。鉴于此，本书也赋予三个维度相同的权重，都为 1/3。各维度内的指标，在选取时也选取了具有代表性的各个方面，因此赋予其相同的权重。

5. 计算多维贫困指数

多维贫困指数通过两个指标计算：多维贫困发生率和多维贫困发生强度。多维贫困发生率指多维贫困人口数量占全部人口总数量的比例。多维贫困发生强度指数为多维贫困人口剥夺分值之和除以多维贫困家庭人口总数。多维贫困发生率与多维贫困发生强度指数的乘积即为多维贫困指数。

（二）多维贫困测量结果

1. 单维贫困

（1）教育贫困。结果显示，607 户中，35 户家庭有成年人教育水平在小学及以下，3 户家庭中有失学儿童，且无重叠情况发生，也即两种情况均发生在不同的家庭。因此，教育贫困发生率为 6.26%。

（2）健康贫困。12 户家庭中有残疾人，54 户家庭中有大病或长病人员，有 7 户发生了重叠现象。因此，健康维度的贫困发生率为 9.72%。

（3）生活水平贫困。

1）住房。调研数据显示，内蒙古国有林区 607 户住宅总面积 35950.9 平方米，共 1840 人，平均住房面积 19.53853 平方米。607 户家庭中，楼房住户为 281 户，其中 1 户属于建期较早的土楼，39 户在国有林区实施棚户区改造工程前已经住上楼房，其余 241 户所住楼房属于棚户区改造工程；326 户家庭仍居住在平房中，平房房屋结构中 47 户仍为板夹泥结构，其余为砖木结构。16 户家庭生活居住房屋为租赁，20 户家庭的房屋为亲友借住房。根据上文中贫困剥夺临界值的界定，租赁或者借住的家庭无房屋产权，共 36 户；47 户家庭的房屋结构为板夹泥；118 户家庭房屋为砖木结构的平房，且人均居住面积不足 15.33 平方米（不含 15 平方米），数据统计不重叠，处于住房贫困临界值的家庭为 201 户，住房贫困发生率为 33.11%。根据《内蒙古统计年鉴》（2015）数据，住房：2014 年内蒙古农村牧区平均每人居住面积为 25.8 平方米，城市平均每人居住面积为 30.65 平方米。说明住房方面的贫困是国有林区需要突破的重点，虽然通过棚户区改造工程，很大一部分职工住上了楼房，但大部分家庭依然居住在平房，甚至板夹泥结构的房屋中。

2）饮用水。607 户家庭中，自来水用户 323 户，自取水用户 280 户，自来水、自取水都有的有 4 户。因此，饮用水贫困发生率为 46.13%。在自取水用户中，有 171 户明确回答使用的水来自自打机井，有 42 户明确回答使用的水为地表水。因国有林区长期以来，森林资源生态系统完好，形成了特殊的小气候，地表水资源较为丰富，为节约费用，一般用户所用水来自于不足 6 米的自打机井，还需用小型抽水泵抽水或压水，费时费电费力。

3）燃料。在 607 户家庭中，使用燃料为天然气或液化气的有 139 户，使用天然气或液化气、煤的有 6 户，使用天然气或液化气、煤和木头桦子的有 5 户，使用天然气或液化气、煤和木头桦子、电的有 5 户，使用天然气或液化气、煤、电的有 7 户，使用天然气或液化气、木头桦子的有 10 户，使用天然气或液化气、木头桦子、电的有 4 户，使用天然气或液化气、电的有 86 户，使用沼气的有 2 户，使用煤的有 34 户，使用煤和木头桦子的有 62 户，使用煤、木头桦子和电的有 27 户，使用煤和电的有 6 户，使用木头桦子使用煤的有 84 户，使用木头桦子、电的有 14 户，使用电的有 115 户，其他 1 户。综上，607 户家庭中，264 户家庭主要取暖和做饭燃料以煤或木头桦子为主，为不清洁能源，燃料贫困发生率为 43.49%。

4）卫生条件。607 户家庭中，264 户家庭日常使用的厕所为旱厕，39 户无设施，6户所在区域有公厕，共有309户家庭卫生条件处于卫生贫困剥夺临界值。卫生贫困发生率为50.9%。

5）财产状况。607户家庭中，有33户拥有小汽车，这33户家庭为非贫困户。家庭居住地距离主街道或主公路4千米以上，无任何交通工具，4~5千米2户，5千米以上1户，37千米1户，直接视为贫困户，占0.659%；家中无汽车、电脑，最多拥有摩托车或自行车、电话或手机、电视机、洗衣机、电冰箱、电暖气中的两种以下的家庭16户，占2.6359%。根据上文中对财产拥有量指标贫困的界定，财产拥有量贫困发生率为3.29%。

6）享受社会保障。成年人中未参加医疗、养老保险的情况多发生在就业率较低的家庭中，在岗职工的社会保险由单位和个人承担，且有固定工资收入，而未就业的人口无固定收入来源，且需自己缴纳全部的保险费用，有一部分家庭无力承担，选择不缴纳此项费用。69户家庭有成员未参加医疗保险，64户家庭中有人未参加养老保险，共有112户家庭成员中，至少有1种社会保险未参加，社会保障贫困发生率为18.45%。

2. 多维贫困测算结果

有153户家庭存在3个指标的贫困，69户家庭存在4个指标贫困，32户家庭存在5个指标的贫困，8户家庭存在6个指标贫困，多维贫困户数共计262户，内蒙古国有林区多维度贫困发生率为43.16%；也即共有262户存在至少3个维度的贫困，83户存在2个维度的贫困，128户存在1个维度的贫困，134户不存在所测度任何维度和指标的多维贫困。平均被剥夺指数为30.17%，多维贫困指数为0.1302。随着贫困指标数（k）的增加，贫困发生率指数降低，剥夺程度越大。当k=4时，贫困发生率为17.96%，平均剥夺指数为0.430173。当 k = 5时，贫困发生率为6.59%，平均剥夺指数为0.573611。当 k = 6时，贫困发生率为1.318%，平均剥夺指数为0.715278。根据朱洪革、袁琳（2015）的研究，我国重点国有林区多维贫困发生率为0.357，k = 5时，重点国有林区多维贫困发生率为0.052，而内蒙古国有林区多维贫困程度最深，根据本书的研究，内蒙古国有林区无论是森工林区还是岭南次生林区，多维贫困程度都较国有林区深，更是高于全国多维贫困水平。

三、多维贫困与收入贫困测度结果对比分析

根据上文计算结果，多维贫困户数 262 户，多维贫困发生率为 43.16%；收入贫困户 49 户，收入贫困发生率为 8.07%。既为多维贫困，又为收入贫困的家庭有 34 户，也就是说多维贫困户可以覆盖 69.38% 的收入贫困户；符合多维贫困标准但不符合收入贫困标准的家庭有 228 户，也即 87.02% 的家庭符合多维贫困标准但不符合收入贫困，若按照收入贫困标准进行扶贫，则被遗漏在扶贫范围外；不属于多维贫困，但收入贫困的有 15 户；既不属于多维贫困，也不属于收入贫困的有 330 户，占 607 户的 54.37%。

第五节　家庭贫困影响因素分析

上文中，对内蒙古国有林区住户家庭是否属于收入贫困和多维贫困进行了界定，并对贫困发生的广度和深度进行了测量。在此基础上，对影响内蒙古国有林区住户家庭贫困的因素进行实证分析。

一、家庭收入贫困影响因素分析

（一）家庭收入的影响因素分析

1. 定性分析

家庭收入贫困是由收入水平低导致的，因此，首先对影响家庭收入的因素进行分析。影响家庭收入的因素主要有在岗人数、就业者工资收入水平、家庭人口数量、其他收入来源、居住的社区等。

（1）在岗人数。内蒙古国有林区地处偏远，对林业的依赖性较大，经济社会发展水平较低，除国有的林地资源外无其他生产资料。因此，林业产业外的就业岗位较少，在内蒙古国有林区在岗职工及其收入水平几乎代表了劳动力人数和家庭收入水平。在调查中，607 个样本中，仅有 1 人在岗的家庭有 365 户，占调查

样本的 60.13%；44 户无人在岗，占样本量的 7.25%，1 人在岗和无人在岗家庭比例共计 67.38%。1 人在岗养活全家的现象非常普遍，而其他产业可提供就业岗位极少，就业人口少，劳动力从一定程度上造成浪费的这一状况，使得人均收入大大降低。

（2）就业者工资收入水平。在内蒙古国有林区，一个家庭就业者的工资水平几乎决定了全家总收入。就业者除了平时自身的勤奋努力外，其所受教育程度、所在岗位、工龄、性别也影响着其收入水平。就目前内蒙古国有林区的状况看，调查中，户主的受教育水平，小学 35 户，占 6.26%，初中 283 户，占 46.62%，高中或中专 187 户，占 30.81%，大专 90 户，占 22.11%，大学 32 户，占 5.27%。就业岗位是否属于领导岗位对收入的影响较大，因科级及以上干部的工资高于普通员工收入，且干部属于少数，所以对收入影响较明显。此外，工龄、性别等也对收入水平有影响，工龄越长，工龄工资也会适当增加，工资相应增长。男职工更有机会在特殊的外业岗位工作，补贴等相应会多。

（3）家庭人口数量。在家庭总收入一定，就业人口较少的情况下，包括非劳动力在内的家庭人口总数量，影响着人均收入水平。在国有林区，虽然在计划生育实施后，家庭中子女基本都属于独生子女，但三代同堂现象普遍，家庭中普遍有赡养老人和子女上学的负担，加之下岗失业状况，家庭实际劳动力人数减少，使得家庭负担加重，家庭人口数量人数仍是影响人均收入的因素。

（4）其他收入来源。工资以外的收入是家庭总收入的重要组成部分，工资收入属于稳定的收入来源，维持家用，工资以外的收入虽属于不稳定收入，但如果经营得力，则会是家庭生活迈向新层次的转折点。在内蒙古国有林区，工资以外的收入主要包括林下产品采集收入、打工收入、利用林地的火烧隔离带种植业和养殖业收入、其他服务业或商业的收入、接受的赠予等。在内蒙古国有林区，由于社会经济发展较为落后和缓慢，其他产业规模较小，所提供就业岗位有限，收入也较低；外出务工人数近年来开始增多，但大多家庭家属和子女仍居住在林区内，外出务工规模仍较小，所从事的建筑、服务等行业技术含量低，生活费用较高，所取得的收入也相对较低；受林区社会经济规模所限，经营服务业和商业的家庭户数并不多，属于很少数；林间空地和火烧隔离带的面积有限，并不能普及到每个职工家庭。再者，如若职工在岗，并无时间投入其他的生产和服务中。因此，增加工资以外的收入虽是改善职工家庭生活的便捷途径，但除服务业和商业的经营者外，收入并不多，并不能成为主流。

（5）居住的社区。国有林区的家庭住户分布在局址（林业局机关所在的城镇）和林场（山上）。林场职工可以利用房前屋后的林地进行林业养殖和种植，也更可利用空闲时间创造收入，就这点来说，比起居住在局址的职工，居住在林场的职工更加有便利条件。因此，所在的社区、居住的场所也是影响收入的因素。

2. 实证分析

（1）指标的选取和设计。总收入：收入指标，将家庭总收入设为因变量，总收入包括工资收入、打工收入、林产品采集、补贴、人情往来等收入。

在岗人数：在国有林区其他就业岗位有限的情况下，家庭中在岗的人数与家庭收入有着密切的关系。这一指标数据采取家庭中 2014 年还在岗的人数。

劳动力数量：虽然在岗人数能在一定程度反映家庭的收入，但有无其他劳动力可以从事其他劳动，也关系到家庭收入。因此，将劳动力数量列为影响因素，数据指标则采取家庭劳动力人数。

户主年龄：随着年龄的增长，工作经验、专业技能都会有所提高，同时，社会经验也要更丰富，所以户主的年龄会对收入有一些影响，但就体力劳动来说，年龄过大，反而对收入有负面的影响。

家庭干部情况：领导干部工资收入高于普通职工，有或曾有属于科级及以上领导干部人员影响家庭收入。另外，家庭中有无干部也是家庭社会资本多寡的重要方面和表现。如有则数值为 1，如无则为 0。

工作年限：工作年限越多，对于在岗职工来说，工资水平会越高。因在调查中，涉及有在岗职工的家庭，也涉及退休职工家庭，还涉及以往下岗林业职工家庭。在岗职工家庭，如有 1 人在岗，按照在岗职工工龄计；如有 2 人或多人在岗，按照在岗时间较长的 1 人计算；如若属于退休，领取退休金，按照 45 年工龄计算；如若家庭内无在岗职工，按 0 年工龄计。

教育程度：采取户主的受教育程度来反映。数据采取反映受教育程度：学历折合成目前各学历受教育年限标准。也即：小学及以下学历为 5 年，初中为 9

年，高中和中专为 12 年，大专为 15 年，本科为 16 年，研究生为 18 年。

是否有兼业或打工：家庭内有无种植、养殖、打工、建筑业、商业等兼业，是家庭除工资外的主要收入来源，对家庭收入影响和贡献较大，因此，将其纳入影响因素。如无兼业，则此项为 0，有兼业，则按兼业项目数，设定数值 1、2、3。

居住社区：居住在林场或者局址也会影响到收入，居住在林场更有利于开展种植养殖等，居住在局址则有更多的社会资本和打工的机会，也会影响到其收入。居住在林场为 0，局址为 1，其他地方居住为 2。

（2）模型的设定。家庭收入为因变量，其他几个变量为自变量。设定的回归模型如下：

$$sr = a_0 + a_1 age + a_2 labor + a_3 worker + a_4 wa + a_5 edu + a_6 leader + a_7 jy + a_8 sq + \varepsilon$$

$$(6-8)$$

式中，sr 代表家庭总收入，age 代表户主年龄，labor 代表家庭劳动力人数，worker 代表在岗人数，wa 代表工龄，edu 代表受教育年限，leader 代表家庭中领导干部情况，jy 代表家庭成员兼业情况，sq 为所住社区；a_0、a_1…a_8 代表各自变量系数，ε 代表随机误差。

（3）结果分析。

1）初步回归结果用 STATA 8.0 软件，对从问卷中提取的各指标数据进行回归分析，初步回归结果为：

$$sr = a_0 + a_1 age + a_2 labor + a_3 worker + a_4 wa + a_5 edu + a_6 leader + a_7 jy + a_8 sq + \varepsilon$$

$$(6-9)$$

参数	261.76	1866.39	14051.87	67.51	144.12	16848.52	4465.74	−1653.37
t 值	2.79	1.52	9.2	0.86	0.53	5.63	3.48	−1.27
p 值	0.005	0.128	0.000	0.391	0.596	0.000	0.001	0.204

$R^2 = 0.3349$ 　　Adj $R^2 = 0.326$ 　　F = 37.64 　　Prob > F = 0.0000

模型初步回归结果分析说明：可决系数 R^2 和调整后的 R^2 分别为 0.3349 和 0.326，说明整体回归效果较好。因为所使用数据为调研取得的截面数据，涉及的调研对象分布广泛，个体间差异较大，因此，R^2 在 0.2 以上，就说明总体回归效果较好，所选取的自变量可以很好地解释因变量。F 值为 37.64，p 值为 0，回归方程显著。在给定显著水平 α = 0.05，age、worker、leader、jy 回归系数通过显著性检验，labor、wa、edu、sq 回归系数未通过显著性检验。

2）多重共线性检验与修正。各自变量间相互独立，不存在相关关系是多元线性模型进行分析的基本假设前提之一。若两个或多个自变量间存在相关关系，则称模型存在多重共线性。多元线性回归模型中如果存在多重共线，会使得估计结果不准确，估计的参数值不精确、不确定。初步回归结果显示，labor、wa、edu、sq 的回归系数在统计上不显著，且 t 值较小，而在经济理论意义和现实情况下，在内蒙古国有林区，家庭中在岗职工人数与劳动力人数，年龄与工龄存在相关性。所以，上述多元线性回归模型存在多重共线性。

通过逐步回归法对模型多重共线性进行修正，回归结果为：

$$\hat{SR} = 9575.863 + 15676.88worker + 17375.57leader + 5010.399jy + 289.2426age$$

$$(6-10)$$

t 值	(14.58)	(5.90)	(4.08)	(3.62)
p 值	0.000	0.000	0.000	0.000

$R^2 = 0.3293$ Adj $R^2 = 0.3248$ F = 73.88   Prob > F = 0.0000

经过修正多重共线性的回归方程拟合优度 R^2 和可调整的 R^2 分别为 0.3293 和 0.3248，比修正前有略微的降低，但变化幅度很小，拟合度仍较高，整体回归效果较好，所选取解释变量能很好地解释因变量。F 值为 73.88，p 值为 0.000，回归方程显著。在给定显著水平 α = 0.05 条件下，worker、leader、jy、age 回归系数均通过显著性检验。结果表明，在内蒙古国有林区，家庭中在岗职工人数、是否有领导干部、是否有兼业、户主年龄对家庭收入有显著的影响。

3）异方差的检验与修正。对于解释变量的所有观测值，随机误差项有相同的方差，也即同方差性也是多元线性模型的前提假设之一。若随机误差项的方差随着解释变量观测值的变化而变化，则在模型中存在异方差。异方差常来源于截面数据，当模型中存在异方差时，OLS 估计量仍具有线性和无偏性，但估计量不再是有效的估计量。本研究使用的是截面数据，为使 OLS 估计参数有效、无偏，对模型进行异方差检验。

怀特（White）检验是最常用的异方差检验方法，由怀特在 1980 年提出。在此，利用怀特检验方法检验模型是否存在异方差，检验结果为：

chi2（1）= 51.43　　Prob > chi2 = 0.0000

通过查询表得，$\chi^2_{0.05}(1) = 3.8415$，检验结果 chi2（1）= 51.43 > 3.8415，且 Prob > chi2 = 0.0000 < 0.1。所以，模型存在异方差。通过取对数方法可以消除异方差，因因变量数值较大，而自变量数值则相对较小，故仅对因变量取对数。

修正异方差后的模型为：

$$lnsr = 9.841971 + 0.3522649worker + 0.2756518leader + 0.075137jy + 0.006776age$$

$$(6-11)$$

| t 值 | (16) | (4.57) | (2.99) | (4.14) |
| p 值 | 0.000 | 0.000 | 0.003 | 0.000 |

$R^2 = 0.3437$　Adj $R^2 = 0.3394$　F = 78.82　Prob > F = 0.0000

修正异方差后的模型，可决系数 R^2 和调整的可决系数值分别为 0.3437、0.3394，比修正前有所提高，回归方程拟合度较高，选取的解释变量较好地解释了因变量。F 值为 78.82，F 值为 0，回归方程整体显著。各参数均在 0.05 的水平上，通过显著性检验。再次对修正异方差后的方程进行怀特检验，检验结果表明，不存在异方差。

模型分析结果表明，在内蒙古国有林区，家庭中在岗职工人数、是否是领导干部家庭、兼业数量、户主年龄对家庭收入有显著影响。家中每增加 1 名在岗职工，家庭总收入会增加 35%；是否是领导干部家庭也是影响收入的重要因素，领导干部家庭比非领导干部家庭，收入增加 27%；每增加一项兼业，收入增加 7.5%；随着年龄的增长，经验技术增多，户主年龄每增加 1 岁，家庭收入增加 0.68%；对于在岗职工来说，由于过去教育水平和就业环境的影响，同等年龄的人一般工龄也相同，年龄一定程度上代表了工龄，工资也会增加，收入会相应增加，也会影响家庭收入。

在内蒙古国有林区，家庭在岗人数对家庭收入的影响最大，其次是家庭中是否有科级及以上干部、兼业数量、户主年龄。在经济理论中，对收入影响显著的受教育程度，在内蒙古国有林区职工家庭中并未起到显著的影响，说明受教育程度并不是影响国有林区家庭收入的重要因素，也说明目前国有林区的劳动力市场发展并不完善，没有形成合理的竞争机制，对受教育程度不够重视，教育水平并没有得到发挥，或者用人机制的不健全、社会经济影响的不够，并未使高教育文化水平的人才得到更高的收入，劳动报酬机制不合理。居住在局址、林场，或是通过其他方式在外地居住，对职工家庭收入的影响并不大。因国有林区职工最初工作年龄基本相仿，年龄在一定程度上反映了工龄，所以，选择年龄和工龄的其中一个就可，根据实证结果，户主年龄比工龄对家庭收入影响更为显著。

（二）家庭收入贫困的影响因素分析

上文中，对家庭收入影响因素进行定性分析的同时，也进行了实证分析。根据对家庭收入贫困的界定，认定收入贫困家庭。在此，建立 Logistic 计量回归模型，实证分析影响内蒙古国有林区住户家庭收入贫困的因素。所建立的 Logistic 模型是二元离散因变量模型，是否贫困为因变量，若家庭为收入贫困户，则因变量 ip = 1；若不是收入贫困户，则因变量 ip = 0。家庭特征变量，户主年龄（age）、家庭劳动力数量（labor）、在岗职工人数（worker）、工龄（wa）、户主受教育程度（edu）、家庭中是否有或曾有干部（leader）、兼业数量（jy）、居住社区（sq）为自变量。

1. 初步回归模型

利用 STATA 8.0 软件，进行 Logistic 初步回归，回归结果为：

$$\ln\left(\frac{p}{1-p}\right) = -0.0587 + 0.0100\text{age} + 0.2854\text{labor} - 1.4609\text{worker} - 0.0279\text{wa}$$

$$- 0.1389\text{edu} - 0.4688\text{leader} + 0.2214\text{jy} + 0.1898\text{sq} + \varepsilon \qquad (6\text{--}12)$$

z 值　　　　　　　　0.55　　　　1.08　　　　−3.35　　　　−1.63

　　　　　−2.06　　　−0.44　　　　0.73　　　　0.66

p 值　　　　　　　　0.581　　　0.279　　　0.001　　　0.102

　　　　　0.039　　　0.661　　　0.465　　　−0.05

Pseudo R^2 = 0.1700　　Prob > chi2 = 0.0000

回归结果解释与分析：Pseudo R^2 值为 0.1700，因采用的数据为截面数据，因此拟合回归结果较好，选取的解释变量较好地解释了因变量。p 值为 0，模型整体回归结果显著，但解释变量系数多数未通过显著性检验，甚至出现负值，根据经济理论意义和现实情况，方程中解释变量间存在着较强的线性相关性。

2. 多重共线性检验与修正

逐步回归方法不仅可以检验多种共线性，还可以修正模型的多重共线。通过逐步回归消除多重共线性，模型结果为：

$$\ln\left(\frac{p}{1-p}\right) = -0.5122 - 1.8989\text{worker} + \varepsilon \tag{6-13}$$

z 值　　　　　−1.79　　　　　−6.38

p 值　　　　　0.074　　　　　0.000

Pseudo R^2 = 0.1423　Prob > chi2 = 0.0000

模型结果显示，Pseudo R^2 值为 0.1423，说明拟合回归效果较好，解释变量很好地解释了因变量，p 值为 0，方程回归结果整体显著。仅家庭中在岗职工人数（worker）通过了显著性检验，对家庭收入贫困有显著性影响。家庭中每增加1 名在岗职工，该家庭陷入收入贫困的概率降低 1.8989。

二、家庭多维贫困影响因素分析

根据调研数据和上文中对家庭是否属于多维贫困的界定，与收入贫困影响因素分析相同，建立 Logistic 计量回归模型，实证分析影响内蒙古国有林区住户家庭多维贫困的因素。是否为多维贫困户为因变量，家庭特征：户主年龄、家庭劳动力、在岗职工人数、工龄、户主受教育程度、家庭中是否有或曾有干部、兼业数量、居住社区为自变量。

（一）初步回归结果

利用 STATA 8.0 软件计算分析，初步回归结果为：

$$\log\left(\frac{p}{1-p}\right) = -0.7188 + 0.0468\text{age} - 0.0767\text{labor} - 0.6481\text{worker} + 0.0068\text{wa}$$

z 值　　　　　3.53　　　　−0.47　　　　−3.07　　　　0.63

p 值　　　　　0.000　　　　0.636　　　　0.002　　　　0.530

$$-0.0466edu - 1.4447leader + 0.3379jy - 0.7629sq + \varepsilon \qquad (6-14)$$

| z 值 | −1.28 | −2.97 | 1.98 | −4.46 |
| p 值 | 0.200 | 0.003 | 0.047 | 0.000 |

Pseudo R^2 = 0.1246　　Prob > chi2 = 0.0000　　LR chi2(8) = 103.45

初步回归结果显示，Pseudo R^2 值为 0.1246，回归拟合效果较好，选取的解释变量较好地解释了因变量，p 值为 0，方程整体显著。但 labor、wa、edu、jy 参数未通过显著性检验，根据经济理论和实际情况，方程中可能存在多种共线性。

（二）多重共线性检验与修正

利用 Logistic 逐步回归法检验和修正多重共线性，结果为：

$$\log\left(\frac{p}{1-p}\right) = -1.3670 - 1.415954leader - 0.7587sq - 0.7186worker + 0.0560age + \varepsilon$$

$$(6-15)$$

| z 值 | −2.33 | −2.97 | −4.47 | −4.69 | 4.88 |
| p 值 | 0.02 | 0.003 | 0.000 | 0.000 | 0.000 |

Pseudo R^2 = 0.1170　　Prob > chi2 = 0.0000

修正多重共线性后的回归结果显示，Pseudo R^2 值为 0.1170，说明整体拟合效果较好，p 值为 0，方程通过显著性检验。各自变量参数均通过了显著性检验。结果表明，家庭中是否有或曾有干部（leader）、所在社区（sq）、在岗职工人数（worker）、户主年龄（age）对家庭是否属于多维贫困户具有显著的影响。其中，家中是否有干部对是否属于多维贫困户影响最大，其次是所在社区、家中在岗职工人数、年龄。家庭若是领导干部家庭，则陷入多维贫困的概率降低 1.4160；居住在局址比居住在林场陷入多维贫困概率降低 0.7587；每增加 1 名在岗职工，该家庭陷入多维贫困的概率降低 0.7186；户主年龄每增加 1 岁，陷入多维贫困的概率增加 0.0560。

三、家庭贫困影响因素分析结果讨论

本部分基于内蒙古国有林区入户调研的微观调查数据，采用计量经济学方法对影响家庭收入与收入贫困、多维贫困的因素进行实证分析，结果发现：在内蒙古国有林区，家庭中在岗职工人数、是否是领导干部家庭、兼业数量、户主年龄对家庭收入有显著影响，但仅有在岗职工人数对家庭是否陷入贫困有显著影响，家庭是否属于领导干部家庭、所在社区、在岗职工人数、户主年龄对家庭是否属于多维贫困户具有显著的影响。

（1）在岗职工人数对收入、收入贫困、多维贫困均有显著影响，家庭是否陷入收入贫困主要是由家庭中在岗职工人数决定的，在内蒙古国有林区，家庭中在岗职工人数几乎代表了家庭劳动力和收入的来源，在未来的反贫困中，急需解决的问题是就业问题。

（2）所居住的社区对于收入和收入贫困无显著影响，但对多维贫困有显著影响。居住在林场的家庭更容易陷入多维贫困，因为所享受到的公共服务质量差，数量少，同时生活水平也较低。因此，在下一步的反贫困中应考虑将林场中住户向中心城镇迁移。这一结果与国有林区生态移居工程的理念相符，说明了政策方向的正确性，应进一步推进生态移居工程的实施。

（3）兼业数量对收入有显著的影响，但并不是影响收入贫困和多维贫困的显著因素。兼业能增加家庭收入，但不是一个家庭陷入贫困的主要影响因素，是否陷入贫困还是由家中在岗职工人数决定的。

（4）是否是领导干部家庭对收入和多维贫困均有显著的影响，而对收入贫困无显著影响。领导干部家庭有更高的收入，在教育、健康、生活水平方面也高于其他家庭，但是否是领导干部对是否陷入收入贫困无显著影响。

（5）户主年龄对收入无显著影响，对收入贫困有正向的影响，对多维贫困有负向的影响。年老的人由于参加工作时间较长，经验的积累使得收入较高，但由于受教育程度较低、健康状况差、生活观念落后和勤俭节约等原因，比年轻人更容易陷入多维贫困。

（6）受教育程度无论对收入、收入贫困，还是多维贫困均无显著影响。说明目前国有林区由于社会经济发展水平落后，劳动力市场的竞争机制并不完善，教育程度高的人并未得到较高的报酬，教育对经济社会发展的促进作用和潜力并未发挥；目前国有林区的受教育平均水平较低，对教育未有应有的重视。在下一步的发展中，应重视教育，通过基础教育、职业教育、高等教育等方式，提高国有林区人力资源水平，充分重视教育对经济社会发展的作用，让高素质人员充分发挥自身的优势，得到应有的报酬，这也是国有林区用人、留人、吸引人才的重要方面。

第七章 反贫困政策措施及运作机理

反贫困是人们采取各种措施政策、机制摆脱贫穷落后面貌，以消除贫困的过程。资源衰竭地区虽然随着可利用资源的减少，出现了基础设施建设停滞，社会经济发展缓慢，下岗失业现象普遍，人们生活水平低下等现象，但并未陷入困顿、混乱的境地。一个重要原因在于各级政府、企业、个人等各方面的共同努力，使得资源保护、基础设施建设、社会保障制度等状况有所改善，在一定程度上促进了社会经济的发展，推动了反贫困历史进程。本章从各级政府帮扶、企业自身探索、职工自身发展与探索三个层面，总结和梳理了内蒙古国有林区反贫困的措施，并对其运行机理、效果和存在的问题进行分析。

第一节 反贫困政策措施

自内蒙古国有林区"两危"困境出现以后，各方积极探索，形成了中央及地方政府出台以工程实施为主的帮扶政策，国有林区自身积极探索和国有林区人口积极自救的反贫困工作体系。反贫困政策与措施的实施有效地保障了林区人口的基本生活，为国有林区改革和社会稳定发展发挥了积极的作用。对内蒙古2017年基本消除绝对贫困，我国2020年全面建成小康社会、消除贫困，具有重要意义。

一、中央及地方政府帮扶政策

（一）天然林保护工程

天然林保护工程以改善生态环境，保护生物多样性，促进社会、经济的可持续发展为目标。1998 年，天保工程试点将内蒙古森工国有林区的图里河林业局和甘河林业局，岭南八局的五岔沟等作为试点单位。2000 年 12 月，国家林业局、国家计委、财政部、劳动和社会保障部联合下发了《东北、内蒙古等重点国有林区天然林保护工程实施方案》，天保工程一期全面展开。2001 年 12 月，国家林业局批准了内蒙古自治区人民政府上报的《内蒙古自治区重点国有林区天然林资源保护工程实施方案》，工程实施范围包括内蒙古森工集团所属的 17 个国有重点森工企业、2 个经营局、部分未开发林区及相关企业和岭南八局。天然林保护一期工程的实施期限为 2000~2010 年，所需经费中央补助 80%，地方政府配套20%。2010 年 12 月召开的国务院常务会议决定，继续实施天然林资源保护二期工程。工程实施期限为 2011~2020 年，主要任务为：木材产量调减，强化森林管护。加强森林资源培育保障和改善民生。与一期工程相比，二期工程取消了西部省区的地方配套资金；提高了职工社会保险补助标准；通过公益林建设、森林管护、中幼龄林抚育、低产低效林改造等任务增加了就业岗位；对于森工企业所负担的公益事业给予补助，补助标准实行动态化管理，根据物价变化等因素进行调整。

根据天保工程实施方案中"逐步调减国有林区木材采伐量"、"分流安置富余人员"，内蒙古国有林区不仅实现了森林资源质量和数量显著增长，还通过政策安排和实施解决了部分体制和民生问题。岭南八局于 2006 年开始施行剥离社会办企业职能与进行职工分流和一次性安置。森工国有林区则于 2008 年全面剥离企业办社会职能，使社会事业职能有序归位；辅助产业全部改制，依靠市场自主经营。在民生工作中，内蒙古国有林区一方面通过连续大幅度增加工资、完善社会保障体系、推进改革体制、进行棚户区改造和新林区建设，使林区职工收入、住房条件、生活环境得到了全面改善；另一方面全力化解天保一期工程中积累的问题，落实了大集体职工养老保险、医疗保险低门槛参统政策。

（二）新林区建设

2005 年，中共十六届五中全会首次提出建设社会主义新农村，根据《"十一五"规划纲要建议》中"生产发展、生活宽裕、乡风文明、村容整洁、管理民主"的要求进行建设。同年，中央下发的《关于推进社会主义新农村建设的若干意见》，出台了 32 条重大举措，对推进社会主义新农村建设作出了全面部署，标志着我国社会主义新农村建设的启动。2006 年 3 月，国家林业局下发《关于 2006 年为推进社会主义新农村建设组织办好 16 件实事的通知》，决定组织各级林业部门为推进社会主义新农村办好 16 件实事，让林业在新农村建设中发挥潜力和作用。4 月，国家林业局联合中央宣传部、中央文明办、全国绿化委员会联合下发《关于开展"创绿色家园　建富裕新村"行动的通知》。5 月 9 日，四部委联合在北京召开全国电视电话会议，全面启动"创绿色家园　建富裕新村"行动。该活动的开展，拉开了我国社会主义新林区建设的序幕。5 月 22 日，内蒙古自治区党委、政府下发《关于推进社会主义新农村新牧区建设的实施意见》，提出内蒙古自治区新农村新牧区建设的指导思想、基本原则、目标要求和具体措施。2007 年 1 月 15 日，内蒙古党委、政府下发《关于积极发展现代农牧业 扎实推进社会主义新农村新牧区建设的意见》，决定在全区选择 100 个村（嘎查）开展社会主义新农村新牧区（新林区）建设的试点工作。同年，乌尔旗汉镇林业局作为自治区 88 个"社会主义新林区建设示范点"之一，开展了为期一年的试点工作。

内蒙古森工国有林区在国家林业局的直接领导下，按照国家和自治区的有关要求，以"生产发展、生活富裕、生态良好、社会和谐"为目标，以培育和保护森林资源为重点，以绿化美化、绿化促文明、绿化促致富，以开展"创绿色家园建富裕新村"行动为载体，开展社会主义新林区建设。岭南次生林区的八局主要在自治区及各盟市政府领导下实施新林区建设。采取的措施主要有：

（1）进行林区绿色通道及局场址绿化美化建设。绿化、美化等级公路、林区公路两侧，完成林业局、林场周边及废弃的贮木场场区、撤并的林场场区的绿化造林工作。

（2）改善人居环境。对局场址的主要街道、居民区、公路干线两侧、旅游景区的环境卫生进行治理，将沿河违章建筑进行拆除，清除河沟内的垃圾，使脏乱差现象得到逐步改变。

（3）改造街道。对部分破损严重的主街道路面进行重新铺修，在主要街道两侧挖掘排水沟，对棚户小区、林场卡站的道路进行硬化或沙化处理。

（4）场址建设。办公场所及附属设施的屋顶、门窗维修、地面改造、墙体粉刷、改建厕所、设置垃圾箱、清理垃圾。

（5）进行文化体育设施建设，修建文化休闲广场、公园、雕塑等人文景观。

（三）棚户区改造

我国的棚户区主要分布在城市、矿区、林区、垦区等，是社会经济发展的历史产物。棚户区改造始于 2002 年的中国资源型城市沉陷区治理，大规模的棚户区改造则始于 2005 年后。2008 年，全球金融危机爆发，为减轻其对我国经济发展的负面效应，我国出台了计划两年投资 4 万亿元以刺激经济增长的方案，计划启动"安居工程"，是我国历史上规模最大的一次棚户区改造工程，是一项利国利民的民生工程。2008 年第四季度，国家紧急启动东北四大国有林区棚户区改造工程，国家发改委、国家林业局于 11 月联合召开"关于林区棚户区改造会议"，2008 年 11 月 10 日，国家林业局下发《关于内蒙古大兴安岭重点国有林区2008 年棚户区改造工程实施方案的批复》。2008 年 12 月，下发《关于做好国有林区棚户区改造试点工作的紧急通知》。2009 年，国家正式启动国有林区棚户区改造工程。

国有林区棚户区是随着森林资源开发利用而形成的特定人口的居住区域，是由于建设使用历史时期较长，体制改革和地区产业结构调整与转型形成的低收入人群聚集区。最早的棚户区是日俄侵华时进行森林资源掠夺时搭建的供劳工居住的劳工房。新中国成立后，开始建设了一些简易平房供职工和各地招工来的工人居住，随后其随迁的家属子女也入住或在平房外搭建小屋居住。在企业生产经营较好，即七八十年代以前，未出现"两危"困境时，一直由森工企业为职工兴建和分配居住房屋，而当可采森林资源日益减少，企业发生经济危机后，无法承担为职工提供住房福利这一任务，棚户区内的住户家庭，也由于下岗等原因，无力购买楼房。改革开放 30 多年来，居住条件并无改善，反而由于人口增多，建设使用历史年限久远等原因环境日益变差，还有长期以来的私搭乱建，形成了建筑密度大、人口密度大，危旧房比例高，排水、供暖、供气设施欠缺，遇雨天道路泥泞出行困难，无集中处理垃圾场所，无清洁厕所卫生条件差。随着林区与外部地区差距的加大，林区职工住房问题已成为广大职工群众最关心、最直接、最现实的利益问题，并已逐步上升为林区内外普遍关注的社会焦点问题，也成为国有林区建设历程中的难题。

直至 2009 年棚户区改造工程的实施，内蒙古国有林区住房情况才开始有所改善。内蒙古国有林区棚户区改造工程的实施加快了当地城镇建设和社会经济的发展，涉及人口 40 多万，15 万户，对零售、物业等有带动作用，也使得公共服务更加均等。在森林资源保护方面起到了积极的作用，搬到楼房居住的住户，楼房实行集中供暖，减少了木材的消耗。棚户区改造除在林业局局址所在城镇进行外，还在周边的根河、扎兰屯、牙克石、海拉尔等地进行异地建设。对于迁移的居民来说，旗市区域所在地，水、暖、电、路等基础设施较好，职工就医、学生就学条件好，可以享受到更好的公共服务。通过棚户区改造建设将国有林区人口向这些旗县市区集中，也有利于推动当地城市建设的快速发展。

（四）"十个全覆盖"工程

2014 年 1 月 13 日，内蒙古自治区农牧区工作会议提出，将按照"生产发展、生活宽裕、乡风文明、村容整洁、管理民主"的要求，扎实推进新农村新牧区建设。其中，计划利用 3 年时间，投资 600 亿元，实施农村牧区"十个全覆盖"工程，以提高公共服务水平。"十个全覆盖"工程基本内容包括：危房改造工程；安全饮水工程；街巷硬化工程；电力村村通和农网改造工程；村村通广播电视和通信工程；校舍建设及安全改造工程；标准化卫生室建设工程；文化室建设工程；便民连锁超市工程；农村牧区常住人口养老医疗低保等社会保障工程。这是内蒙古自治区成立以来，第一次全面系统大规模投资农村牧区基本公共服务设施，促进城乡公共服务均等化，加快城乡统筹发展的综合性民生工程。

此项工程也覆盖到内蒙古国有林区，内蒙古森工国有林区"十个全覆盖"资金来源为自治区 50%，森工集团企业配套 50%；岭南次生林区八局，除兴安盟白狼、五岔沟两个林业局"十个全覆盖"工程任务则由所在地阿尔山市政府承担和实施外，其他呼伦贝尔的 6 个林业局在"十个全覆盖"工程中，依然承担着重要任务，自治区拨付 50%，呼伦贝尔市政府拨付 25%，林业局自筹 25% 的资金配套；依然承担着基础设施建设的社会服务职能，林业局将任务分解到各基层林场，开展街巷硬化工程，绿化、美化工程。内蒙古国有林区的"十个全覆盖"工程，与所在属地地方政府分开实施，主要覆盖林业人口所居住区域，将林区偏远林场的公路硬化和广播覆盖纳入了工程实施范围。

二、企业自身探索

(一) 多种经营

国有林区的多种经营是指在国有林区发展以木材生产为主的基础上发展的与森林资源相关的除木材生产与加工外的产业。内蒙古国有林区的多种经营的发展经历了几个阶段：

(1) 20 世纪 60 年代初，提出肉、蛋、菜、补助粮自给的目标，和发展农牧业"自繁自种自养"不求外购的要求，属自给型自发农业生产阶段。

(2) 1969 年以后，林业承担了知青就近上山安置任务，开垦了大片土地，成立了企业自办的"五七"农牧场，多种经营进入就业安置型扩大生产阶段。

(3) 1985 年，通过"对林区经济再认识"大讨论，把发展多种经营作为调整产业结构发展林业经济的重大举措。提出实现肉蛋菜自给，实现无待业青年，多种经营产业产值占企业总产值的 1/3 三项任务。林区多种经营发展成为初具规模的多门类、多品种、多产业并举的新的经济产业。从此，多种经营进入了治危兴林，调整产业结构阶段。

内蒙古国有林区的多种经营最初是本着自给自足解决生活所需而产生，随着国有林区可采森林资源减少，经济发展陷入困境而发展和兴起，主要有农业、工业、建筑业、运输业、商饮业、服务业。在 1992 年，内蒙古国有林区多种经营从业人员曾多达 15 万人，是职工从事多种经营人数最多的时期；1998 年，林区多种经营产值曾占到林区社会总产值的 22%。1998 年后，国家实施天保工程，一些辅业企业开始剥离和改制，一些经营产业推向了社会，一直延续到现在，保留下来的主要是包括林产品采集、林下种植和养殖、苗木培育、特色菌类培育，以及森林旅游在内的林下经济。

（二）体制改革

由于先有林业，后有城镇，以及长期以来计划经济管理体制等原因，内蒙古国有林区形成的"对内全包全管、对外自成体系"的体制积弊日益严重，长期以来承担社会事业职能，负担日益加重，经济危困，基础设施建设严重滞后，职工收入长期偏低，形成了新的贫困群体。这些矛盾和问题长期积淀难以突破化解，制约和影响了林区的和谐发展和民生改善。为解决林区长期存在的问题，内蒙古国有林区在体制改革上不断探索。

20世纪90年代以来，林区体制改革工作先后经历了"抓大放小"、股份合作制、经营承包制等多种形式，推广应用现代企业管理方法，完善企业的内部运营机制，探索与市场经济相结合，生态目标与经济、社会目标合理兼顾的经营体制和运营机制。这些改革措施的实施，促进了企业经营机制的改革和职工思想观念的转变，为进一步深化林区改革奠定了理论和实践基础，但从效果看，都没有触动企业的产权关系和职工的劳动关系，没有从根本上解决由计划经济时期积累下来的深层次的矛盾。天保工程的实施为企业体制改革提供了助力。

自2000年始，内蒙古国有林区就开始了产权改革、辅业改制、剥离社会职能等探索，最终在2008年进行了全面改革，实现了政企分离，走在了全国国有林区改革的前列。

（1）产权改革，辅业分离。国有林区为实现林区产业结构调整和经济转型，将生态保护和木材生产以外的林产工业、多种经营和其他辅助产业全部纳入改制范围，进行了产权制度改革，推动国有资产、国有职工身份"双退出"。按国家政策标准进行解除身份补偿。改制后企业按《公司法》组建了新的法人治理结构，成为新型市场经济主体，并积极协调属地政府，共同扶持改制企业发展，逐项落实了工商注册、税费减免、职工社会保障、档案管理、群团组织属地化等各项政策。

（2）剥离企业办社会职能。由于林区开发建设中先有林业后有政府，随着林区人口增多和开发建设需要，逐步健全了各项社会体系，承担了涉及教育、医疗卫生、广播电视、公安消防、社会保障、环卫、供热供电、供水、供暖等社会事业职能。但随着林区"两危"困境的出现和现代经济社会的发展，沉重的社会负担开始严重影响企业经济效益的提高和生态资源的保护。在国家林业局和内蒙古自治区政府的帮助支持下，积极协调地盟市、旗市政府和相关部门，按照规定的政策界限将教育、医疗、防疫、电视系统全部移交属地政府。陆续将所承担的供热、供电、供水系统，城镇消防、路建设管理、电力、文化娱乐等公共、公益基础设施成建制地移交属地政府管理。

（3）生产经营和企业管理体制的改革。随着产权制度改革和现代化企业管理理念的引入，国有林区企业也进行了生产经营和管理体制的改革，实行财务报账核算、预决算制度；全面规范劳动用工管理，全员重新签订劳动合同；进行人事管理制度改革，全面推行聘用制度；通过深化工资制度改革，通过效率优先兼顾公平，以岗定薪和平等协商工资集体合同等增长机制，完善分配结构和分配方式，调整理顺劳动关系和劳资矛盾，建立健全激励约束机制，实现职工收入正常增长与合理分配。

（三）企业对职工帮扶

1. 发展家庭经济

随着天然林保护工程的实施，调减木材生产产量和产业调整结构，家庭经济逐渐成为内蒙古大兴安岭林区林业经济发展的重要组成部分和富民工程。为了支持职工发展家庭经济，提高收入，扩大收入来源渠道，林业工会作为职工家庭经济工作发起、动员、组织部门，发挥工会组织在林区发展家庭经济中的作用，针对职工发展家庭经济所遇到的资金短缺，发展困难的实际情况，以无息贷款的方式给具有发展家庭经济能力和愿望的困难职工，帮助职工发展家庭经济。并创建家庭经济产业协会，将分散的家庭经济户有机地结合起来，以外请专家和现场办班等多种方式，免费进行技术培训，统一采购、统一售价、统一销售，形成合力，降低成本，实现产品利润最大化。

内蒙古大兴安岭国有林区家庭经济发展主要有种植、养殖业，也有商业和餐饮服务业，依赖这些途径，得到扶持的职工困难家庭基本都实现了脱贫。这种帮助职工发展家庭经济的帮扶模式，是以无息贷款的方式，三年为一个周期，给职工提供启动资金，并提供一定的技术培训服务，变"输血"为"造血"，使职工家庭在以后的长期发展中有赖以生存和发展的稳定收入来源，有稳定的专业技术和从业经验，是自主创业、自立的表现，从根本上解决了收入来源，是实现脱贫的有效途径。

2. 救助帮扶

内蒙古国有林区各林业局多年来已形成一个稳定的模式，便是在重要节庆日，由领导班子成员深入困难职工家庭走访慰问，送去慰问金和慰问品。并针对林区职工子女高考、中考录取以及中小学每学年开学后，有入学资金困难的实际情况，开展"金秋助学"活动。对大病和遭遇重大变故的职工实行捐助活动，成立了"困难职工帮扶中心"，形成了一整套较为稳定和完善的救助帮扶机制。相对于帮助职工发展家庭经济，这类帮扶救助，只是短期内暂时的救济和救急，针对遭遇特殊事件的职工群众帮助其渡过眼前的困难，是一种输血的救助，是内蒙古国有林区社会保障体系的一个重要组成部分。

三、林区职工自身的发展与探索

（一）外出务工

在内蒙古国有林区实施天然林保护工程和进行一系列体制改革后，出现了大批下岗职工，或者进行身份的变革，或者接受一次新安置政策。进行了国有企业职工身份的退出后，无论是自主意愿还是被动选择，均面临以后的生存和生活问题，很多职工选择了到外地务工，从事的行业主要涉及建筑业、服务业和商业等。

（二）林产品采集

内蒙古国有林区可采森林资源减少，但经过多年培育和保护，处于生长中的森林资源、林下资源较为丰富。国有林区住户职工在夏季植物生长季节，纷纷上山采集蘑菇、木耳、猴头、蕨菜、松子、榛子等食用菌类、山野菜、干果，以及林药金莲花、苍术、灵芝等，将采集回来的林区特产一部分用于家庭生活用，一部分卖到土特产店，获取经济收入。夏季每人每天收入为100~300元。对于林区家庭来说，是一笔不小的收入来源。

（三）承包土地，种植经济作物

为改善职工就业困难局面，自然条件适宜的林业局，将防火隔离带或宜林地按照一定的责任划分将林地承包给职工，用于经济作物种植，既提高了收入水平，拓宽了收入渠道，提供了生活生产资料，也有利于森林资源的防火等的监测和管理。岭南次生林区处于农林交错地带，林地与农地交错，有些职工选择承包附近的农业用地，进行种植业和养殖业，并成为一个时期内的经营主业和主要收入来源。

（四）参与森林旅游等服务业

森林旅游业是内蒙古国有林区在产业转型发展中的一项重要产业。根据研究结果，1 个旅游岗位，可以带动 4~5 个相关的就业岗位。在阿尔山、莫尔道嘎等森林旅游发展较好的地区，在旅游旺季几乎人人参与到森林旅游的服务中，或为景区员工直接参与森林旅游发展，或参与餐饮、住宿、交通、零售等服务，从中获取收益。

第二节　反贫困政策措施成效与运作机理

政府、国有林区、个人在国有林区反贫困过程中采取的天保工程、棚户区改造、新林区建设等政策措施，着眼于国有林区困境，通过保护与培育森林资源、提高基础设施建设水平、促进产业发展、完善社会保障体系等，改善了个人和区域发展状况，对内蒙古国有林区的贫困起到了缓解作用，其效果及在反贫困中的运作机理如图 7-1 所示。

一、保护与培育森林资源

无论在以木材生产为主的计划经济时期，还是以生态建设为主要任务的现阶段，对于内蒙古国有林区来说，森林资源都是影响贫困的主导因素。在上文对内蒙古国有林区贫困综合评价研究中，提取的第一公因子和第二公因子中包含了人均木材产量、人均森林管护面积、生态旅游人数、人均非木质林产品产量、年造林面积等几个指标，无疑与森林资源的数量和质量有关。在上述的反贫困政策与措施中，天然林保护工程对于内蒙古国有林区森林资源的恢复、保护与

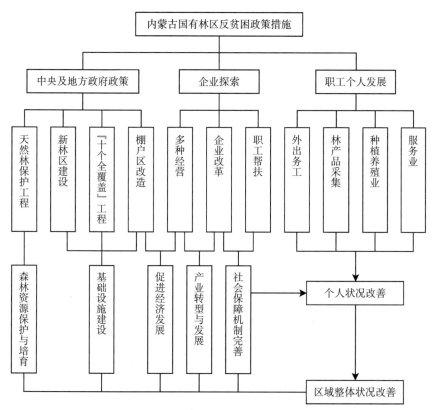

图 7-1　反贫困政策措施成效及运作机理

培育起到了关键作用。

天保工程是在国有林区森林资源超负荷开采，长期以来实行政企不分的体制，企业长期以来承担社会职能，负担过重，面临可采资源危机，木材调减和产品结构单一导致企业经济陷入困境，职工工资拖欠，基本生活得不到保障，陷入贫困的情况下，被迫实施的政策。国有林区在天保工程实施这一有利条件下，将原来用于木材生产组织的单位林场，变为管护站，专职进行森林资源管护，从上到下围绕森林资源管护工作进行。同时，利用每年的生长季节进行造林，森林资源得到休养生息，森林质量和数量实现了双增长，对于生态服务功能的发挥有着重要作用。此外，棚户区改造、与棚户区改造相结合实施的生态移居工程，减少了因生活所需对森林资源的破坏和使用，将林场职工从林场向城镇转移的措施使得林区无人区面积扩大，更有利于森林资源的保护和恢复。

二、提高基础设施建设水平

基础设施建设是人民生活的重要方面。长期以来，由于社会经济发展缓慢，国有林区无力进行基础设施建设，道路泥泞、交通不便、居住环境差等现实问题一直存在。新林区建设、棚户区改造、"十个全覆盖"工程等都是立足于提高国有林区基础设施建设水平，改善人民生活环境的角度出发实施的。

（1）新林区建设是在新农村建设的背景下实施的，从公平公正的角度出发，将长期以来基础设施建设落后的国有林区也纳入到工程实施范围内。新林区建设是从对林区职工群众生产生活影响最直接的改善生活工作环境入手，改变林区基础设施薄弱、生活条件简陋、工作环境脏乱差、生产方式落后、文明程度不高的局面，提高了林区人民的生活质量，对增强生态文明意识、规范职工群众行为方式、引导职工群众的价值取向产生潜移默化的影响，提升了林区生态文明形象。一系列的举措，使林区公共基础设施水平得到提高，改变了长期以来公共服务水平低的面貌。不仅提高了属地群众的生活质量，也为创建和谐文明新林区、发展林区生态旅游业奠定了良好的基础。

新林区的建设无论是资金来源，还是实施主体，都与属地新农村建设不同。新农村建设由自治区拨付给盟市，盟市拨付给旗县，旗县拨付给镇，再落实到村。而国有林区新林区建设的资金来源于国家林业局，拨付给自治区，由自治区拨付给盟市或森工集团，再由盟市或森工集团直接拨付给林业局。部分林业局在建设过程中与镇政府共同成立了地区综合治理委员会，联合出台了各项管理办法，对牛、马、羊养殖户规范牲畜饲养提出了明确要求，对破坏环境的行为明确了处理办法，形成了很好的治理机制。可以看出，虽然进行了社会职能剥离等改革，在国有林区基础设施建设上，林业局仍是实施和承担的主体，仍承担着社会职能。在建设过程中，资金需要配套解决，也需要在建设的各环节上进行管理和协调。

（2）棚户区改造工程的实施有效缓解了国有林区居民住房这一难题，是在政府基于刺激经济发展，拉动内需的目标和前提下进行的。具体实施是由实施单位通过招投标方式承包给地产开发商实施运作的，市场机制也发挥着主要作用。对于建筑业企业来说，仍是按照成本收益的原理获取所需利润，按照预算结果的收益或亏损选择是否投标，中标后获取的收益仍是无异于市场的正常收益。收益的资金由两部分组成，政府给予补贴款项和住户个人支付。对于国有林区住户个人来说，面临的选择是要不要购买居住。在政策和市场的作用下，棚户区改造住房的价格是确定的，如果个人手中的存款和可利用的资金、渴望享受更好的居住环境三者都能具备，则选择购买新的楼房居住，若有一条不满足则不会购买或居住。住户购买的住房面积超过政策规定的部分，不再享受国家政策补贴，仍需要按照市场价格购买和支付。

关注民生，解决好居民的住房问题是政府应履行的一项基本职能和任务。棚户区改造房屋主要提供给原先居住生活条件差的公民，属于低收入人群，通过政策补贴等方式，使其可以以低于市场价格的价格购买或租住与其他公民相对同等条件的房屋，或将原先房屋经过改造改善居住条件，为公民提供基本的房屋居住权，提高了内蒙古国有林区的基础设施建设水平，体现了社会公平性。

（3）"十个全覆盖"工程着眼于提高基本公共服务水平，解决牧区农村群众行路难、看病难、喝水难等问题，这一工程也惠及内蒙古国有林区，体现出地方政府对于国有林区建设和发展的支持，也从侧面反映出内蒙古国有林区基础设施和公共服务水平低，急需改善和提高的需求。对于内蒙古国有林区来说，基础设施建设有了进一步的提升，林区各林业局也以此为契机，加强与属地旗县的沟通对接，按照政府主导、企业配合的原则，进一步推进全林区的"十个全覆盖"工程。

三、完善基本社会保障体系

在天保工程实施、国有林区改革、国有林区对职工的帮扶政策内容中都涉及了社会保障体系的建立。天保工程实施过程中，与木材生产相关的岗位职工下岗分流，并且通过森林资源管护与培育等为职工提供就业岗位。在国有林区改革中，通过为职工办理养老、医疗等社会保险为职工提供社会保障，并将下岗和一次性安置人员的社会保障纳入地方事业管理的范畴。国有林区对职工的帮扶政策中通过帮助发展家庭经济、助学助医等提供保障。

四、促进社会经济发展

天然林保护工程促进了国有林区产业转型、国有林区多种经营产业的发展。家庭经济的发展，职工个人通过自身努力等过程中都促进了国有林区经济的发展。新林区建设、棚户区改造、"十个全覆盖"工程等则通过改善基础设施，拉动内需等方式促进了国有林区经济的发展。

以棚户区改造工程为例，在 2008 年全球经济危机的背景下，国家在刺激内需、促进经济发展的目标下，国有林区棚户区改造中，国有林区职工住房条件得到改善，购买的楼房住户在享受到良好的居住环境的同时，通过形成新的消费理念和产品服务需求构成，对当地经济发展起到了促进作用。生态移居工程与棚户区异地建设，鼓励林场职工从林场移居下山到林业局局址所在地或从林场和各林业局局址移居到牙克石、扎兰屯、海拉尔、根河所在地，在享受较好医疗、教育、公共服务的同时，也促进了当地城镇建设和社会经济的发展。

第三节　反贫困过程中存在的问题

一、政策涵盖范围窄

政策涵盖范围窄体现在两个方面：一方面，与其他区域相比，部分反贫困政策未覆盖到国有林区；另一方面，国有林区反贫困已有政策措施覆盖范围较窄。

（一）改革开放以来，我国将扶贫开发纳入到国民经济发展总体规划，反贫困取得了巨大成就，但这些扶贫开发政策侧重于在农村地区实施，并未将内蒙古国有林区涵盖在内

改革开放初期，体制改革释放出巨大的经济活力，贫困状况明显改善。1986~1993 年，针对当时农村发展落后的实际情况，实施专项扶贫，逐渐将重点从解决贫困人口短期的生存和温饱问题的救济式扶贫转变为注重提高贫困人群和地区发展能力的开发式扶贫。1994 年，国家出台的《国家八七扶贫攻坚计划》目标是解决剩余的农村贫困人口的温饱问题。2001 年，国家制定《中国农村扶贫开发纲要（2001~2010 年)》，开始实施大规模扶贫开发政策：实施区域总体发展战略；统筹城乡发展，工业反哺农业，实行强农惠农政策，并优先在贫困地区实行；建立和完善农村社会保障体系，农村低保制度、新型农村养老保险和合作医疗制度逐步建立；农村开始实施"两免一补"义务教育；实行整村推进、移民搬迁、雨露计划、产业扶贫等专项扶贫。2011 年，国家出台《中国农村扶贫开发纲要（2011~2020 年)》，进入扶贫攻坚阶段，将集中连片特殊困难地区作为扶贫开发的重要区域，力争到 2020 年，稳定实现贫困人口吃、穿等基本生活的脱贫，实现其义务教育、基本医疗和住房的保障。2013 年，习近平在湖南考察时首次提出，要"实事求是、因地制宜、分类指导、精准扶贫"。精准扶贫是要对不同的区域环境、不同的农户状况，实行精确识别、精确帮扶、精确管理的治贫方式，也即，谁贫困就扶持谁。通过扶持生产和就业发展、易地搬迁、生态保护、教育扶贫、低保政策等措施实现贫困人全部脱贫。在反贫困过程中还实行农业税费改革和粮农补贴，加大了农村地区基础设施建设投入力度，通过财政转移支付和专项扶贫增加对贫困地区的资金扶持。

目前，内蒙古 31 个国家级贫困县中，仅阿尔山属于内蒙古国有林区施业区范围，并且划入集中连片特殊困难地区——大兴安岭南麓山区。国家目前扶贫政策的实施，侧重于解决农村地区的绝对贫困和发展问题。国有林区一直作为城镇区域管理，并未涵盖在扶贫范围内，基础设施建设依然落后，自身发展能力依然很弱。国有林区的人口，作为城镇人口，并没有享受到各种扶贫政策，就业问题和社会保障也未得到全部解决。国有林区的最低生活保障制度也由于原来"林业"和"地方"二元化的管理体制，将与国有企业脱离关系，已纳入"地方"管理的人口遗漏，成为"两不管"人群。

（二）已有反贫困政策涵盖人群范围依然较窄

天保工程和企业改革过程中，部分职工通过分流实现再上岗，就业问题解决后，职工生活基本处于稳定状态，除非因特殊情况会陷入贫困。企业对职工帮扶，无论是家庭经济的扶持，还是最低社会保障救济方面，惠及的范围只包括在岗职工。而其他下岗和一次性安置人员，虽然企业在最初将这部分人群社会保险等政策保障归入属地管理范畴，但因失去工作岗位，无固定收入来源，养老、医疗等社会基本保险费用多数拖欠，甚至申请停保。但因原先身份属于"林业"，加之，林区居住分散、信息难以全面收集、身份尴尬等原因，"地方"并未将其纳入最低社会保障和扶持的范围，处于"两不管"境地。例如，棚户区改造工程的覆盖范围也是按照工作年限等条件划分，并不是所有"林业"人口都可以享受这一政策，而政策未覆盖的这部分人群实际上很大部分属于贫困人口。无论是就业问题的解决，还是最低社会保障、基础社会保障以及帮扶政策涵盖的人群范围依然较窄。

二、各层级目标不统一

在政策措施实施过程中，政府、企业、个人的目标并不统一，从而造成反贫困效果的减弱。以天保工程为例，天保工程的组织和管理机构是政府。就内蒙古国有林区天保工程实施来讲，中央政府中相关部委组成的天保工程领导小组，负责实施国家层面重大问题的决策；内蒙古自治区政府对全区天保工程的实施负全责，具体到部门则是林业厅负责全区天保工程的实施和管理；国有林区各林业生产单位则为具体的实施单位。

从各层面来讲，国家层面天保工程试图通过保护森林资源，使得气候等问题得到解决，维持经济社会的可持续发展。而就企业来说，则是为使森林资源得到恢复，有持续的生产原料供给，借助天保工程的实施，为职工谋福利，使职工生活和工资水平得到提高，使林区经济社会稳定发展。对于国有林区的职工来说，天保工程资金可以为其提供和增长工资收入。对于失去就业岗位，零就业家庭和一次性安置人员来说，大多认为天保工程的实施与自己并无关系，甚至出现不支持态度。森林资源保护的理念并未真正深入到国有林区的各层面，会影响到工程的顺利实施和目标的实现。

三、仍侧重于"输血"，而非"造血"

棚户区改造、新林区建设、"十个全覆盖"工程的目标在于改变林区群众生活环境，同时也影响当地社会消费结构，带动当地经济发展，但依赖于国家和政府投资和补贴的工程和政策，提高基础设施建设水平，虽是公共服务方面的改善，但仍是一种输血的行为。国有林区和人口的探索发展，也限于满足目前发展和生活所需。国有林区落后和贫困的面貌并未真正改变。

其原因在于，根据乘数效应，拉动内需是刺激经济发展的重要手段和政策。但是，国有林区自身发展能力较弱，依靠国有林区原有的力量和各方面的资源，无论从消费还是生产方面来说，都很难达到刺激经济发展的目标。产业发展是促进经济发展的重要和原始动力，但国有林区长期以来处于封闭管理状态和实行计划经济体制，无论是招商引资还是发展新兴产业，都有着很大的局限性。而如何破解林业与地方的二元体制，将国有林区纳入地方发展范围，结合林区丰富的生态资源优势和地方政府在招商引资等方面的经验和优势，发展适合的产业，是国有林区改革亟待解决的问题和重要内容。

第四节　目前扶贫政策措施的反思

我国的大规模扶贫工作已开展三十余年，大规模群体脱离贫困状态，成效显著。在扶贫政策实施过程中，在基础设施建设、产业发展、教育等方面，增加了对贫困地区的投入，促进了落后地区的发展，有利于整个国民福利水平的提高。加大对贫困地区的道路、水、电等基础设施投资力度，可以加快当地物流运转和人力资源流动速度，当地产品更快流向市场，当地富余劳动力流动更加顺畅，基础设施的完善也有利于吸引资本的进入，增加当地就业岗位，提高当地居民收入，增加当地财政收入。居民收入的提高意味着消费需求的增长。从消费乘数效应讲，消费拉动经济，大规模贫困群体摆脱贫困后，收入增加，其消费水平也随之提高，从而刺激投资的增长，有利于拉动社会的扩大再生产，对于经济的发展有促进作用。从财政税收的角度，利用财政税收进行贫困地区的扶贫，是进行二次收入分配，有利于缩小收入差距和保持收入的公平性，有利于国民整体福利水平的提高。根据边际消费递减规律，富人收入增加到一定水平后，其消费所占收入比例逐渐减少。穷人手中的1元钱比富人手中的1元钱，由于生活必需品的支出，消费的概率更大，并且从边际效用递减规律的角度，同样的1元钱，带给穷人的效用远大于带给富人的效用。因此，扶贫政策中资金的大规模投入，提高居民生活水平，促进当地社会经济发展，增加整体国民福利水平，都是有利和更为有效的。

扶贫政策不可避免地带有很强的负外部性。若没有扶贫政策的介入，资源衰竭区会自发形成具有地方特色的反贫困路径。地区政府出于增加财政税收的需要，会通过加强基础设施建设、招商引资、扶持特色产业等途径发展当地经济。目前，大部分资源地区由于对于资源经济发展的路径依赖，在发展制造业、农业、服务业等方面动力不足，存在着资源产业对于其他产业发展的"挤出效应"，而在资源衰竭的情况下，会形成自发倒逼机制，迫使地方政府探索适合当地发展的其他产业，改变产业结构不合理的状况，进行产业重构，摆脱"资源诅咒"困境。在所依赖的资源经济趋势下滑后，一部分居民通过培训教育等方式提高自身综合素质，适应当地新型产业发展的需要；一部分居民可以通过人力资源流动，到其他区域就业，从个人方面努力摆脱困境；一部分生态环境恶劣或脆弱地区的居民，出于生存需要，会随着资源的衰竭自发迁出原住地，实现自发异地搬迁，恢复和保护生态环境。而从资本逐利的本质讲，资源衰竭区无论是在政府政策还是劳动力成本方面都会为外来资本提供便利环境，而在面对现在市场竞争的日益强烈、超额利润率逐渐下降的趋势下，资本反而趋向于向资源衰竭区等落后和竞争较为缓和的地区流动。在培育新兴和接续产业过程中，鼓励创新，促进高新企业的发展，培育一批具有现代社会企业家精神的优秀企业家，加大吸引其他要素资本的进入力度。

在当前的扶贫政策下，国家的产业扶持、异地搬迁、教育扶贫等措施会对资源衰竭地区自发的产业重构、反贫困模式造成扰动，产生"挤出效应"。对于个人来说，理性经济人的内在本质的驱使，扶贫政策在一定程度上会培育和鼓励一部分"懒人"，使个人奋斗的动力弱化。例如，在精准扶贫政策的实施过程中，部分地区实行了干部或单位包村到户的扶贫模式，已经使得一部分贫困户形成坐等国家政策扶持的心态。通过产业扶持方式发放的生产资料，成为村民哄抢的对象，造成扶贫局面不稳定和不良的循环。因此，在扶贫政策的制定和实施过程中，应处理好自发摆脱困境模式与国家政策扶持之间的关系，实行适度的干预和引导，采用因地制宜的扶贫模式，鼓励贫困地区和个人主动发展和增强实力，摆脱困境。

第八章　反贫困机制构建

　　反贫困是一项长期而艰巨的任务。解决资源衰竭地区的贫困问题，最终消除贫困，单依靠目前以政府为主导的财政资金拨付的救济"输血"措施，不能从根本上消除贫困；资源型地区自身具有的弱质性和长期以来的历史积弊，决定了依赖于区域自身的发展进行反贫困，在近期内不能实现消除贫困的目标；贫困涉及社会公平、公正和社会保障的问题，而反贫困具有巨大的外部性，市场逐利的特性决定了单独靠市场经济自动调节也不可能实现反贫困目标。因此，资源衰竭地区的反贫困需要在分析当前面临的社会经济形式背景分析的基础上建立各方协作的综合反贫困机制。

　　内蒙古国有林区反贫困政策已初具雏形，基本社会保险制度的建立，救济政策的建立等，都是反贫困机制建立的前提和基础。但在建立和谐社会、实现生态文明的大背景下，内蒙古国有林区的反贫困问题面临着巨大的挑战。本章在对内蒙古国有林区反贫困所处的气候变化、生态功能区划定、国有林区改革、经济新常态等背景进行分析的基础上，提出反贫困应对的挑战和选择的对策思路，进而建立政府—市场双导向、国有林区和贫困人口参与的反贫困机制，让政府、市场、国有林区发挥自身的作用和优势，推进内蒙古国有林区反贫困进程，最终消除贫困。这一反贫困机制分析和建立的思路同样适用于其他处于资源逐渐衰竭困境的地区。

第一节　反贫困背景分析

一、气候变化

全球气候变暖已成为人类的共识。气候变化对于社会经济发展和生态系统的影响深远，成为世界关注的焦点问题。人类活动引起大气中温室气体浓度增加，主要有两种途径：一是煤、石油等化石燃料利用排放的温室气体；二是森林资源过度砍伐和土地过度开垦，使得地球固碳总量减少，能力减弱。为应对全球气候变暖，国际上采取的措施可以分为两方面：一方面节能减排，另一方面植树造林以增加地球的固碳量。森林生态系统是陆地上最为复杂的生态系统，可以通过土壤和植物光合作用实现与大气中二氧化碳和水的循环，将二氧化碳固定到植物体内。《联合国气候变化框架公约》中将保护森林，造林、再造林作为有效应对气候变暖的措施写入公约。并且指出，为了促使减排目标的实现，可以采取四种减排方式，这四种减排方式可以简单概括为两点：第一，一个国家温室气体排放量，可以与森林资源吸收的量相抵减。第二，国与国之间可以就排放额度进行合作，总体完成减排的目标，也可以就排放额度进行买卖，实行"排放权交易"，实现减排的目标。

目前，世界上许多国家和地区已建立了碳交易机制和市场，例如，英国碳排放交易体系（UKETS）、澳大利亚的新南威尔士温室气体减排体系（GGAS）、欧盟排放权交易体系（EUETS）、美国温室气体减排体系，此外，加拿大、新西兰、日本、印度等也先后出台了应对气候变化的政策制度，并建立了相应的碳交易体制。随着人们对环境改善的强烈愿望，全球碳交易市场的交易量和交易额呈不断上升趋势。2014年，全球碳交易量约为90亿吨，交易额为500.2亿欧元，平均价格约为5.6欧元/吨。

我国于1998年签署了《京都议定书》，与世界各国一起积极应对气候变化。

清洁发展机制（Clean Development Mechanism，CDM）是发展中国家参与减排的重要途径，指的是通过发达国家提供资金和设备在发展中国家境内共同实施减排和增汇项目，从而发达国家获得核证减排量，完成其承担的减排任务，同时发展中国家也获得了资金和技术的投资，促进了发展中国家的可持续发展。CDM 项目主要集中于低碳减排的新能源项目和以林业造林再造林的碳汇项目为主的生态系统减排。我国的碳交易体系起步较晚，于 2011 年启动了北京、上海、广东、天津等两省五市共 7 个碳交易试点。2015 年 9 月共同发表《气候变化联合声明》，提出我国将于 2017 年建立全国碳交易市场。我国森林资源自 1998 年以来实现了持续增长。林业是生态文明建设的主阵地，林业碳汇是碳交易的重要组成部分，是典型的生态产品。开展林业碳汇交易实质上是建立生态补偿机制，用市场化的手段推进植树造林、加强森林资源管护、增加森林资源量、保护生物多样性，为林业生产单位和个人增加收入。目前，已有发展较为成功的浙江省试点，华东林业产权交易所作为我国最早的林业碳汇交易试点，提出了林业碳汇结合政府转移支付制度创新生态补偿机制，推进碳汇交易。

内蒙古国有林区作为重要的生态文明建设基地，是我国最大的天然林集中连片区域，森林资源丰富，自 1998 年以来实现了森林资源数量与质量的"双增长"。应利用应对气候变化、建立碳汇交易市场的契机，继续以营林为主，保护森林资源，培育和管护森林资源，完善自身的资源与生产信息和平台，将其放入碳汇交易所，建立碳排放交易机制，为林区吸引和注入更多的资金和技术，创造更多就业岗位，减缓贫困，促进内蒙古国有林区可持续发展。

二、经济新常态

改革开放以来，我国经济出现了快速发展的良好势头，年均 GDP 增速达到 10%。在经过长期高速的发展以后，经济发展出现新常态，由高速增长进入中高速平稳增长时期。国有林区的经济社会发展是我国社会经济发展的重要组成部分，且以国有林业经济为主。在经济新常态下，顺利推进国有林区改革，实现林业产业结构转型与升级和经济发展，职工相对充分就业和收入增加，实现国有林区走出困境，实现其反贫困目标，是一个需要经过重大抉择的问题。

经济新常态下，内蒙古国有林区在反贫困过程中应寻找适合的经济增长点。根据资本的聚集和扩散效应理论，在原先高速发展的经济态势下，行业的资金需求竞争激烈，国有林区所获投资较少，但在经济的平稳增长时期，会使一部分资本和企业家寻求新的投资路径和增长点，以获取更大收益。应利用资本在其他产业领域和地区边际收益递减的契机，和目前生态产品理念逐渐深入和需求增长的时机，制定税收优惠等招商引资政策，吸引资金投向国有林区，促进经济社会发展。

三、生态功能区划定及大小兴安岭林区生态保护与经济转型规划

随着我国各项林业重点工程的实施和推进，我国的森林资源质量和数量都有了很大的提高，但从全世界范围看，我国依然是缺林少林的国家，根据全国第八次森林资源清查结果，森林覆盖率仅为 21.63%，生态环境依然较差，制约着我国的可持续发展。内蒙古国有林区是我国重要的、最大的国有森林连片区域，是松嫩平原和呼伦贝尔草原的生态屏障。根据国务院 2010 年发布的《全国主体功能区规划》，内蒙古大兴安岭国有林区属于大小兴安岭森林生态功能区，为限制开发区域中的国家重点生态功能区，功能定位是：保障国家生态安全的重要区域，人与自然和谐相处的示范区。因此，内蒙古国有林区反贫困应在生态功能区划定规定的基础上进行。地方政府的主要责任是生态建设和社会责任，对其经济指标GDP 考核的压力应降低。因此，根据实际谋求长期的适合国有林区的发展路径，实现生态与经济协调发展的探索有了很大的空间和余地。

四、天然林保护工程二期实施和全面停止天然林商业性采伐

天然林保护工程二期于 2011 年开始实施，指出要进一步加大继续管护和培育森林资源力度，同时用于管护和培育森林资源的资金扶持力度也相应加大。为了更好地保护天然林资源，国家林业局、财政部于 2014 年 4 月 1 日起，在黑龙江重点国有林区启动全面停止天然林商业性采伐试点，黑龙江龙江森工集团、大兴安岭森工集团全面停止天然林商业性采伐。2015 年 4 月 1 日起，内蒙古大兴安岭国有林区全面停止天然林商业性采伐。

虽然天保工程实施 10 余年来，在管护、培育资金上为国有林区增添了新的活力，森林资源质量和数量有了很大提升，民生也得到很大改善。但由于生态补偿机制并不完善，国有林区并没有得到应有的补偿和生态建设上更大的动力。为更好地保护天然林资源而实行的禁伐政策，使得森工企业失去了一项重要的收入来源，也会再次产生一批富余人员，产业结构的转型与升级并未完成。尽管有国家天保工程资金的支持，但无论是从资金数量，还是从覆盖的范围来讲，对于国有林区的需求来看，远远不足。从整体上来看，在可以预见的短期内，国有林区的贫困会进一步加剧。

五、国有林区改革

国有林区改革的讨论持续了很多年，各国有林区也不断在探索改革之路。内蒙古国有林区在实行政企分开，辅业改制，剥离社会职能等方面走在了前列。2015 年，国家出台了《国有林区改革指导意见》，指出国有林区改革的基本目标是：到 2020 年，基本理顺中央与地方、政府与企业的关系，实现政企、政事、事企、管办分开，林区政府社会管理和公共服务职能得到进一步强化，森林资源管护和监管体系更加完善，林区经济社会发展基本融入地方，生产生活条件得到明显改善，职工基本生活得到有效保障。并进一步指出，改革的任务之一是强化地方政府保护森林、改善民生的责任，妥善安置国有林区富余职工，确保职工基本生活有保障。国有林区的改革可以说是促进国有林区发展的倒逼机制。国有林区的反贫困应在国有林区改革的背景下，结合国家出台的政策下，争取有利条件制定反贫困的措施和机制。

第二节　反贫困面临的挑战与路径选择

从内蒙古国有林区反贫困面临的背景下，分析其面临的机遇与挑战，从而提出反贫困选择的路径。

一、反贫困面临的挑战

（一）财政资金紧缺的压力

国有林区改革指导意见中指出，要将国有林区的社会经济发展纳入地方发展规划范围。近年来，内蒙古救助资金规模有了很大的增长，但资金结构存在着不合理。比如，无论是新林区建设、棚户区改造还是"十个全覆盖"都侧重于对建筑基础设施的建设，而对于教育、医疗等公共服务提供方面存在着不足；对于贫困的消除手段仍处于"输血"扶贫资金的投入，而用于扶持产业发展等使得国有林区持续发展、自助摆脱贫困的"造血"资金不足。在经济新常态背景下，财政资金持续和大规模投入用于反贫困的压力更大，相对紧缺。

（二）经济增长和就业增长的压力

贫困的一个重要成因是经济社会发展缓慢或者经济的衰退，只有经济增长了，才会有产业和企业的蓬勃发展，才会产生更多的财政资金，才会有更多的财力物力用于反贫困，才可以提供更多的就业机会。若将寻找就业机会的人按照能力从高到低在工厂或办公楼外排成一个队列，综合生产能力越高则排队越靠前，能力越低则排队越靠后。而在经济增长的情况下，企业生产扩张，生产规模扩大，对劳动力需求相应会增加，厂商才有可能雇用排队较靠后的劳动力，生产能力最低的工人才会有机会获得就业机会。对于无生产资料的城镇人口来说，失业可能是一生中最严重的事件。一般情况下，大多数人依靠工作机会取得经济收入，并且从中获取成就感和社会归属感。失去工作机会意味着生活水平的下降，对未来生活的担忧，自尊的受挫。失业以及由此产生的社会问题是政策制定者、执政党、经济和社会学家必须面对的问题。从国有林区改革这一转折点看，内蒙古国有林区就业面临的形势不容乐观，就业岗位总量不足，就业结构不合理等影响就业的矛盾仍然存在。如：停伐后产业结构进一步调整，各林区面临进一步改革，就业岗位进一步减少，再次产生的一批富余人员、劳动力就业转移就业压力依然较大。所有这些都影响着内蒙古国有林区反贫困的进程和政策实施效果。

二、反贫困的路径选择

（一）生态文明建设必须将反贫困放在重要和突出的位置

我国在社会主义初级阶段的目标是建成富强、民主、文明的社会主义现代化国家，并且要在 2020 年实现全面小康社会。早在 1987 年，邓小平就指出"贫穷"不是社会主义。在消除两极分化和贫穷的基础上实现共同富裕，是建设中国特色社会主义的重要内容。

内蒙古国有林区的区域贫困是由于可采森林资源匮乏，产业发展落后和长期以来实行计划经济体制，而造成的基础设施落后，经济发展落后，人们生活水平较低等问题，是由于社会经济变迁和历史积累形成的。从贫困人口看，内蒙古国有林区除少量丧失劳动能力的弱势群体外，大部分的人口并非由于个人的某些弱势特征而沦落为贫困群体。当贫富差距扩大到一定程度，会使得贫困群体心理失衡，剥夺感增强，从而加剧社会矛盾，引发社会冲突，增加社会不稳定因素，不利于社会和谐稳定发展。

生态文明社会的建立需要每个社会成员从心理上认可和行动上支持。生态文明理念只有在成员的生存问题解决的基础上，才会得到认可和接受，从而产生行动上的支持。国有林区是我国重要的生态文明建设基地和木材储备战略基地，呼伦贝尔草原是华北平原重要的生态屏障。重要生态保护工程的顺利实施也有赖于人们的支持。因生存问题而对森林资源偷伐偷盗、对林下资源进行掠夺性采集、对野生动物偷猎，一系列的行为会对生态环境产生更为严重的破坏，影响到其生态功能的发挥。而一个生态环境恶劣，生态资源稀缺的社会，谈不上是生态文明社会。

（二）从以救济性政策为主转变为以救济政策为基础、开发政策为主

无论是各级政府对于国有林区的帮扶，还是企业对于职工的帮扶，都侧重于提高国有林区目前基础设施等水平的"输血"性政策和工程项目，在促进国有林区自身发展的开发政策方面则显得不足，需要引起重视，改变策略。把完善社会基本保障作为切入的着力点，构建以救济为基础，加强预防和开发性的政策的社会保障体系，是长期和可持续性的脱贫选择。

从前文的分析看，非林产业的发展不足，森林资源量不足，基础设施不足不仅是国有林区区域贫困的重要表现，也是国有林区陷入贫困的重要因素。应在培育森林资源的基础上，加快非林非木产业的发展，以促进社会经济发展，改善基础设施建设水平，为国有林区提供更多的就业岗位，实现较为广泛的就业。对于职工家庭来讲，人群陷入贫困的重要影响因素是就业，对于没有工作和丧失劳动能力的贫困者来讲，最低社会保障是其重要甚至唯一的生活和收入来源，社会保障的缺乏是导致其贫困的重要原因。而对于有劳动能力，但无固定工作岗位、收入不稳定的人群来说，没有足够的就业保障也是未来陷入贫困的潜在威胁。从总体上来讲，经济增长有利于减少贫困，但在经济增长率一定的情况下，不同人群的人均消费增长率可能出现大不相同的贫困削减情况。经济增长有利于就业岗位的增加，但就业的机会并不会平均分配给每一个劳动者，市场的逐利性和劳动者自身弱质性的共同作用下，劳动力在市场竞争中处于弱势，就业时就会处于被剥夺的边缘地位，收入依然得不到保障，生活水平依然较低。根据福利经济学理论，这一结果使得经济增长对于贫困减少的效果减弱。在确保经济整体增长的同时，制定侧重于贫困人口和零就业家庭的就业扶持政策，提供有效率而公平的社会就业政策，让每个有劳动能力的劳动者有业可从，通过就业参与到经济增长的产业发展中，共同分享社会发展成果，同时，也提高了社会整体经济福利，减少了社会贫困。

(三) 从收入贫困救助转向多方位贫困救助

目前，一个家庭是否享受最低社会保障政策主要由家庭人均收入是否低于低保标准来衡量和确定。从上文中对内蒙古国有林区收入和多维贫困的测量可以看出，以收入为标准界定的贫困，并不能全面反映国有林区贫困状况。有很多低保边缘家庭，甚至是属于中等收入家庭，人均收入标准虽然超过低保标准，但除去医疗、教育、生活等刚性的支出，实际生活水平更低，甚至负债。更有教育、健康、住房等生活状况很差的家庭。内蒙古国有林区的低保救助政策在很多区域并未将从原国有林业企业剥离、安置，脱离林业岗位的人员纳入普通城镇居民的家庭救助政策体系内。还有一些享受救助政策后仍困难的家庭，仍需要进行医疗、教育、住房等专项的救助。我国农村的贫困已经发展至精准扶贫，并且计划在

2020 年实现消除贫困，对于缺乏土地等生产资料的国有林区贫困人口来说，也应根据这一区域的贫困的实际情况，扩大政策覆盖范围，实行精准扶贫政策，针对不同贫困家庭的状况，将收入贫困救助扩展至多方位救助，将困难人群按照困难种类进行结构划分，制定专项的标准和政策，提供完善的帮扶体系。

第三节　反贫困机制构建

反贫困进程的推进有利于加快区域社会经济的发展，促进社会稳定和谐发展，构建内蒙古国有林区反贫困机制有利于加快其消除贫困的步伐。国有林区反贫困的进行应立足于生态文明建设，在以森林资源培育与管护和提供生态产品为主要任务的思想指导下进行。建立起政府—市场双导向、国有林区和人口参与的反贫困机制，政府主要在提供公共产品、制定政策法规和贫困标准认定等方面起导向作用，市场机制在国家制定产业等优惠政策的基础上，发挥产业引导和资本聚集作用，对建立多元化产业和市场主体方面起主导作用，国有林区和人口在参与基础设施建设、产业发展、提供劳动力等方面做出努力，促进国有林区区域经济发展，推进其反贫困进程。

一、政府导向机制

政府对于一国或地区的政治、经济、文化和社会公共事务的管理及发展，维护社会稳定和谐发展具有重要的作用。在内蒙古国有林区的反贫困中，政府职能主要通过公共服务提供、反贫困政策法规制定、对于贫困标准的认定等方面起到积极的作用，如图 8-1 所示。

（一）公共服务产品提供体制的完善与改革

内蒙古国有林区的基础设施、教育、医疗等公共服务的不足和缺失一直是发展中的薄弱环节。公共服务产品不仅总量短缺，而且质量、层次不高，所发挥的功能和效率也较低。内蒙古国有林区公共产品的提供不足，也是导致贫困加剧的

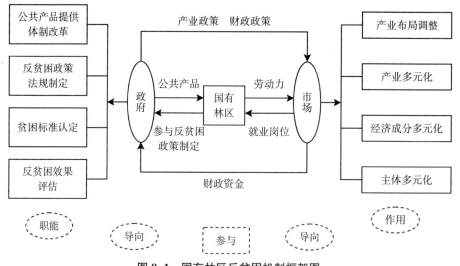

图 8-1　国有林区反贫困机制框架图

重要原因。长期以来，我国在城镇公共产品的提供上实行两套政策，国有林区的公共服务由国有林区内森工企业自行建设和提供，而其他地区城镇的含基础设施建设在内的公共产品由政府提供。国有林区的森工企业长期以来承担社会职能的状况使其经济利润很大一部分用于社会公共服务，职工收入增长缓慢。20世纪80年代后，企业陷入困境，各项基础设施建设和公共事业也基本处于停滞状态。在调研中，南木林业局的昆尼气林场2009年才实现通电，说明了公共基础服务的落后状况。

尽管已经进行了社会职能剥离的改革，但国有林区内大部分林业局仍然承担着基建、卫生、医疗等职能。例如，在内蒙古"十个全覆盖"工程实施时，除五岔沟、白狼外，国有林区内其余各林业局依然承担着建设任务，无论是在资金来源上还是责任任务完成上，依然是所在城镇的主要实施和落实单位。建立公平、合理的现代化公共产品供给体制是我国全面实现小康社会的必经途径。应进一步完善内蒙古国有林区的公共产品供给机制，破除"地方"与"林业"的二元化管理体制，将国有林区的公共产品提供纳入地方政府管理范围。摒弃长期以来形成的地方与林业分开的传统观念，从体制管理上和制度设计上给予国有林区平等的发展机遇和政策，为社会整体和谐发展提供制度保证。

对于我国国有林区普遍收入不高，人口基数较大的现状来说，想从根本上和较快地缓解国有林区的贫困现状，政府更多地投资于公共产品的提供不是唯一但是一个较快缓解贫困现状的明智选择。政府对于国有林区包括教育、医疗、道路、林业基础设施建设等方面公共产品和服务在内的投资，对国有林区经济增长和贫困的消除必然产生积极、重要的影响。对于促进林业经济增长、降低交易成本、增加国有林区居民收入、促进林区生态产品深加工的发展、促进林区就业的增长、带动收入增长、贫困的消除将产生积极的影响。

根据公共服务与产品的性质和类别，可以将公共服务分类进行经营服务。一般性的准公共品虽然在社会受益和生产者个人受益方面具有两重性，政府需要承担提供规划等方面的责任，但费用部分由受益者自身和政府共同承担。从内蒙古国有林区公共产品供给的现实看，政府应尽职责并未到位。首先，在制度上应彻底改变目前的二元化供给形式，将目前国有林业企业供给逐渐退出，变为由政府接管所有社会职能。在此基础上，运用经济激励政策鼓励民营机构和社会非营利组织提供准公共物品和服务。其次，应该在公共产品供给方面明确各级政府的责任和权力，清晰界定各级政府的权与责。对内蒙古国有林区公共产品供给体制的完善要求根据公共产品对国有林区所起经济作用的不同对公共产品进行合理分类。涉及长期性的、关乎国家全局发展的纯公共产品和外部性较强的准公共产品由中央政府承担，例如，国有林区提供的森林生态服务涉及我国北方的生态安全、河流的治理污染，以及水土保持、气候调节等。关乎区域发展、主要受益者为区域内单位和组织的主要由省级政府承担，地方性的主要由地方政府承担。

(二) 反贫困制度与政策法规的制定

自改革开放以来，我国已制定和颁布《国家八七扶贫攻坚计划（1994~2000年)》、《中国农村扶贫开发纲要（2001~2010 年)》、《中国农村扶贫开发纲要(2011~2020 年)》等一系列的扶贫开发计划与政策，使得我国贫困人口和贫困程度大幅度下降，扶贫成就巨大，推进了反贫困进程。但扶贫开发的对象和区域始终集中于农村，而对于处于偏远落后山区的"城不城，乡不乡"国有林区这一特殊区域始终未出台专门政策。虽有国有林区一直以国有林业经济发展为主要历史积累原因，但随着社会经济发展，国有林区的贫困已成为下一步发展面临的巨大障碍，单靠国有林区自身的探索难以走出困境。因此，需要制定专门针对这一困难区域的政策，包括两类：一类是专门针对贫困人口的政策措施；另一类是专门针对国有林区区域贫困的政策措施。

1. 建立专门针对国有林区这一特殊区域的反贫困政策和法律法规

长期以来，我国的反贫困政策一直依赖于国家和地方政府政策执行，具有灵活性。改革开放后实施的一系列政策虽对于反贫困起到了积极的作用，但也存在扶贫资金流失、效率不高等问题。无规矩不成方圆。在中共第十五次全国代表大会上，中共中央提出依法治国是党领导人民治理国家的基本方略。2014 年 10 月召开的十八届四中全会通过的《中共中央关于全面推进依法治国若干重大问题的决定》指出"推进多层次多领域依法治理"。发达国家的反贫困实践成功经验表明，区域开发需要有健全的法律制度作为保障。1961 年，美国提出的《地区再开发法》，将解决失业和经济落后问题列为全国性法案。1965 年，又连续出台了《公共工程和经济开发法》和《阿巴拉契亚区域开发法》，均具有区域指向性。1994 年国会通过的《联邦受援区和受援社区法案》，是一部较为系统解决不发达地区发展问题的法案。其他的发达国家（如意大利、英国、日本）和发展中国家也都有专门针对落后区域发展的政策，并以法律的形式确定下来，应借鉴反贫困政策法规在反贫困中的成功经验，用于内蒙古国有林区的反贫困。

国外对落后地区的政策法规，主要包括：大规模地投资用于基础设施建设，制定专门针对落后地区产业发展的长期规划和计划，制定针对落后地区发展的招商引资、税收等优惠政策，针对落后地区制定福利和社会保障法规等。政府也应针对国有林区出台基础设施建设投资计划与方案，制定适合国有林区发展的绿色产业发展规划和吸引企业落户于国有林区的优惠政策，针对国有林区收入低的实际情况，出台适合国有林区的福利和社会保障政策，并将这些政策规划以法规的形式固定下来，用于国有林区反贫困资金的使用和拨付等具体来源管理办法也包含在出台的法规中。

2. 国有林区贫困人口脱贫的政策措施

根据前文中内蒙古国有林区致贫原因分析，贫困人口主要分为有劳动能力但失去就业岗位的人员或家庭，因病或因就学致贫人员或家庭，无劳动能力或赡养者的人员。

（1）对于有劳动能力但失去就业岗位的人员，可以通过职业培训教育提高其文化素质和技能，使其在就业市场中提高竞争力，取得竞争岗位，获取收入来源。在产业发展过程中，在就业岗位提供上，制定针对贫困家庭人口就业的政策，鼓励企业雇用当地人口，专门留出一定比例的岗位优先考虑零就业家庭的人员上岗就业，对这类企业实行优惠政策或补贴。

（2）而对于丧失劳动能力的贫困人口，应用最低社会保障救济性政策来解决其基本生活问题。

（3）进一步完善医疗、养老等社会保障，根据内蒙古国有林区大批人口失去稳定就业岗位的实际情况，可以结合我国农村合作医疗和养老制度，通过降低保险费率等方法，制定出适合这一区域人口的基本社会保障制度。

（4）对于因其他突发状况致贫的人口，应借助当地金融市场，采取小额贷款或无息贷款的方式进行救助，增强其抵御风险的能力。

（三）贫困标准的认定、测度与效果评估

虽然国家已制定贫困线标准，但对于国有林区这一特殊区域来说，生活成本较高，目前的贫困线显然较低，应在对国有林区进行更大范围的普查后进行贫困线的确定。对于内蒙古国有林区人口贫困的标准显然不能单纯以收入标准确定，应从住房、健康状况、受教育程度等多维贫困方面进行考察和综合确定。在贫困标准确定后，才能对贫困的广度和深度进行测定，从而估算出脱贫所需资金。建立相应的反贫困效果评价体系和审计制度。

二、市场导向机制

在政府提供公共领域的产品和服务，建立了反贫困良好制度环境和基础设施的条件下，市场机制通过财政、税收等优惠政策发挥其资本和产业聚集作用，促进国有林区经济社会发展。在内蒙古国有林区的反贫困中，市场机制通过财政政策调整促进产业的发展，促进区域经济发展，为国有地区人口提供更多的就业岗位，从而起到反贫困的作用。对于区域发展来说，可持续和开发性的反贫困措施，可以改变以往以木材经济为主，国有经济占主导的状况，促进产业多元化和经济主体多元化发展。

（一）促进产业多元化发展

针对内蒙古国有林区培育和管护森林资源为主要任务的实际和地广人稀、偏远的特性，充分发挥森林资源丰富、生态环境良好、国有林区在改革中产生的剩余劳动力资源丰富的优势，发展生态特色产业，吸纳大量的劳动力，建立以生态为主导的现代林区绿色产业体系，实现由林业经济向林区经济转型。

内蒙古国有林区的市场化要以生态产品（含物质产品和生态服务产品）市场化和劳动力市场化为目标。产业多元化应该围绕产品的丰富和多样化进行。在国有林区全面停止天然林商业性采伐后，借助区域优势发展生态产业可提供的产品及服务主要有：利用良好的生态环境开展的森林旅游，利用森林资源采集的木耳、蘑菇等林特产品，林下种植、养殖业，育苗、林产品加工等产业。相对于其他地区，内蒙古国有林区在地理气候和交通方面处于劣势地位，交通问题可以通过加强基础设施建设解决，气候方面的劣势在于冬季寒冷漫长，可以为投资企业提供取暖方面的减免优惠或给予补贴。地方政府通过合理布局，对外招商引资，通过税收减免等政策吸引企业落户国有林区，从事生态产业的生产与发展。同时，应对原生态的林区特产进行深加工和品牌营销。另外，还可以借助传统木材生产和加工基地的优势，发展木材加工产业。国有林区木材加工业的衰落，一方面是由于加工原料的减少，另一方面是缺少宏观的引导和规划。木材加工产业是国有林区曾经的传统产业，这一传统产业的再次兴起对于国有林区来说会增加就业岗位，也可以更好地利用国有林区原有的熟练劳动力。因内蒙古国有林区靠近俄罗斯，而俄罗斯有丰富的森林资源，可以利用地缘优势开展木材加工产业。俄罗斯的地缘优势和中俄贸易的开放使得原材料的来源不再是加工业发展的限制条件。

（二）培育增长极，合理调整产业布局

应通过合理安排产业布局，进而培育新的经济增长点和相应的产业，带动区域发展。按照《大小兴安岭生态保护与转型规划》，将海拉尔作为内蒙古国有林区的中心增长极，将牙克石、阿尔山、扎兰屯、根河作为辐射增长区域，在此基础上出台建设林区 27 个中心小城镇的规划及具体计划，在充分进行市场调研和详细计划的基础上在不同的区域建立具有特色的产业基地，发展森林旅游业、冰

雪旅游业、物流业、绿色食品加工业、生物制药业、林木产品加工、特色山野菜生产与加工、农畜产品加工、特色养殖等产业。并以此为动力，进一步推进生态移居工程的进程，吸引深山林场住户和劳动力向中心城镇转移。

（三）重新调整区域社会布局

资源型地区的社会、社区及人口布局，在开发之初都是由资源的分布和开发计划决定的。随着资源型地区资源的趋紧和资源型产业的衰落，资源型地区的人口数量与社会布局都在发生着变化，一部分人群从区域内流向区域外，甚至在其他城市安家落户，一部分人群在国家政策的扶持下，出于生活的方便，也从山区向附近的小城镇聚集，资源采伐区人口逐渐减少，资源区域内总人口也呈减少的趋势。留在区域内的人口出现的贫困，主要问题在于，缺乏产业支撑和提供就业岗位。在以后的发展中应重新规划和调整人口布局，形成新的人口密集中心城区，在人口密集的基础上重新规划和布局产业，形成产业与人口的融合，更有利于国有经济成分外的其他经济成分和产业的发展。重新布局和调整后的中心城区无论是市场竞争还是产业的培育上都处于开放的状态，经济成分多元化，人口自由流动，按照市场机制自动配置，从而为劳动力提供更多就业机会和更多就业产业、地域选择，也为资源型地区经济的发展提供动力机制。

三、贫困地区参与机制

反贫困是以贫困地区和人口脱贫为目标而实施的一系列政策措施和行为，而贫困地区和贫困地区人口自身的发展才是真正摆脱贫困的有效途径。要做到高效率的反贫困就必须在充分了解地区发展状况和贫困人口信息的基础上进行。要充分了解信息，就必须重视国有林区群众和管理者提供的信息，做到尊重群众意愿，让贫困地区和人口参与到反贫困当中。贫困地区和人口异质性较大，每个家庭陷入贫困和贫困者脱贫的原因各不相同，因而在其脱贫需求方面表现出差异性，其需求结构也不同。要想通过异质性彻底解决贫困问题，必须深入当地了解居民生活和需求，与其沟通、交流，充分了解或获取信息。在贫困标准的确定、脱贫方式的选择、扶贫效果的评价等方面都需要国有林区和贫困人口的参与。地区的发展可以通过财政等优惠政策调整市场产业结构和产业布局，促进经济社会发展，国家和地方政府提供公平的公共产品，使得其基础设施建设、医疗、教育等水平得到提升。

国有林区区域和人口脱贫需要通过参与产业发展实现，通过促进产业发展获得更多财政资金用于基础设施建设，通过就业获得稳定的经济收入来源，提高生活水平。根据人力资本理论，人力资本的提升对经济社会发展有着长期的促进作用。本着教育扶贫的原则，应提高内蒙古国有林区劳动力素质，增强贫困人口脱贫的自主能力。利用产业布局和经济增长点的培养，结合国有林区林场撤并和棚户区异地建设，吸引人们向小城镇聚集，完成劳动力的转移，使国有林区的生态压力减小，扩大无人区面积，更进一步培育和保护森林资源，促进重点林区小城镇和增长极的社会经济发展。

第九章　结论及政策建议

第一节　研究的主要发现与结论

内蒙古国有林区是典型的资源衰竭地区，其发展历程及显现的贫困现象具有一定的典型性和代表性。上文以内蒙古国有林区为例分析得出的贫困是随着可采资源的匮乏产生的等结论，分析思路和分析结果同样适用于其他资源衰竭地区，将分析结果总结如下，以为资源衰竭地区贫困问题研究提供借鉴。

一、贫困是随着可采资源的匮乏产生的

对内蒙古国有林区发展历程进行梳理，分为森林资源未开发阶段、入侵者疯狂掠夺森林资源阶段、森林资源有计划开发利用阶段、森林资源危机阶段、森林资源恢复与保护阶段五个阶段。在梳理过程中发现，第一个阶段：因森林资源采伐量少，进入人口少，并未对森林资源形成破坏，内蒙古国有林区处于自然循环状态，物质的缺乏是社会的发展状态。

第二个阶段：森林资源遭到掠夺性采伐，处于社会动荡时期，国有林区还未形成。

第三个阶段：森林资源在国家计划经济体制下，得到有计划开发利用，为国家经济建设提供了大量木材。由于生产建设需要，国有林区内人口快速增长，林产工业也得到发展，并形成集教育、医疗、基础设施建设于一体的完整的社会经

济体系。国有林区处于高就业、低收入的状态，相对于这一时期农村地区由于自然灾害出现的"饥荒"，国有林区发展较快，人们生活水平相对较高，这一时期属于发展的辉煌时期。

第四个阶段：由于日俄统治时期对森林资源的大量掠夺，新中国成立初期的重采轻育，可采森林资源量逐渐减少，出现森林资源危机，从而引起国有林业企业的经济危机，国有林区生产建设停滞不前。生产原料的减少也使得林区内就业岗位急剧减少，出现大批下岗失业人员，职工生活陷入困境。

第五个阶段：因环境的恶化和森林资源巨大的外部性，国家开始实施天然林保护工程，内蒙古国有林区全部纳入工程实施范围。天保工程资金用于森林资源的保护和培育，林区基础设施建设，民生等方面。这一阶段森林资源质量和数量开始提升，基础设施建设开始恢复。由于引导和支持产业转型，下岗的职工得到部分一次性安置资金，生活状况有所好转，贫困状况有所缓解。但由于历史积弊较长，这一状况并未完全解决。可以看出，内蒙古国有林区的贫困是随着可采森林资源的变化而变化的。

内蒙古国有林区贫困现状的具体表现为：内蒙古国有林区林业社会总产值及增长速度低于全国水平；林业产业结构不合理，第二产业、第三产业比例较低；职工收入水平无论与全国林业系统在岗职工工资水平比较，还是与内蒙古城镇职工收入水平相比都显得较低，下岗和一次性安置职工的生活更加困难；由于80年代出现的"两危"，国有林区无力对基础设施进行改善和建设，长期的历史积弊，使得虽然近些年有所改善，但基础设施建设仍然落后；企业生产效率虽然在天保工程二期后有所提高，但整体上看还处于较低水平，劳动力和资金都未发挥出应有的效应水平。内蒙古国有林区贫困特点为：可采森林资源匮乏，对森林资源依赖程度大；人力资源素质较低，用人留人机制不完善；思想观念落后；计划经济体制色彩依然浓重。

二、贫困是宏观环境与微观主体共同作用的结果

内蒙古国有林区贫困发生的主要原因有：可采森林资源引起的企业经济危机和产业结构调整，产权制度安排造成的企业效率低，社会负担沉重，个人生

产资料稀缺，国有林区自然区位劣势造成的接续产业发展不足、林地生产力低等。此外，还有国家投入和支持不足，导致地区发展落后、社会保障体系不健全、收入分配不公等。内蒙古国有林区贫困是宏观环境和微观主体两方面共同作用的结果，会影响社会安定和谐发展、经济政策的实施效果，还会影响森林资源的保护效果。

三、资源衰竭地区贫困程度较高

本书通过将国有林区产值、产业结构、职工收入等与其他国有林区或内蒙古平均水平相比较，说明了内蒙古国有林区较其他地区贫困的状况。基于 607 户国有林区家庭调研数据，对内蒙古国有林区收入贫困和多维贫困进行测量。国有林区职工属于城镇人口，因此将国有林区的贫困归为城镇贫困，属于相对贫困范畴。测定出内蒙古国有林区收入贫困发生率为 8.07%，高于内蒙古自治区公布的 2014 年全区贫困发生率 7.3% 的水平。通过建立含教育、健康、生活水平 3 个维度 8 个指标的多维贫困指标体系，多维贫困发生率为 43.16%，高于已有研究中重点国有林区多维贫困发生率 35.7% 的水平。单维分析结果中，卫生贫困发生率为 50.9%，饮用水贫困发生率为 46.13%，燃料贫困发生率为 43.49%，也高于其他地区水平。

四、产业结构是否合理、可利用资源量多少对区域贫困影响最大

通过建立包含经济、社会、生态 3 方面共 22 个指标的内蒙古国有林区贫困综合指标体系，并利用 2004~2014 年 27 个林业局面板数据，采用因子分析法，利用 SPASS 17.0，进行计算分析，提取出 8 个公因子：产业结构与资源量因子、森林资源生态潜力因子、就业与发展因子、人均社会因子、生活水平因子、营林与教育水平因子、第二产业因子、企业经营因子。其中，产业结构与资源量公因子、森林资源生态潜力公因子分别为第一、第二公因子，对综合贫困指数得分的累计贡献率达 40% 以上，也就是说非林产业产值比重、第三产业产值比重、人均木材产量、人均森林管护面积、生态旅游人数、人均非木质林产品产量、年造林面积等对内蒙古国有林区的贫困有着重要影响。

五、就业是人口贫困的重要影响因素

基于内蒙古国有林区 607 户有效家庭调研数据，对人口贫困的影响因素进行分析。实证分析结果表明，家庭收入贫困的影响因素主要有：家庭在岗人数、家庭中是否有科级及以上干部、有无兼业、户主年龄等，但仅家庭在岗职工人数一项对家庭收入贫困有显著影响，家庭中每增加 1 名在岗职工，该家庭陷入收入贫困的概率降低 1.8989。对多维贫困影响因素实证分析结果表明，家中是否有干部对是否属于多维贫困户影响最大，其次是所在社区、家中在岗职工人数、年龄。家庭若是领导干部家庭，则陷入多维贫困的概率降低 1.4160；居住在局址比居住在林场陷入多维贫困概率降低 0.7587；每增加 1 名在岗职工，该家庭陷入多维贫困的概率降低 0.7186；户主年龄每增加 1 岁，陷入多维贫困的概率增加 0.0560。若家庭为干部家庭，且该家庭这名干部不存在失业下岗的情况，居住在局址，享受的公共服务更好，所以陷入多维贫困概率要低于居住在林场的家庭。而家庭中在岗职工人数又成为影响家庭陷入多维贫困的重要影响因素。若有固定的就业岗位，有固定的收入来源，则家庭生活水平会更高，也有机会享受更好的住房、拥有更多的财产、享受更好的医疗和教育等公共服务。

六、反贫困需要政府、市场、个人的共同努力

对内蒙古国有林区的发展历程，以及贫困发生机制进行分析，结果表明，内蒙古国有林区贫困的发生与森林资源的变化相关，是产业结构发生变化的结果。国家和地方政府在内蒙古实施了天保工程、新林区建设、棚户区改造，以及国有林区自身和职工个人为了摆脱困境进行了一系列探索，但由于历史积弊较长，国有林区困境并没完全消除。

基于内蒙古国有林区目前反贫困面临的全球气候变暖、生态功能区划定以及大小兴安岭生态保护与经济转型规划、天保工程二期实施和全面停止天然林采伐、国有林区改革和经济新常态的背景，在国有林区目前以生态建设为主要任务和生态文明建设思想指导下，建立政府和市场双重导向，国有林区参与的反贫困机制，才能使反贫困路径成为可持续的行为，促进我国到 2020 年全面建成小康

社会目标的完成。因反贫困具有巨大的外部性，因此需要政府从公共管理的角度，发挥应有的作用。政府应从公共产品提供体制完善与改革、反贫困制度与政策法规的制定、贫困标准认定、测度与效果评估方面做好应有职能的发挥。因国家财政资金的紧缺，从反贫困可持续和彻底性的角度，市场机制应在国家职能发挥的基础上，通过税收、财政补贴等发挥作用，调整和促进产业发展，促进区域经济社会发展。为贫困人口提供就业岗位，以此促进贫困人口的脱贫。反贫困是以贫困地区和人口的脱贫为目标的行为，因此，应在对国有林区区域发展现状和贫困人口的意愿及需求充分了解的基础上进行，让地区和人口参与贫困标准制定、脱贫方式选择、效益评价等环节。通过产业的发展，带动贫困人口就业，使其获得稳定收入来源；通过教育培训，使其技能提高，在劳动力市场竞争中获得竞争力。通过生态移民等方式，引导国有林区剩余劳动力向周边增长极和中心城镇转移，实现反贫困的效果，最终消除贫困。

第二节　政策建议

上文中以内蒙古国有林区为例，从宏微观两个层面分析中发现的问题，提出完善社会保障体系、建立合理生态补偿机制、加快体制改革、保护和利用并重的国家公园体制等对策建议。其他资源衰竭区域在发展过程中同样存在社会保障体系不完善、合理补偿机制未建立、体制改革落后、重利用轻保护等问题，因此提出的对策建议对资源衰竭区域的反贫困具有普适性和代表性。

一、进一步完善社会保障体系，是反贫困工作的重要基石

国有林区社会保障体系是我国社会保障体系的重要组成部分，是国有林区反贫困的重要组成部分。在内蒙古国有林区调研过程中，发现在岗职工由单位统一扣缴各项保险费用。不在岗人员虽在实施天保工程，内蒙古国有林区改革时，将人员纳入属地城镇社会保险体系范围，但由于保费费用较高，很多人员选择不缴

纳或拖欠。这部分不在岗人员也分为两类：一类是接受一次性安置，获得安置费用的；还有一类是原先国有林业企业中的混岗老知青和大集体职工，一次性安置政策并没有覆盖到这部分人员，没有领取到一次性安置费用。在天保工程实施下岗人员分流时，这部分人员大多已接近退休年龄。还有部分40岁左右的人员，由于劳动能力较弱和文化素质较低，在下岗后存在工作难、养老难等问题，生活处于贫困状态。而这部分人口数量众多，居住分散，加之属地政府部门财政资金不足，这部分林业人口往往被城镇居民最低生活保障也即低保政策遗漏。由于疾病、年老而丧失劳动能力的贫困人群可以通过依靠政府财政资金支撑的最低生活保障制度解决其生存问题，在下一步的社会保障体系建设工作中，应对林区人口的最低保障人群进行调查和覆盖。

对于有劳动能力但因无就业岗位，生活无固定收入来源的人群，应通过加快地区经济和产业发展，引导其就业，实现有稳定收入来源。在目前普通城镇社会保障体系下，个人需要缴纳全部的费用，这部分费用对于无固定工作岗位的原林业人口来说过高。应在现有体系下对医疗、养老等社会保险体系，根据不同的人群进行划分。对于林业人口这一特殊群体，在过渡期内，实行政策倾斜，给予照顾，采取低保险率的方式使其投保，缴纳保险费，使未来医疗、养老有所保障。医疗和养老保险的缴费额度，可以参照现行的属地内农村医疗和养老保险制度执行。对于其就业岗位不稳定的现象，应建立灵活的社保机制。很多人员长则三到五年，短则半年在同一单位或企业就业，但就业岗位不稳定，用人单位并不承担这部分人员保险费用的缴纳。为使这部分就业人员的利益得到保障，使用人单位或企业应承担起社会保险费用单位应缴纳的部分，政府应建立灵活的社保缴纳机制，使其在就业期内利益得到保障。

二、建立合理的资源税费和生态补偿机制，为反贫困注入新的活力

内蒙古国有林区不仅要承担起生态建设的任务，更要考虑到区域内社会经济的发展。解决区域内人口的贫困问题，是社会经济稳定发展的前提。国有林区长期以来的资源危机和经济危机的"两危"局面并未从根本上改善，而作为重点生态功能区，国家长期以来也忽视对其在国家生态安全、经济社会可持续发展中所

起的作用、所做的贡献进行补偿，导致国有林区在生态建设的同时，无法顾及自身发展建设（因为地处偏远，属地一般为地方镇政府，无力承担经济社会建设成本，国有企业通常依然承担基础设施建设等社会责任，以提高职工生活水平为己任）。生态建设是多方面的内容，目前国有林区仅将森林资源的培育和保护作为主要内容和任务，也是由于资金的不足。2015 年 4 月全面停止天然林商业性采伐的政策，也使得"木材经济"发展受到极大限制，与其他地区的发展水平差距更大。长期生态补偿的缺位会挫伤国有林区政府、企业、居民的生态建设的积极性。为使其更好地实现生态建设的目标，国家及其他受益者应给予相应的生态补偿。目前，在内蒙古牧区已经实施了生态补偿机制，集体林区也已启动生态效益补偿机制，而国有林区在对周边农牧业发挥巨大生态功能作用的现实条件下，并未得到补偿。因此，应积极推进国有林区的生态效益补偿机制建立，给国有林区注入生态建设的动力，加快反贫困步伐。

三、加快体制改革步伐，是摆脱贫困的必然选择

根据 2015 年国有林区改革方案，要将国有林区的脱贫纳入到地方政府范围内，并且负全责。大部分森工公司分布在内蒙古呼伦贝尔市、兴安盟共 9 个旗县（市）的镇，这些森工企业按现有的企事业单位属正处级单位，而所在地属镇（科）级建制。由于原先林区开发建设初期先有森工企业后有地方建设，再加上本身地处偏远，镇政府财政实力较弱，在一些地方如乌尔旗汉镇等地方出现了企业将卫生、基础设施建设等职能剥离交付给地方镇政府以后，由于镇政府无力承担又返还给森工企业的现象。目前，内蒙古国有林区改革方案已经出台，社会职能剥离，加快国有林区产业转型与发展，将国有林区经济社会发展纳入地方政府发展规划，使国有林区与其他地区享受同等水平的政策支持和公共服务，是国有林区向前迈进的一大步，是国有林区摆脱贫困的必经之路和必然选择。

四、建立国家公园体制，反贫困同时有效保护和利用资源

国家公园体制始于美国。自 1872 年世界上第一个国家公园——美国黄石国家公园建立以来，全球已有 200 多个国家和地区先后建立了国家公园，是目前全

球使用面最广的保护地模式。虽然各个国家的管理机构对国家公园建立使命有不同的表述，但其核心理念是保护自然资源的永续利用和为人民提供游憩机会，国家公园的本质属性是公益性。在管理体制上，无论是地方自治还是中央直管，每个国家公园只有一个唯一的管理者。从经费看，国家公园的资金主要来自于各级财政。经营机制上，不以盈利为目的，并不鼓励营利性的经营活动，经营活动大都实行特许经营制度。在我国建立的自然保护区、风景名胜区、森林公园、地质公园也都是在以保护为基础前提的条件下建立的，但这些不同称谓的保护地由不同的政府部门管理。在保护地域内的各项工作也实行条块化分割，以经济导向为发展理念，大多被赋予增加地方财政收入和发展地方经济的使命目标，资金来源主要是自筹经费和银行贷款。在这种状况下，在保护地域内进行的游憩休闲活动，很少考虑到生态环境承载力。为了创收，大规模建设住宿、餐饮、商业、游乐设施等行为对生态环境造成了破坏，并不是可持续的行为。2015 年 5 月 18日，国务院批转《发展改革委关于 2015 年深化经济体制改革重点工作意见》提出，在北京、吉林、黑龙江、浙江、福建等 9 个省市开展"国家公园体制试点"。发改委同中央编办等 13 个部门联合印发了《建立国家公园体制试点方案》，提出了试点目标：试点区域国家级自然保护区、国家级风景名胜区、世界文化自然遗产区、国家森林公园、国家地质公园等禁止开发区域（以下统称各类保护地），交叉重叠、多头管理的碎片化问题得到基本解决，形成统一、规范、高效的管理体制和资金保障机制，自然资源资产产权归属更加明确，统筹保护和利用取得重要成效，形成可复制、可推广的保护管理模式。并与美国保尔森基金会签署《关于中国国家公园体制建设合作的框架协议》，启动为期 3 年的中国国家公园体制建设合作。

内蒙古国有林区的主要任务是以生态建设为主，保护和培育森林资源，发挥更大的生态效益。内蒙古国有林区内目前有内蒙古阿尔山国家森林公园、内蒙古莫尔道嘎森林公园、内蒙古红花尔基樟子松国家森林公园等 11 个国家森林公园，面积达 4550.28 平方千米；内蒙古辉河国家级自然保护区、内蒙古红花尔基樟子松林国家级自然保护区、内蒙古达赉湖国家级自然保护区等 5 个国家级自然保护区，面积 13388.08 平方千米；国家地质公园 1 个，为阿尔山国家地质公园，面积 814 平方千米；国家级风景名胜区 1 个，扎兰屯风景名胜区，面积 475 平方千米。这些都属于限制开发区域，面积共计 19227.36 平方千米。由于资金经费问题和地方经济社会发展的压力，这些区域内的管理和经营部门均在以经济为导向目标下进行大规模景区建设和经营，发展森林旅游，相比其他产业，实现了较大的经济收益。但对森林资源造成了一定破坏，区域内多部门条块化的分割管理，也使得保护地内管理混乱。国家公园体制的实行，在保护森林资源的基础上，实现了生态旅游的可持续发展，更好地促进了社会经济发展，提高了国有林区反贫困效率。

第三节　未来研究展望

贫困问题研究是一项复杂和综合性的工作。由于个人能力和客观条件所限，本书仅在设定的研究范围内进行。在研究过程中发现，未来的研究可以从以下几个方面进行：

（1）资源地区贫困标准的制定。国有林区等资源衰竭地区作为特殊的区域，在反贫困过程中一直处于边缘区域被弱化和忽视，无论是开发式扶贫，还是精准扶贫都未将该区域作为重点区域。贫困标准制定并不完善，也没有定论，本书仅是一个尝试，在未来的研究中应在更为广泛的调研基础上制定和研究这一标准。

（2）不同类型资源地区的反贫困问题。资源衰竭区区域范围较大，各地区贫困的形成和特征也具有较强的个体性。本书在充分调研和研究基础上，对各具体区域的反贫困提出合理的政策建议，采取不同的反贫困措施。

（3）资源地区剩余劳动力转移。就目前的发展看，资源地区其他产业发展基础薄弱，自身发展能力依然较弱。就业问题是资源地区在产业转型过程中人口陷入贫困的重要影响因素。产业升级与转型过程中，产生了新的富余人员，是未来陷入贫困的潜在人群。新产生的富余人员和已有的富余人员如何通过剩余劳动力转移实现就业、脱贫，是一个重要的研究课题。

附录 I

面板数据因子分析原始数据

年份	林业局	X_1	X_2	X_3	X_4	X_5	X_6	X_7	X_8	X_9	X_{10}	X_{11}	X_{12}	X_{13}	X_{14}	X_{15}	X_{16}	X_{17}	X_{18}	X_{19}	X_{20}	X_{21}	X_{22}
2004	阿尔山	0.475	0.673	0.209	0.660	0.218	0.122	7597	70.3	3.5	6.560	0.216	4.361	0.057	0.144	359	22.174	16.165	5.089	0.307	35500	8065	6861
2005	阿尔山	0.587	0.220	0.186	0.736	0.125	0.139	9122	70.3	16.6	7.331	0.246	18.124	0.046	0.100	237	22.444	16.363	7.164	1.673	45000	671	6541
2006	阿尔山	0.850	0.424	0.589	0.417	0.369	0.214	7967	46.9	23.7	8.609	0.224	18.468	0.056	0.074	180	22.823	16.639	3.139	1.740	28000	2342	6186
2007	阿尔山	0.834	-0.088	0.366	0.479	0.222	0.299	5103	65.6	11.6	9.692	0.240	19.815	0.063	0.079	217	24.539	17.890	3.421	19.010	85700	1572	6959
2008	阿尔山	1.524	0.708	0.489	0.365	0.486	0.148	6900	66.5	1.9	11.819	0.200	21.208	0.080	0.069	1059	26.310	19.148	3.672	2.913	98546	655	5562
2009	阿尔山	0.997	-0.600	0.431	0.594	0.241	0.165	5673	73.2	-11.3	12.397	0.479	34.705	0.082	0.261	5891	43.054	31.334	5.982	4.618	81000	328	5833
2010	阿尔山	1.407	0.380	0.522	0.448	0.477	0.074	9173	75.8	1.9	16.426	0.601	35.480	0.099	0.379	17241	44.015	32.033	6.704	0.000	141500	90	6380
2011	阿尔山	1.630	0.151	0.569	0.431	0.019	0.550	4968	71.7	22	22.566	0.525	40.392	0.117	0.306	1398	44.308	37.001	3.875	0.000	158000	14	22000
2012	阿尔山	2.063	0.266	0.497	0.556	0.039	0.405	2045	71.5	-2.7	27.218	0.475	40.392	0.125	0.304	5058	44.308	37.001	3.708	3.603	255000		6004
2013	阿尔山	2.212	0.061	0.451	0.271	0.056	0.673	1772	71.7	0	30.248	0.469	81.668	0.133	0.296	6269	89.585	37.405	0.001	563.701	400000	153	3667
2014	阿尔山	4.795	1.135	0.752	0.151	0.110	0.739	138	74.5	1.5	34.729	0.763	90.149	0.229	0.286	3782	90.923	33.717	0.000	17.304	750303	167	4668
2004	绰尔	0.680	0.103	0.131	0.638	0.254	0.108	8051	74.5	0.4	5.684	0.364	9.562	0.072	0.165	319	77.067	21.158	8.143	81.446	0	5000	10000
2005	绰尔	0.817	0.098	0.106	0.688	0.221	0.091	7653	74.5	3.9	6.284	0.395	10.467	0.073	0.195	110	84.360	23.160	9.344	55.464	0	427	11180

续表

年份	林业局	X_1	X_2	X_3	X_4	X_5	X_6	X_7	X_8	X_9	X_{10}	X_{11}	X_{12}	X_{13}	X_{14}	X_{15}	X_{16}	X_{17}	X_{18}	X_{19}	X_{20}	X_{21}	X_{22}
2006	纯尔	1.236	0.513	0.324	0.588	0.254	0.158	10365	61.1	11.4	7.857	0.402	10.467	0.104	0.112	490	72.172	23.161	9.355	58.135	0	200	11095
2007	纯尔	2.243	0.742	0.230	0.365	0.197	0.120	10600	78.9	26.5	8.489	0.409	10.908	0.107	0.113	565	75.216	24.137	9.708	42.318	0	200	10533
2008	纯尔	2.875	0.285	0.583	0.345	0.506	0.149	6574	82.6	14.4	12.298	0.281	10.950	0.123	0.093	374	87.681	24.072	9.752	18.860	1000	200	12404
2009	纯尔	1.846	-0.500	0.397	0.531	0.370	0.100	9254	80.1	-2.3	13.036	0.507	19.619	0.102	0.325	4249	113.823	30.923	12.222	24.227	0		10714
2010	纯尔	2.731	0.476	0.588	0.413	0.570	0.017	11998	82.6	6.8	15.422	0.631	20.655	0.156	0.480	3753	114.095	30.997	13.158	0.000	0		11331
2011	纯尔	2.946	-0.156	0.612	0.388	0.609	0.003	6314	87	2.9	23.010	0.693	26.392	0.150	0.524	6283	145.785	49.416	7.897	0.000	0	133	20000
2012	纯尔	3.765	0.268	0.542	0.555	0.323	0.122	6897	82.7	36.5	27.510	0.514	26.591	0.124	0.514	5616	114.795	49.789	7.977	0.118	6000		22667
2013	纯尔	4.780	0.253	0.535	0.466	0.402	0.132	5480	77.1	7.8	30.536	0.508	26.935	0.126	0.508	3422	116.276	50.432	8.625	0.120	10000	267	22133
2014	纯尔	6.260	0.306	0.514	0.436	0.375	0.189	3570	73.6	14	34.937	0.614	27.018	0.126	0.498	3053	116.639	50.589	7.910	7.193	10000	333	22670
2004	纯源	0.838	0.140	0.208	0.752	0.125	0.122	4418	80.7	5.5	6.777	0.333	9.611	0.167	0.099	248	66.584	29.826	9.290	2.589	0	200	5992
2005	纯源	1.058	0.278	0.179	0.813	0.092	0.094	4938	80.7	7.2	7.600	0.329	9.498	0.177	0.245	449	65.806	29.477	9.173	100.414	0	7700	6024
2006	纯源	1.611	0.525	0.443	0.646	0.093	0.261	7594	60.4	19.8	8.608	0.318	9.486	0.170	0.161	301	66.448	29.438	9.192	78.252	18000	667	6279
2007	纯源	1.699	0.051	0.427	0.624	0.075	0.301	5004	84.2	21.6	10.010	0.320	9.520	0.184	0.158	183	66.691	29.545	9.068	73.531	67500	267	6534
2008	纯源	2.454	0.351	0.275	0.591	0.090	0.320	11359	91	20.9	11.612	0.302	10.177	0.200	0.150	149	71.289	31.582	9.847	78.731	5000	333	6278
2009	纯源	1.970	-0.422	0.304	0.895	0.000	0.105	5586	95.1	-7.7	12.773	0.611	17.490	0.281	0.274	3459	99.003	43.860	13.690	109.338			6251
2010	纯源	2.343	0.207	0.310	0.809	0.012	0.178	6055	91.9	10.8	15.200	0.709	18.242	0.265	0.418	3721	97.535	53.548	14.211	0.000	22500	200	11333
2011	纯源	1.881	-0.159	0.238	0.762	0.000	0.238	5051	89.4	11.3	21.700	0.769	20.311	0.146	0.509	4128	93.174	51.158	7.066	0.000	28000	175	9987
2012	纯源	2.451	0.323	0.195	0.813	0.000	0.187	3812	91.1	63.7	27.258	0.712	23.813	0.178	0.470	4941	91.749	50.376	7.092	0.000	11000		18668
2013	纯源	2.997	0.250	0.229	0.683	0.168	0.148	3590	90.5	15.7	30.159	0.687	25.524	0.204	0.450	2568	89.773	49.291	6.455	30.418	10000	150	20000
2014	纯源	3.756	0.279	0.186	0.638	0.048	0.314	3613	84.4	53.2	34.556	0.620	26.154	0.225	0.437	1813	110.628	48.275	6.324	55.717	6000	267	19336
2004	乌尔旗汉镇	0.909	0.389	0.262	0.525	0.266	0.210	20174	75.9	7.1	6.348	0.282	10.804	0.133	0.223	188	62.302	23.717	8.633	7.275	0	4289	10067
2005	乌尔旗汉镇	0.900	-0.016	0.270	0.550	0.238	0.212	10833	75.9	9.6	7.171	0.284	10.494	0.142	0.171	381	62.690	23.865	8.609	6.536	0	339	11142

续表

年份	林业局	X_1	X_2	X_3	X_4	X_5	X_6	X_7	X_8	X_9	X_{10}	X_{11}	X_{12}	X_{13}	X_{14}	X_{15}	X_{16}	X_{17}	X_{18}	X_{19}	X_{20}	X_{21}	X_{22}
2006	乌尔旗汉镇	1.499	0.666	0.399	0.519	0.232	0.249	15243	53.9	16.5	8.205	0.302	14.443	0.146	0.142	296	61.905	30.169	10.522	7.738	4000	213	10493
2007	乌尔旗汉镇	2.103	0.368	0.275	0.588	0.144	0.268	21258	61.7	57.2	10.025	0.328	14.814	0.172	0.142	338	63.495	30.944	20.256	33.625	4800	208	93
2008	乌尔旗汉镇	2.559	0.103	0.299	0.520	0.181	0.299	19645	56.7	31.8	11.647	0.286	16.346	0.130	0.131	391	70.122	34.145	14.991	3.551	8000	7	5809
2009	乌尔旗汉镇	1.429	-0.463	0.503	0.516	0.324	0.160	14256	60.8	21.6	13.001	0.414	18.608	0.121	0.268	4170	72.928	35.511	10.414	3.631	0	68	10674
2010	乌尔旗汉镇	1.572	0.035	0.322	0.683	0.191	0.126	14698	57.2	14.5	16.088	0.541	13.145	0.145	0.368	3287	77.491	37.733	11.437	0.000	6500	150	10839
2011	乌尔旗汉镇	1.609	0.020	0.359	0.641	0.222	0.137	10675	61.8	11.5	22.440	0.519	15.811	0.178	0.415	3451	77.807	37.887	6.130	0.000	9000	168	18493
2012	乌尔旗汉镇	1.353	0.267	0.422	0.641	0.222	0.136	6653	61.6	27.3	26.568	0.329	8.707	0.189	0.217	7841	54.595	25.141	4.200	2.091	11000	73	21333
2013	乌尔旗汉镇	1.710	0.255	0.405	0.511	0.364	0.125	8628	56.4	0.9	29.842	0.338	9.589	0.235	0.225	9793	55.016	25.336	4.393	37.585	1000		23133
2014	乌尔旗汉镇	2.190	0.280	0.439	0.463	0.366	0.171	7810	52.3	16.8	34.235	0.493	11.399	0.259	0.216	6261	55.048	25.350	4.278	5.096	8000	100	23334
2004	库都尔	0.458	0.384	0.198	0.535	0.346	0.119	11890	65.1	-11	5.545	0.273	9.038	0.086	0.195	356	34.947	13.507	3.847	5.264	0	1500	5633
2005	库都尔	0.493	0.018	0.167	0.572	0.307	0.121	8235	65.1	-9.3	6.848	0.284	9.545	0.105	0.137	240	36.905	14.264	4.022	1.815	0		5702
2006	库都尔	0.817	0.737	0.444	0.464	0.200	0.336	11350	51.4	-8.5	8.534	0.234	10.303	0.168	0.111	485	35.242	13.622	3.877	3.539	0	133	6668
2007	库都尔	0.946	0.092	0.362	0.451	0.176	0.373	8998	72.5	1.7	10.239	0.281	10.929	0.172	0.114	785	38.264	14.398	5.282	6.282	0	180	6916
2008	库都尔	1.397	0.327	0.267	0.429	0.133	0.439	12452	71.1	-0.1	11.955	0.168	12.162	0.128	0.107	461	42.579	16.022	4.521	21.780	0	361	721
2009	库都尔	1.049	-0.421	0.464	0.540	0.257	0.203	7617	82.1	-17.8	12.878	0.353	17.584	0.140	0.200	6585	56.126	20.766	6.048	30.273	0	60	5986
2010	库都尔	1.084	-0.145	0.328	0.675	0.183	0.141	7132	86.8	-2.6	15.309	0.530	20.161	0.146	0.406	3970	67.842	25.100	7.943	0.000	0	90	8021
2011	库都尔	0.741	-0.322	0.028	0.972	0.000	0.028	5949	86.4	-20.1	21.511	0.518	20.345	0.159	0.426	3174	59.565	32.585	4.650	0.000	0	241	20008

续表

年份	林业局	X1	X2	X3	X4	X5	X6	X7	X8	X9	X10	X11	X12	X13	X14	X15	X16	X17	X18	X19	X20	X21	X22
2012	库都尔	1.269	0.714	0.182	0.818	0.000	0.182	4562	74.9	-28.4	27.321	0.496	20.332	0.190	0.386	4720	59.529	32.566	3.765	11.987		272	20694
2013	库都尔	1.607	0.250	0.231	0.616	0.206	0.179	4003	70	-8.8	30.225	0.497	19.678	0.195	0.386	4881	60.275	32.974	3.368	5.728	0	205	20333
2014	库都尔	2.065	0.279	0.226	0.523	0.208	0.268	4188	74.7	-24.7	34.624	0.814	19.518	0.200	0.370	5090	60.548	33.123	3.247	8.356		133	20011
2004	图里河	0.614	0.453	0.305	0.646	0.185	0.169	10821	88.1	-20.9	5.794	0.392	0.959	0.082	0.170	277	31.129	16.231	5.258	4.680	1200	700	6526
2005	图里河	0.622	0.012	0.369	0.562	0.266	0.172	6774	88.1	-17.9	6.642	0.392	6.463	0.083	0.130	145	31.175	19.323	3.449	0.000	1500		6610
2006	图里河	0.999	0.603	0.584	0.508	0.192	0.300	12356	53.3	-18.8	7.985	0.352	7.271	0.092	0.089	385	31.224	19.354	3.502	3.214	1560		6567
2007	图里河	1.171	0.167	0.601	0.545	0.203	0.252	10858	66.8	-8.8	9.550	0.347	7.302	0.095	0.088	386	31.359	19.437	3.549	54.776	0		6654
2008	图里河	1.912	0.599	0.452	0.417	0.391	0.192	17555	60.3	-10.5	11.693	0.358	7.460	0.095	0.076	291	32.033	19.855	3.942	30.044	0		6160
2009	图里河	0.729	-0.717	0.281	0.778	0.021	0.201	5740	72.4	-24.6	13.378	0.365	12.036	0.125	0.210	4166	43.059	26.690	5.023	43.622	2000	87	7312
2010	图里河	0.905	0.188	0.300	0.720	0.273	0.007	5993	77.5	-4.3	18.045	0.635	14.989	0.152	0.422	291	45.030	27.911	5.662	0.000	0		10795
2011	图里河	0.830	-0.074	0.341	0.779	0.216	0.006	4747	68.4	-10.2	24.165	0.648	15.832	0.171	0.364	5800	44.603	25.963	3.150	0.000	0		18052
2012	图里河	1.185	0.284	0.203	0.820	0.000	0.180	3360	65.5	-13.8	28.202	0.575	18.120	0.200	0.373	4685	49.611	28.878	3.407	0.973	5000		20746
2013	图里河	1.506	0.265	0.152	0.682	0.142	0.176	3589	66.3	-7.9	31.173	0.543	18.720	0.221	0.339	4041	49.849	29.016	3.583	3.665	10000		21600
2014	图里河	2.014	0.333	0.069	0.549	0.096	0.355	3234	68.2	-9.5	35.584	0.535	18.776	0.196	0.337	2985	50.000	29.104	3.212	5.310	8000		22001
2004	伊图里河	0.299	0.124	0.242	0.860	0.048	0.091	2530	67.3	0	6.219	0.163	4.877	0.134	0.164	315	16.852	18.663	2.262	1.301	0	3000	5181
2005	伊图里河	0.411	0.137	0.285	0.824	0.070	0.106	3488	67.3	0	7.081	0.202	5.890	0.128	0.130	156	20.351	22.538	2.732	1.844	0	90	5409
2006	伊图里河	1.310	1.264	0.649	0.592	0.148	0.260	5344	49.8	0	8.280	0.285	8.299	0.174	0.139	451	35.893	31.758	3.709	3.272	0	80	4873
2007	伊图里河	0.864	-0.087	0.446	0.574	0.080	0.346	2555	61.5	0	9.482	0.206	5.997	0.174	0.100	749	25.937	24.035	2.781	0.834	0	67	5981
2008	伊图里河	1.409	0.631	0.385	0.556	0.134	0.311	2889	74	-11.6	11.082	0.176	10.910	0.179	0.087	314	25.937	24.035	2.781	148.460	0		4829
2009	伊图里河	0.821	-0.448	0.581	0.433	0.407	0.161	3084	76.1	-30.1	12.206	0.251	11.517	0.152	0.173	1950	27.380	25.370	2.921	1.321	0	90	4593
2010	伊图里河	0.635	-0.236	0.368	0.635	0.258	0.107	3396	79.9	-11	16.395	0.319	7.755	0.157	0.204	3806	58.745	25.700	3.513	0.000	0	80	6882
2011	伊图里河	0.533	-0.164	0.464	0.536	0.246	0.218	2690	74.1	21.8	22.561	0.444	6.823	0.183	0.290	4223	58.889	30.604	1.921	0.000	0	24	20002
2012	伊图里河	0.810	0.527	0.195	0.805	0.000	0.195	2057	75.8	45.6	27.314	0.434	7.301	0.191	0.273	2104	58.640	30.474	1.918	0.371	0		21335

续表

年份	林业局	X1	X2	X3	X4	X5	X6	X7	X8	X9	X10	X11	X12	X13	X14	X15	X16	X17	X18	X19	X20	X21	X22
2013	伊图里河	1.016	0.250	0.122	0.774	0.072	0.155	2053	74.4	29.3	30.214	0.435	7.871	0.232	0.273	1780	58.819	26.523	1.853	61.797	0	44	21347
2014	伊图里河	1.311	0.279	0.111	0.603	0.065	0.333	2145	72.1	24.3	34.492	0.395	8.096	0.221	0.275	1706	59.349	30.843	1.803	1.578		10	21355
2004	克一河	0.761	0.155	0.144	0.693	0.162	0.144	4407	58.1	3.4	6.998	0.663	10.938	0.111	0.292	397	61.551	31.273	7.927	52.758	3500	1002	5767
2005	克一河	0.733	0.183	0.227	0.744	0.113	0.143	5167	58.1	9.3	8.007	0.543	13.938	0.110	0.268	167	50.132	25.471	7.620	175.198	7500		5206
2006	克一河	1.433	0.920	0.408	0.582	0.176	0.242	9355	46.9	8.2	8.141	0.552	14.180	0.141	0.136	140	51.001	25.912	6.584	44.098	20000		5941
2007	克一河	1.249	-0.152	0.296	0.506	0.192	0.302	7403	59.3	18.2	10.272	0.553	14.585	0.235	0.141	406	52.457	26.652	6.762	34.56	16300	3	4872
2008	克一河	4.370	2.190	0.095	0.763	0.059	0.177	8201	60.2	14.7	12.821	0.259	15.996	0.180	0.129	635	63.154	29.230	8.060	3.201	0	3	6010
2009	克一河	0.824	-0.764	0.366	0.693	0.151	0.156	6605	72.6	-7.5	14.848	0.320	12.800	0.185	0.143	3136	50.537	23.390	5.899	9.207	0		6758
2010	克一河	0.943	0.142	0.238	0.685	0.129	0.186	8093	71.4	4.6	16.985	0.364	12.077	0.144	0.265	4799	50.600	23.419	6.773	0.000	14200		9445
2011	克一河	1.098	0.160	0.548	0.452	0.357	0.191	6185	74.3	12.1	21.571	0.527	12.118	0.152	0.352	7592	50.768	25.266	3.182	0.000	13200	278	27224
2012	克一河	1.394	0.266	0.328	0.845	0.000	0.155	3474	67.3	1.4	27.352	0.476	15.636	0.171	0.326	3094	50.903	25.333	3.249	21.337	15000		22667
2013	克一河	1.742	0.250	0.277	0.651	0.135	0.215	4218	58.2	7.8	30.381	0.462	15.636	0.180	0.312	4773	50.903	25.333	3.219	198.870	10000		23000
2014	克一河	2.224	0.279	0.167	0.537	0.174	0.289	4075	61.8	14.9	34.863	0.445	15.602	0.229	0.306	3807	50.790	25.277	3.214	61.643	5500		18674
2004	甘河	0.385	-0.167	0.232	0.742	0.074	0.184	5350	66.3	3.9	5.798	0.338	3.158	0.099	0.234	213	26.977	13.501	5.223	6.440	0	1517	9800
2005	甘河	0.363	-0.007	0.242	0.732	0.060	0.208	6625	66.3	0.4	6.738	0.316	7.248	0.103	0.169	323	25.626	12.825	5.001	3.886	0		11010
2006	甘河	0.954	1.293	0.513	0.593	0.050	0.356	11463	56.9	0.5	7.710	0.343	8.305	0.169	0.146	300	32.141	14.696	5.634	11.684	0		11328
2007	甘河	0.888	0.101	0.460	0.540	0.065	0.395	9011	74.3	4.6	9.114	0.292	7.019	0.160	0.119	1338	27.162	12.419	4.806	35.098	0		11336
2008	甘河	1.424	0.449	0.286	0.550	0.074	0.375	11885	76.8	1.2	11.578	0.184	6.067	0.131	0.110	643	30.069	14.736	5.315	0.206	0		11585
2009	甘河	0.782	-0.530	0.245	0.779	0.066	0.155	9588	77.6	-8	12.620	0.367	7.576	0.077	0.223	2731	35.109	17.206	6.504	0.385	0		11151
2010	甘河	0.914	0.177	0.275	0.742	0.123	0.135	11798	77.8	0.5	15.610	0.491	7.296	0.111	0.334	5081	34.870	17.089	6.573	0.000	0		13199
2011	甘河	0.695	-0.247	0.211	0.789	0.000	0.211	6185	84.4	-28.2	21.571	0.523	8.475	0.113	0.346	7890	35.188	17.245	2.878	0.000	0	110	24476
2012	甘河	0.921	0.320	0.185	0.821	0.000	0.179	5198	79.5	-14.7	27.278	0.398	10.653	0.134	0.292	2988	35.371	17.334	2.858	0.000	0		22670
2013	甘河	1.220	0.250	0.148	0.673	0.148	0.180	3799	83.8	-13.5	30.282	0.408	11.285	0.215	0.296	6678	37.471	18.360	3.094	30.532	0		22467

续表

年份	林业局	X_1	X_2	X_3	X_4	X_5	X_6	X_7	X_8	X_9	X_{10}	X_{11}	X_{12}	X_{13}	X_{14}	X_{15}	X_{16}	X_{17}	X_{18}	X_{19}	X_{20}	X_{21}	X_{22}
2014	甘河	1.992	0.385	0.213	0.535	0.172	0.293	5152	80.7	-23.9	34.693	0.573	13.304	0.206	0.345	6176	44.174	21.648	3.469	25.147		140	22695
2004	吉文	0.483	0.206	0.229	0.747	0.107	0.146	4148	74.5	4.4	6.712	0.195	8.863	0.141	0.168	810	42.700	20.651	6.015	35.920	0	5200	
2005	吉文	0.597	0.236	0.220	0.764	0.094	0.143	6681	74.5	4.4	7.535	0.192	6.924	0.107	0.113	1419	42.700	18.396	7.083	4.877	2000	156	8893
2006	吉文	1.054	0.766	0.548	0.515	0.144	0.341	7751	47.1	8.1	8.722	0.198	6.924	0.154	0.098	823	42.700	18.396	6.038	1.308	150	223	9305
2007	吉文	1.057	0.010	0.400	0.534	0.075	0.391	7254	67.7	12.3	9.948	0.206	6.867	0.139	0.096	525	42.352	18.247	5.966	7.314	0	170	8448
2008	吉文	1.748	0.495	0.239	0.499	0.170	0.331	7543	74.3	13	11.928	0.221	7.599	0.069	0.091	298	46.214	20.191	6.639	2.219	0		9421
2009	吉文	0.862	-0.518	0.358	0.643	0.000	0.357	6330	76.7	1.4	13.102	0.333	10.141	0.091	0.218	3291	47.963	20.664	6.791	1.336	0	34	10137
2010	吉文	1.124	-0.021	0.310	0.691	0.129	0.181	7332	82.8	0.8	16.771	0.619	13.504	0.094	0.394	2145	66.091	27.516	9.365	0.000	0		11062
2011	吉文	0.830	-0.308	0.328	0.672	0.000	0.328	5926	79.7	-5.8	21.429	0.757	18.671	0.110	0.462	9192	70.487	34.384	3.986	0.000	0	20	21447
2012	吉文	1.166	0.392	0.351	0.649	0.000	0.351	3503	81.7	-0.6	26.927	0.690	20.766	0.144	0.417	3736	71.162	34.713	4.270	46.356	0		21334
2013	吉文	1.488	0.257	0.059	0.511	0.059	0.430	3145	80.3	4.8	30.136	0.697	21.250	0.148	0.419	7958	72.262	35.250	4.035	41.334	0	134	21747
2014	吉文	2.081	0.378	0.067	0.561	0.067	0.371	3397	81	-3.2	34.524	0.542	21.563	0.163	0.418	282	73.325	35.768	4.132	27.830		168	20012
2004	阿里河	0.574	0.019	0.127	0.600	0.307	0.094	11366	68.6	6.7	6.684	0.336	4.562	0.086	0.182	562	30.754	15.799	5.836	3.462	5023	4300	10735
2005	阿里河	0.743	0.132	0.127	0.585	0.317	0.098	12335	68.6	7.1	7.651	0.382	5.219	0.085	0.149	282	35.181	18.073	6.630	10.729	26000	262	11066
2006	阿里河	1.322	0.770	0.401	0.548	0.260	0.192	19795	53.8	16.5	8.830	0.382	16.031	0.079	0.130	1511	35.744	18.148	6.684	6.058	20000	22437	10929
2007	阿里河	1.403	0.060	0.351	0.525	0.277	0.198	15448	63.3	28.8	10.497	0.578	16.063	0.081	0.128	1405	35.814	18.184	6.708	20.061	8300	1211	11502
2008	阿里河	2.166	0.404	0.271	0.500	0.257	0.243	19029	66	12.2	12.451	0.256	17.667	0.022	0.120	558	57.786	20.000	7.372	3.873	24377	200	10887
2009	阿里河	0.870	-0.623	0.342	0.692	0.129	0.178	10341	77.8	1.4	14.422	0.365	18.848	0.187	0.195	2626	61.651	21.337	7.833	2.175	4250	60	10261
2010	阿里河	1.207	0.371	0.273	0.683	0.140	0.177	10503	77.4	6.4	16.773	0.558	19.601	0.132	0.396	9800	62.383	21.591	8.505	0.000	14800	107	15246
2011	阿里河	1.251	0.103	0.400	0.600	0.176	0.224	8061	64.5	20.7	21.588	0.427	17.345	0.158	0.302	4664	58.586	23.350	3.495	0.000	23400	140	22751
2012	阿里河	1.691	0.266	0.498	0.543	0.000	0.457	5611	64.1	29.4	27.096	0.437	14.615	0.168	0.274	3821	62.534	24.923	3.522	3.805	20000		22665
2013	阿里河	2.142	0.250	0.102	0.793	0.016	0.192	5315	64.7	18.3	30.124	0.434	14.811	0.154	0.269	1279	63.373	25.258	3.677	241.254	10000		22333
2014	阿里河	2.742	0.279	0.358	0.682	0.118	0.200	5533	67.1	6.4	34.606	0.501	14.819	0.228	0.257	6265	63.409	25.272	3.569	308.376	18000	976	22668

续表

年份	林业局	X_1	X_2	X_3	X_4	X_5	X_6	X_7	X_8	X_9	X_{10}	X_{11}	X_{12}	X_{13}	X_{14}	X_{15}	X_{16}	X_{17}	X_{18}	X_{19}	X_{20}	X_{21}	X_{22}
2004	椴河	0.917	0.920	0.126	0.796	0.110	0.094	21661	65.9	11.1	6.974	0.403	8.232	0.123	0.202	233	24.594	17.179	13.645	0.260	70000	11866	
2005	椴河	0.897	-0.192	0.129	0.743	0.159	0.099	20258	65.9	7.7	7.790	0.476	9.956	0.125	0.157	346	29.743	20.850	9.748	0.079	76000	142	11403
2006	椴河	1.449	0.592	0.248	0.696	0.141	0.162	27317	51.1	12.8	8.830	0.475	9.021	0.130	0.137	201	35.506	24.317	12.867	0.000	79000		10175
2007	椴河	1.734	0.176	0.201	0.710	0.097	0.193	24581	55.4	24.1	10.159	0.440	9.183	0.155	0.133	798	36.142	25.498	14.415	0.000	0		9848
2008	椴河	2.203	0.226	0.186	0.487	0.337	0.176	37869	48.9	26.4	13.139	0.265	9.515	0.118	0.118	616	40.015	26.420	9.199	0.000	8997		8881
2009	椴河	1.245	-0.495	0.204	0.802	0.020	0.178	19509	62.4	8.8	14.201	0.321	10.642	0.161	0.206	7048	44.753	29.548	9.921	0.000	0		8975
2010	椴河	1.325	0.159	0.271	0.737	0.196	0.067	19721	62.7	8.8	22.928	0.444	9.768	0.213	0.304	6863	41.080	27.122	9.998	0.000	0		9768
2011	椴河	0.883	-0.334	0.149	0.851	0.011	0.139	10313	56.7	9	28.275	0.443	9.754	0.198	0.369	4238	41.140	27.162	4.942	0.000	0	30	22670
2012	椴河	1.310	0.475	0.239	0.761	0.000	0.239	9496	60.1	9.8	32.319	0.440	9.811	0.190	0.296	4681	41.424	27.321	4.909	1.001	34000		24679
2013	椴河	1.650	0.252	0.207	0.627	0.106	0.266	11023	56.1	-4.6	34.972	0.413	9.870	0.216	0.267	5193	41.632	27.482	4.966	21.319	70000	441	26133
2014	椴河	2.241	0.345	0.206	0.496	0.096	0.408	9636	59	-5	38.338	0.578	9.966	0.239	0.273	5266	42.037	27.796	4.873	36.379	78000		24668
2004	金河	1.398	0.968	0.106	0.893	0.024	0.083	16357	87.4	26.7	7.086	0.263	2.709	0.137	0.210	514	56.150	28.944	27.716	0.000	0		4012
2005	金河	0.989	-0.301	0.195	0.804	0.033	0.163	15912	87.4	17	8.163	0.267	2.832	0.190	0.166	718	56.840	29.300	13.554	0.000	0		4027
2006	金河	1.549	0.540	0.344	0.725	0.084	0.191	18104	59.2	20.3	9.403	0.267	5.967	0.177	0.135	993	57.792	29.791	13.428	0.000	0		3765
2007	金河	1.713	0.094	0.215	0.718	0.083	0.199	20152	68	51.2	10.795	0.263	6.032	0.175	0.134	335	58.425	32.182	15.091	7.466	0		4279
2008	金河	3.911	0.785	0.184	0.561	0.230	0.209	28452	70.2	51.5	12.566	0.301	7.715	0.121	0.143	105	71.463	41.161	17.391	36.050	0		3867
2009	金河	1.756	-0.510	0.272	0.728	0.167	0.105	15838	76.5	28.5	15.375	0.435	1.249	0.129	0.253	5501	65.500	37.726	17.114	21.882	0		4245
2010	金河	1.892	0.012	0.309	0.694	0.181	0.125	17532	78.1	17.5	19.248	0.612	7.210	0.121	0.433	8150	72.559	40.139	17.613	0.000	0		7633
2011	金河	1.245	-0.353	0.175	0.825	0.000	0.175	13126	74.1	8.5	27.038	0.594	7.332	0.161	0.443	5810	73.864	49.210	8.207	0.000	0	10	12000
2012	金河	1.976	0.576	0.137	0.872	0.000	0.128	9481	74.5	12.8	31.380	0.592	7.383	0.162	0.409	1524	74.374	49.550	8.207	0.000	3000		21336
2013	金河	2.497	0.251	0.037	0.845	0.035	0.119	8645	64.3	3.5	33.982	0.593	7.458	0.178	0.408	446	75.132	41.445	7.959	164.713	0		21333
2014	金河	3.231	0.281	0.076	0.726	0.025	0.249	7220	64.5	12.4	37.390	0.661	7.537	0.176	0.406	81	75.925	41.882	8.385	89.228	5200	70.4	21340
2004	阿龙山	0.748	-0.002	0.104	0.873	0.039	0.088	6822	81	2.8	5.254	0.743	6.583	0.115	0.239	353	63.311	24.802	11.572	2.717	0		3872

续表

年份	林业局	X1	X2	X3	X4	X5	X6	X7	X8	X9	X10	X11	X12	X13	X14	X15	X16	X17	X18	X19	X30	X31	X32
2005	阿龙山	0.874	0.148	0.149	0.837	0.034	0.129	7518	81	9.1	5.958	0.724	6.701	0.117	0.174	199	64.444	26.528	11.112	0.691	0		4486
2006	阿龙山	1.875	1.162	0.333	0.628	0.158	0.213	15943	56.3	16.5	6.543	0.705	6.648	0.135	0.158	451	63.929	26.316	12.995	0.762	0		4550
2007	阿龙山	1.839	-0.058	0.383	0.604	0.116	0.279	14224	68.3	25.7	7.746	0.785	6.923	0.158	0.161	1316	66.582	27.408	11.454	2.698	0		5011
2008	阿龙山	2.889	0.459	0.194	0.657	0.143	0.200	13626	70.5	23.4	12.958	0.292	7.455	0.242	0.148	522	72.039	30.544	12.390	1.282	0		5041
2009	阿龙山	1.959	-0.446	0.327	0.678	0.165	0.157	10731	75.5	4.2	14.349	0.648	11.133	0.238	0.338	3030	88.189	37.392	16.151	0.000	0		4939
2010	阿龙山	2.132	0.087	0.315	0.688	0.198	0.114	11770	75	11.1	17.064	0.540	13.003	0.250	0.353	3805	88.309	37.443	17.688	0.000	0		7714
2011	阿龙山	1.643	-0.232	0.385	0.615	0.244	0.140	8391	78.6	-0.5	21.602	0.531	14.613	0.287	0.530	3821	88.606	37.569	7.006	0.000	0		16676
2012	阿龙山	2.103	0.280	0.202	0.798	0.074	0.127	6501	77.6	-9.3	30.574	0.516	15.046	0.288	0.462	3250	88.560	37.549	7.175	1.996	1500		23334
2013	阿龙山	2.630	0.250	0.163	0.706	0.153	0.141	4803	77.3	-5.3	33.594	0.519	17.605	0.266	0.466	3656	88.606	37.569	6.754	56.653	0		21467
2014	阿龙山	3.366	0.279	0.193	0.540	0.182	0.278	4402	72.6	5.1	39.380	0.632	17.612	0.286	0.457	2329	88.644	37.584	7.066	129.758		172	23434
2004	满归	1.363	0.370	0.154	0.575	0.315	0.110	14051	72.6	4	6.959	0.319	9.547	0.134	0.151	290	61.040	27.821	15.328	0.000	0	1155	6072
2005	满归	1.427	0.010	0.247	0.607	0.235	0.158	14539	72.6	7.2	8.116	0.325	9.901	0.132	0.199	203	63.304	28.853	13.687	2.238	3588		6210
2006	满归	2.028	0.416	0.375	0.583	0.188	0.229	15309	51.4	17	9.528	0.324	9.939	0.132	0.154	292	63.548	28.964	15.177	12.758	10000		6018
2007	满归	2.010	-0.048	0.367	0.570	0.106	0.324	15905	76.9	21.8	11.218	0.331	10.349	0.167	0.159	1035	66.165	30.157	14.349	136.424	8100		6020
2008	满归	3.333	0.647	0.327	0.477	0.207	0.316	16824	72.7	29.9	12.825	0.287	10.418	0.111	0.136	1154	70.059	30.360	14.391	12.868	6000		2573
2009	满归	2.657	-0.408	0.484	0.518	0.385	0.097	11868	83.1	11	15.852	0.588	0.000	0.118	0.366	3729	94.412	40.913	19.428	14.054	4895		4392
2010	满归	2.801	0.172	0.381	0.589	0.262	0.149	16132	84.9	12.1	25.117	0.696	4.237	0.136	0.346	5669	85.551	36.808	17.893	0.000	8100		9668
2011	满归	1.666	-0.404	0.284	0.716	0.000	0.284	8814	78.8	2.8	29.147	0.830	15.373	0.137	0.532	4371	83.003	39.700	8.007	0.000	11900	8	14706
2012	满归	2.118	0.271	0.199	0.816	0.000	0.184	7052	76.2	1.2	33.205	0.768	15.373	0.154	0.480	1905	83.003	39.700	7.957	0.610	30000		18707
2013	满归	2.841	0.251	0.156	0.836	0.090	0.075	6529	75.5	8.9	35.805	0.816	17.290	0.158	0.507	2051	88.986	42.562	8.900	520.393	20000		18667
2014	满归	3.751	0.315	0.099	0.613	0.062	0.325	7360	72	6.9	39.204	0.685	17.356	0.165	0.494	1645	89.327	42.725	8.350	266.448	16000		19388
2004	得耳布尔	1.138	0.247	0.153	0.619	0.262	0.118	7549	63.8	6.5	6.831	0.835	9.294	0.086	0.342	303	51.224	22.873	12.572	0.758	0	27	4133
2005	得耳布尔	0.880	0.110	0.182	0.699	0.169	0.132	7740	63.8	3.1	8.116	0.585	6.475	0.111	0.249	719	35.687	15.935	8.650	0.377	0	1200	4035

续表

年份	林业局	X₁	X₂	X₃	X₄	X₅	X₆	X₇	X₈	X₉	X₁₀	X₁₁	X₁₂	X₁₃	X₁₄	X₁₅	X₁₆	X₁₇	X₁₈	X₁₉	X₂₀	X₂₁	X₂₂
2006	得耳布尔	1.236	0.392	0.364	0.564	0.224	0.213	9846	54.3	5.3	8.551	0.578	16.681	0.111	0.143	685	36.930	16.082	8.740	0.838	0		4338
2007	得耳布尔	1.428	0.155	0.305	0.519	0.292	0.189	7833	71	13.3	10.387	0.575	16.681	0.124	0.141	812	36.930	16.083	8.027	22.539	0		4893
2008	得耳布尔	2.906	0.552	0.352	0.425	0.291	0.284	11002	71	17.1	12.715	0.356	8.568	0.108	0.160	980	48.822	21.088	10.536	2.696	0		4569
2009	得耳布尔	1.492	-0.555	0.283	0.719	0.077	0.204	7774	87.1	-1.2	14.064	0.506	11.718	0.129	0.364	4899	56.375	24.351	12.054	7.840	0		4833
2010	得耳布尔	3.441	1.266	0.647	0.354	0.563	0.083	9852	90.4	6.4	16.343	0.792	17.954	0.144	0.490	12392	57.367	24.779	12.975	0.000	0		9853
2011	得耳布尔	1.644	-0.535	0.345	0.655	0.187	0.158	7671	83.9	-9.9	22.555	0.846	20.025	0.170	0.600	4252	58.887	30.632	6.872	0.000	0	34	14669
2012	得耳布尔	2.306	0.382	0.284	0.741	0.135	0.124	4725	86.4	3	27.303	0.851	23.735	0.181	0.565	5381	59.751	31.081	7.105	6.598	0		16668
2013	得耳布尔	2.942	0.254	0.276	0.610	0.272	0.118	4677	87.8	3.9	30.306	0.849	25.029	0.166	0.559	2874	60.791	31.622	7.139	16.410	0		16673
2014	得耳布尔	3.794	0.288	0.275	0.485	0.239	0.276	5080	89.8	3.3	34.714	0.725	28.392	0.182	0.569	5219	60.844	31.649	6.977	13.811	7009	30	17334
2004	莫尔道嘎	0.881	0.098	0.154	0.768	0.113	0.119	15723	74.4	11.5	7.973	0.337	8.834	0.106	0.225	997	77.221	30.569	15.467	0.739	2305	1600	5335
2005	莫尔道嘎	1.029	0.159	0.139	0.820	0.070	0.110	17166	74.4	8.5	8.829	0.358	8.904	0.112	0.214	1021	77.831	30.826	15.589	0.287	8000		5447
2006	莫尔道嘎	1.790	0.719	0.283	0.623	0.196	0.181	21694	47.7	21	9.946	0.357	9.016	0.117	0.158	760	78.816	31.216	15.786	0.116	35000		5607
2007	莫尔道嘎	1.978	0.099	0.299	0.587	0.154	0.259	23472	55.6	16.8	11.402	0.359	9.065	0.115	0.160	832	79.239	31.368	15.871	11.903	31000		5632
2008	莫尔道嘎	3.117	0.445	0.395	0.508	0.216	0.276	23516	59.8	29.7	14.021	0.292	9.888	0.169	0.147	447	86.494	34.232	17.268	0.318	96780		5334
2009	莫尔道嘎	1.993	-0.385	0.305	0.675	0.102	0.223	19836	68.3	19.5	15.190	0.374	12.527	0.145	0.289	7095	90.030	35.606	17.907	1.390	26800		5000
2010	莫尔道嘎	2.481	0.106	0.242	0.624	0.063	0.313	21730	71.1	14.8	17.912	0.537	14.814	0.176	0.419	10456	101.387	41.550	20.336	0.000	68000		11025
2011	莫尔道嘎	1.759	-0.363	0.265	0.735	0.000	0.265	13510	68.3	5.9	22.390	0.588	20.617	0.153	0.613	5782	112.798	47.893	10.384	0.000	78500	80	23334
2012	莫尔道嘎	2.568	0.440	0.335	0.672	0.000	0.328	10925	64.4	10.1	27.036	0.566	22.095	0.226	0.532	10151	114.372	38.283	10.505	0.252	100000		24679
2013	莫尔道嘎	3.276	0.266	0.202	0.693	0.002	0.305	9156	68.9	-16.2	35.816	0.563	22.267	0.225	0.529	3138	115.264	38.582	10.473	129.587	100000		22600
2014	莫尔道嘎	4.310	0.282	0.335	0.515	0.136	0.349	10074	74.7	-11.2	44.606	0.688	22.862	0.272	0.537	8856	118.952	39.612	11.658	74.226	128000	349	24013
2004	大杨树	0.458	0.022	0.474	0.654	0.039	0.307	859	50.3	0	7.406	0.415	14.584	0.272	0.191	824	51.627	45.012	0.000	3.389	0	3547	
2005	大杨树	0.732	0.197	0.520	0.681	0.080	0.239	1112	50.3	0	9.911	0.533	22.299	0.312	0.168	592	68.940	60.107	0.000	0.302	0	680	
2006	大杨树	1.343	1.450	0.775	0.503	0.086	0.411	3351	37.6	0	10.348	0.337	16.693	0.310	0.093	915	51.609	44.997	0.000	0.000	0	307	

续表

年份	林业局	X_1	X_2	X_3	X_4	X_5	X_6	X_7	X_8	X_9	X_{10}	X_{11}	X_{12}	X_{13}	X_{14}	X_{15}	X_{16}	X_{17}	X_{18}	X_{19}	X_{20}	X_{21}	X_{22}
2007	大杨树	1.695	0.240	0.393	0.351	0.294	0.355		58.1	0.5	11.944	0.337	16.983	0.377	0.092	837	52.505	45.777	0.000	0.000	0	410	
2008	大杨树	2.400	0.268	0.657	0.585	0.074	0.340		66.2	0	15.104	0.122	20.688	0.213	0.068	935	52.226	######	0.351	0.000	5000	84	
2009	大杨树	0.910	-0.626	0.416	0.907	0.000	0.093	9	69.2	0	16.164	0.223	20.995	0.214	0.097	299	53.002	######	0.249	0.000	0	268	121
2010	大杨树	1.202	0.331	0.511	0.513	0.401	0.086	251	71	0	17.940	0.169	24.918	0.249	0.164	4517	52.591	######	0.255	0.000	0		1336
2011	大杨树	0.562	-0.380	0.148	0.852	0.000	0.148	384	74.8	0	26.506	0.132	21.698	0.267	0.128	4674	39.684	76.693	0.541	0.000	0	109	3334
2012	大杨树	0.789	0.277	0.435	0.851	0.000	0.149	326	77.2	0	30.627	0.146	26.287	0.284	0.142	5497	43.641	85.035	0.693	0.000	500		3334
2013	大杨树	1.011	0.250	0.515	0.869	0.000	0.131	517	76	0	33.342	0.148	27.779	0.307	0.144	1946	51.285	87.089	0.591	######	0	312	1334
2014	大杨树	1.265	0.280	0.356	0.755	0.000	0.245	389	54	2.8	36.764	0.339	27.179	0.325	0.150	506	50.177	85.208	0.899	6.124		92	1335
2004	毕拉河	0.825	0.300	0.500	0.692	0.022	0.287	1431	46.6	0	6.875	0.290	8.991	0.152	0.170	335	93.035	######	1.157	0.000	2000		463
2005	毕拉河	0.974	0.182	0.515	0.584	0.119	0.297	1379	46.6	0	7.559	0.303	25.834	0.149	0.139	249	92.964	######	1.244	1.524	1800		446
2006	毕拉河	1.799	0.846	0.724	0.486	0.035	0.478	1798	26.8	0	9.002	0.289	25.834	0.197	0.128	296	72.644	######	1.256	0.000	15000		312
2007	毕拉河	1.974	0.099	0.535	0.375	0.146	0.479	390	47.2	0	10.410	0.285	25.788	0.203	0.124	245	72.515	######	1.242	0.000	14300		295
2008	毕拉河	3.156	0.404	0.511	0.375	0.157	0.467	309	53.4	0	12.016	0.240	29.361	0.031	0.113	62	82.564	######	1.429	0.000	5000		363
2009	毕拉河	2.324	-0.417	0.481	0.501	0.061	0.438	290	54.8	0	13.982	0.471	37.293	0.167	0.250	346	104.227	######	3.730	0.000	10000		
2010	毕拉河	3.165	0.369	0.436	0.376	0.161	0.463	655	56.7	0	16.830	0.469	37.090	0.200	0.379	2748	103.661	12.880	2.152	0.000	31400		1333
2011	毕拉河	2.388	-0.245	0.403	0.597	0.000	0.403	507	57.8	0	21.458	0.581	37.063	0.211	0.492	712	103.586	######	1.720	0.000	32500	64	3335
2012	毕拉河	2.989	0.266	0.513	0.611	0.110	0.237	298	48	-6.1	27.083	0.592	6.467	0.292	0.504	1670	102.436	######	1.949	14.327	34000		3363
2013	毕拉河	3.819	0.302	0.322	0.531	0.063	0.239	504	45.2	1.3	30.409	0.582	6.347	0.346	0.496	454	100.527	19.110	1.670	86.467	20000		1333
2014	毕拉河	3.738	0.362	0.380	0.427	0.287	0.286	347	42.6	2.4	34.843	0.480	4.784	0.343	0.385	2487	72.222	######	1.257	74.747	27000	47	1334
2004	免渡河	0.503	-0.035	0.588	0.653	0.110	0.237	1563	44.1	0.7	3.858	0.133	8.301	0.100	0.118	0	19.423	18.785	2.618	12.116	0	64	928
2005	免渡河	0.504	0.001	0.551	0.698	0.063	0.239	1584	44.1		5.132	0.129	8.297	0.147	0.065	0	19.414	18.776	2.627	6.102	0		
2006	免渡河	0.366	0.095	0.455	0.727	0.108	0.166	1809	41.1		8.531	0.080	5.507	0.158	0.040	0	12.885	12.461	1.744	5.545	0		1076
2007	免渡河	0.936	1.555	0.229	0.907	0.034	0.059	5959	52.8	0.1	15.619	0.080	5.507	0.211	0.040	0	12.886	12.463	11.585	1.869	0	734	6473

续表

年份	林业局	X_1	X_2	X_3	X_4	X_5	X_6	X_7	X_8	X_9	X_{10}	X_{11}	X_{12}	X_{13}	X_{14}	X_{15}	X_{16}	X_{17}	X_{18}	X_{19}	X_{20}	X_{21}	X_{22}
2008	兔渡河	0.560	-0.603	0.530	0.795	0.061	0.144	6911	51.4	0.4	11.508	0.113	8.301	0.251	0.056	0	19.423	22.333	3.290	0.845	0	269	704
2009	兔渡河	0.585	0.043	0.509	0.812	0.049	0.138	1353	49.2	-0.4	16.184	0.112	8.306	0.203	0.112	0	20.583	22.348	2.466	1.128	0		
2010	兔渡河	0.608	0.003	0.512	0.793	0.070	0.137	1823	48	4	17.155	0.117	8.604	0.229	0.117	0	21.320	23.148	2.292	1.168	0		2557
2011	兔渡河	0.990	0.629	0.326	0.880	0.036	0.084	3294	34.9	6	21.269	0.136	8.604	0.226	0.172	1178	21.320	27.135	2.921	1.071	0		10000
2012	兔渡河	1.064	0.075	0.298	0.888	0.034	0.078	2367	32.7	-9.2	32.623	0.138	8.604	0.310	0.173	690	23.559	27.135	2.690	2.044	0		16667
2013	兔渡河	1.125	0.057	0.216	0.897	0.029	0.074	1554	32.5	1.8	39.842	0.138	8.604	0.221	0.174	819	23.559	27.135	2.476	1.363	0		20000
2014	兔渡河	1.088	-0.033	0.222	0.902	0.029	0.069	2025	32.5	1.2	38.589	0.138	16.550	0.310	0.174	29329	23.559	27.135	2.501	0.681	0		20000
2004	乌奴耳	2.242	0.002	0.492	0.570	0.169	0.260	678	37	0	4.668	0.124	4.287	0.049	0.053	0	81.461	17.769	2.681	44.934	0		1663
2005	乌奴耳	2.669	0.177	0.373	0.683	0.153	0.164	1882	37	5.1	9.571	0.110	4.334	0.108	0.047	0	82.386	0.000	3.862	6.134	0		
2006	乌奴耳	2.213	-0.170	0.424	0.695	0.098	0.207	2609	30.4	2.8	10.780	0.163	4.334	0.108	0.045	0	82.293	18.171	2.726	29.759	0		1743
2007	乌奴耳	2.527	0.144	0.393	0.798	0.083	0.119	1904	38.6	6.8	14.050	0.158	4.334	0.116	0.043	0	126.912	18.228	2.839	2.272	0	200	1890
2008	乌奴耳	0.601	0.187	0.402	0.852	0.063	0.085	2266	30.6	8.7	15.120	0.157	4.334	0.122	0.050	0	25.443	24.420	2.791	6.815	0	267	1986
2009	乌奴耳	0.487	-0.190	0.317	0.877	0.057	0.066	2063	25.4	0.9	20.132	0.158	4.334	0.125	0.149	0	25.443	24.420	2.725	2.840	0		3391
2010	乌奴耳	0.564	0.157	0.302	0.876	0.051	0.073	2710	24.7	0.3	22.320	0.100	4.334	0.159	0.148	0	25.488	24.420	2.543	2.840	0		2696
2011	乌奴耳	1.036	0.839	0.135	0.916	0.046	0.038	2640	32	44.3	23.930	0.097	8.000	0.158	0.146	2271	25.488	24.443	3.630	2.385	0		17900
2012	乌奴耳	0.977	-0.057	0.189	0.899	0.041	0.060	2333	36.4	15.1	36.275	0.097	8.000	0.166	0.145	4288	27.488	24.443	2.721	3.408	0		14000
2013	乌奴耳	0.859	-0.121	0.202	0.967	0.023	0.010	1774	35.3	16.8	45.399	0.099	10.905	0.237	0.147	15562	29.464	24.443	2.499	3.408	0		13333
2014	乌奴耳	0.870	0.012	0.212	0.963	0.008	0.029	1756	34.9	13.7	41.816	0.098	10.905	0.232	0.145	1580	29.464	24.443	2.499	3.294	0		12667
2004	巴林	0.260	-0.365	0.560	0.816	0.000	0.184	318	52.1	-0.1	3.786	0.169	8.610	0.293	0.085	0	33.918	50.760	2.299	4.678	0	144	1032
2005	巴林	0.342	0.208	0.295	0.927	0.000	0.073	503	52.1	18.8	5.740	0.162	9.378	0.146	0.081	0	36.943	0.000	2.548	2.803	0	20	
2006	巴林	0.519	0.496	0.401	0.699	0.075	0.226	475	46.8	2.8	7.616	0.152	9.499	0.148	0.165	0	42.581	56.794	2.581	1.806	0		744
2007	巴林	0.617	0.167	0.218	0.773	0.136	0.091	643	41.8	0.3	10.293	0.147	9.692	0.167	0.166	0	43.444	57.945	2.634	3.686	20000	200	604
2008	巴林	0.516	-0.182	0.229	0.887	0.000	0.113	822	44.8	4.5	14.294	0.148	10.229	0.224	0.169	0	44.415	61.269	2.690	4.845	20000	267	880

续表

年份	林业局	X_1	X_2	X_3	X_4	X_5	X_6	X_7	X_8	X_9	X_{10}	X_{11}	X_{12}	X_{13}	X_{14}	X_{15}	X_{16}	X_{17}	X_{18}	X_{19}	X_{30}	X_{31}	X_{22}
2009	巴林	0.705	0.386	0.274	0.786	0.117	0.097	735	41.5	0.8	16.161	0.146	10.350	0.157	0.331	0	47.240	60.407	2.649	1.858	20000	5	922
2010	巴林	0.753	0.069	0.312	0.843	0.000	0.157	746	47.3	-0.7	19.052	0.143	11.917	0.208	0.323	0	47.140	60.279	2.648	3.708	25000	7.2	429
2011	巴林	1.460	0.940	0.129	0.886	0.063	0.050	537	6.8	6.9	34.572	0.142	11.917	0.207	0.142	1086	47.140	76.271	1.088	3.178	30000	20	11333
2012	巴林	1.499	0.026	0.131	0.894	0.053	0.053	1012	60.4	3	37.230	0.173	11.917	0.231	0.161	471	67.267	76.271	7.124	2.119	32000	167	11333
2013	巴林	1.586	0.054	0.181	0.936	0.025	0.039	647	54.6	0.8	41.191	0.173	17.903	0.289	0.173	304	67.553	76.596	2.394	1.596	2	257	12000
2014	巴林	1.701	0.073	0.226	0.940	0.016	0.044	579	49.3	4.2	43.801	0.176	33.314	0.259	0.176	18152	67.553	76.596	2.128	1.596	36250	333	12000
2004	南木	1.728	0.103	0.698	0.573	0.053	0.374	449	65.4	0	5.418	0.293	13.538	0.145	0.138	0	141.914	74.359	2.735	2.564	0		923
2005	南木	2.116	0.029	0.749	0.646	0.028	0.326	504	65.4	0	6.051	0.253	13.521	0.148	0.126	0	168.959	0.000	2.867	5.762	0		
2006	南木	0.456	0.013	0.536	0.791	0.007	0.203	513	232	0	7.242	0.152	8.820	0.191	0.076	0	59.511	51.093	1.878	10.649	0	204	623
2007	南木	0.371	0.111	0.395	0.723	0.017	0.259		51	0	9.746	0.109	6.471	0.207	0.054	0	43.658	37.483	1.378	2.451	0	198	904
2008	南木	0.322	0.067	0.396	0.802	0.019	0.179	838	74.8	0	10.364	0.087	5.255	0.243	0.043	0	41.055	36.325	1.119	0.249	1850		871
2009	南木	0.303	0.001	0.401	0.723	0.000	0.277	585	40.7	20	13.229	0.076	4.946	0.290	0.114	0	38.642	34.190	1.053	2.927	2000		1475
2010	南木	0.623	0.206	0.357	0.803	0.000	0.197	553	43.7	30.8	20.939	0.127	8.435	0.270	0.123	0	71.685	58.301	1.796	3.395	2000		7138
2011	南木	1.152	0.838	0.113	0.840	0.000	0.160		534	6.8	36.427	0.118	8.490	0.303	0.177	5298	72.161	66.372	1.808	5.226	0		13327
2012	南木	1.281	0.032	0.134	0.851	0.000	0.149	1177	59.4	6.2	34.688	0.127	10.558	0.290	0.190	3941	77.689	71.456	2.595	1.298	0		12266
2013	南木	1.345	0.000	0.122	0.885	0.000	0.115	892	79.8	7.3	36.100	0.130	17.253	0.290	0.197	4757	81.591	75.045	2.043	22.727		400	12974
2014	南木	1.249	0.013	0.117	0.794	0.000	0.206	413	60.3	-6.8	48.264	0.120	19.754	0.300	0.180	1228	74.792	68.792	1.874	18.333	11870		11333
2004	红花尔基	2.171	-0.001	0.418	0.742	0.000	0.258	566	36.4	5.5	6.463	0.369	12.766	0.189	0.000	0	53.140	68.954	6.869	7.446	40475		1846
2005	红花尔基	2.408	0.117	0.491	0.724	0.003	0.273	624	36.4	47.8	5.619	0.336	12.871	0.216	0.205	0	52.783	0.000	3.998	42.030	50000	733	
2006	红花尔基	1.758	1.189	0.465	0.635	0.091	0.274	1469	47.2	182.8	6.934	0.311	12.972	0.216	0.155	0	17.611	68.204	7.731	19.533	50000	1007	627
2007	红花尔基	7.055	3.019	0.110	0.909	0.000	0.090	17224	49.5	108.3	10.945	0.303	15.828	0.228	0.152	0	54.827	68.095	######	1.918	47500	267	578
2008	红花尔基	3.926	-0.442	0.084	0.917	0.008	0.075	8473	57.3	61.1	14.749	0.350	18.973	0.209	0.175	0	54.688	######	52.482	22.959	37840	667	
2009	红花尔基	2.147	-0.426	0.307	0.784	0.021	0.196	145	52.3		18.973	0.310	18.091	0.249	0.310	0	61.113	######	14.971	29.188			421

续表

年份	林业局	X₁	X₂	X₃	X₄	X₅	X₆	X₇	X₈	X₉	X₁₀	X₁₁	X₁₂	X₁₃	X₁₄	X₁₅	X₁₆	X₁₇	X₁₈	X₁₉	X₂₀	X₂₁	X₂₂
2010	红花尔基	2.633	0.296	0.268	0.803	0.034	0.163	310	49.3	21.1	22.853	0.294	17.122	0.310	0.294	0	59.511	######	12.018	14.676	42062	2235	8000
2011	红花尔基	3.077	0.159	0.219	0.841	0.005	0.154	928	54.2	0.7	33.705	0.311	17.261	0.329	0.311	4530	59.994	######	12.372	21.758	30000	4534	10000
2012	红花尔基	3.260	0.072	0.267	0.855	0.000	0.145	495	59.3	75.8	39.100	0.340	18.882	0.381	0.315	791	59.306	######	3.629	23.516	36000	7667	10000
2013	红花尔基	3.446	0.075	0.190	0.801	0.000	0.199	592	56.2	77.4	39.717	0.327	19.410	0.442	0.327	19854	58.336	######	2.513	4.513	20000	2133	9333
2014	红花尔基	3.669	0.073	0.174	0.880	0.000	0.120		54.8	79.3	44.219	0.317	19.264	0.461	0.317	645	60.694	######	2.773	5.319	9300	5051	8000
2004	柴河	0.654	-0.058	0.397	0.864	0.000	0.136	1219	62.6	1.6	5.534	0.318	6.745	0.123	0.136	0	59.394	98.485	7.751	1.212	0		1689
2005	柴河	0.801	0.175	0.316	0.873	0.000	0.130	1412	62.6	0.3	5.552	0.333	7.033	0.137	0.143	0	61.927	0.000	11.658	0.948	0		
2006	柴河	1.065	0.336	0.173	0.921	0.000	0.079	1884	51.7	0.3	7.369	0.333	7.054	0.144	0.126	0	61.674	82.095	11.480	######	0		1830
2007	柴河	1.130	0.065	0.191	0.912	0.000	0.088	2153	52.1	1.9	9.523	0.319	7.073	0.165	0.135	0	61.404	81.735	9.236	1.253	0	200	1894
2008	柴河	1.262	0.120	0.113	0.894	0.000	0.106	2348	2.7	3.7	12.578	0.319	7.053	0.218	0.136	0	61.231	######	8.738	0.937	0	267	2189
2009	柴河	1.255	-0.009	0.162	0.860	0.000	0.140	2003	50.4	1.1	14.854	0.318	7.369	0.127	0.314	0	61.461	######	8.749	1.254	0		9511
2010	柴河	1.471	0.170	0.133	0.862	0.000	0.138	2634	44.3	1.3	22.880	0.298	8.020	0.128	0.312	0	61.577	######	8.301	2.199	0		10527
2011	柴河	2.031	0.380	0.111	0.895	0.012	0.105	2658	49.6	2.8	27.615	0.288	8.176	0.137	0.318	744	61.616	######	8.706	2.201	0		11333
2012	柴河	3.323	0.635	0.060	0.933	0.011	0.067	20630	55.1	1.1	36.598	0.285	7.972	0.166	0.331	386	61.635	######	14.148	1.887	0		12968
2013	柴河	2.390	-0.283	0.140	0.919	0.000	0.081	2002	48.3	3.1	44.121	0.300	8.907	0.385	0.286	510	61.830	######	8.201	1.262	0		11333
2014	柴河	2.751	0.179	0.400	0.906	0.000	0.094	3269	53.4	1.2	43.629	0.289	20.886	0.242	0.286	673	60.363	######	3.589	0.924	21389		1900
2004	五岔沟	1.283	0.118	0.910	0.608	0.012	0.380	824	39.3	79.5	6.750	0.298	6.614	0.045	0.249	0	28.899	32.827	2.333	1.868	1200		
2005	五岔沟	1.413	0.100	0.844	0.621	0.011	0.368	1444	39.3	26.7	7.485	0.298	6.618	0.044	0.211	0	28.917	0.000	2.359	2.119	1255		1920
2006	五岔沟	0.892	0.088	0.759	0.660	0.010	0.330	9315	27.9	20	8.864	0.204	3.841	0.054	0.138	0	17.577	19.062	1.396	1.808	56000		718
2007	五岔沟	0.845	0.088	0.772	0.662	0.009	0.329	9898	28.4	20.2	8.623	0.144	3.343	0.083	0.103	0	15.299	18.037	0.751	1.826	2300		1353
2008	五岔沟	0.628	-0.113	0.642	0.622	0.010	0.368	9898	23	0.2	9.972	0.114	2.807	0.088	0.084	0	13.720	15.118	1.049	2.797	2300		1232
2009	五岔沟	0.719	-0.019	0.549	0.550	0.011	0.438		27	0.2	13.092	0.146	3.274	0.061	0.146	0	16.311	0.000	1.485	1.970	2300		
2010	五岔沟	0.849	0.058	0.636	0.411	0.167	0.422	1517	34.5	0.5	13.092	0.163	3.654	0.110	0.163	0	26.992	40.129	1.339	2.198	2600	3200	8667

续表

年份	林业局	X_1	X_2	X_3	X_4	X_5	X_6	X_7	X_8	X_9	X_{10}	X_{11}	X_{12}	X_{13}	X_{14}	X_{15}	X_{16}	X_{17}	X_{18}	X_{19}	X_{20}	X_{21}	X_{22}
2011	五岔沟	1.057	0.325	0.414	0.623	0.006	0.371		39.2	211.6	0.000	0.154	7.316	0.110	0.154	0	25.355	18.483	1.864	3.871	5000	2000	15478
2012	五岔沟	1.111	0.051	0.385	0.618	0.006	0.376		43.5	208.6	33.949	0.114	7.316	0.084	0.114	618	28.323	37.695	0.000	4.581	6000	4667	14667
2013	五岔沟	0.706	0.048	0.531	0.659	0.000	0.341		45.8	115.8	33.949	0.069	4.500	0.127	0.069	50	18.921	22.841	0.000	3.049	10000	3000	13333
2014	五岔沟	0.800	0.133	0.340	0.913	0.000	0.087		38.7	116.7	46.307	0.067	4.500	0.130	0.094	0	18.921	22.841	0.000	3.714	450	667	11333
2004	白狼	0.723	0.945	0.181	0.848	0.042	0.111		37.2	96.7	5.618	0.285	12.794	0.126	0.143	0	27.925	11.887	28.302	0.943	2800		200
2005	白狼	0.502	-0.110	0.171	0.827	0.066	0.107	160	37.2	98.9	10.059	0.216	10.056	0.211	0.108	0	21.790	0.000	19.140	0.589	3250		
2006	白狼	0.388	-0.198	0.426	0.590	0.123	0.287	178	43.6	6.3	6.800	0.173	9.723	0.242	0.086	0	20.993	8.936	0.709	0.851	5816		230
2007	白狼	0.404	0.002	0.697	0.544	0.109	0.347		44.6	-45.5	7.479	0.180	10.114	0.229	0.090	0	21.816	9.287	0.737	5.159	12000		
2008	白狼	0.450	0.080	0.554	0.547	0.101	0.351	175	70.1	-33.4	5.728	0.237	10.697	0.149	0.090	162	22.520	12.128	0.761	9.130	30000		580
2009	白狼	0.460	0.047	0.600	0.608	0.040	0.352	175	71.8	-92.5	6.542	0.176	11.338	0.233	0.176	0	32.344	0.692	0.742	9.644	23000		
2010	白狼	0.535	0.100	0.534	0.585	0.037	0.378		76.3	-54.4	7.429	0.181	12.812	0.278	0.181	0	34.218	12.510	0.785	8.162	17500		4666
2011	白狼	0.551	0.029	0.391	0.580	0.036	0.385		78.5	-42.7	7.503	0.177	14.733	0.283	0.177	0	34.218	12.510	0.785	7.220	21000	1667	6987
2012	白狼	0.615	0.117	0.567	0.564	0.000	0.436		82	-61.1	11.495	0.183	14.733	0.256	0.183	162	34.218	12.510	0.000	13.813	16800	2333	5333
2013	白狼	0.683	0.110	0.457	0.528	0.000	0.472		82.3	-61.7	13.800	0.179	15.832	0.261	0.179	0	34.218	12.510	0.000	18.521	20000	1333	6667
2014	白狼	0.751	0.100	0.408	0.528	0.000	0.472		80.1	-59.2	16.560	0.169	4.473	0.277	0.169	0	34.218	12.510	0.000	21.661	31000	1333	6667

原始数据标准化相关系数矩阵

相关	Zscore (X1)	Zscore (X2)	Zscore (X3)	Zscore (X4)	Zscore (X5)	Zscore (X6)	Zscore (X7)	Zscore (X8)	Zscore (X9)	Zscore (X10)	Zscore (X11)	Zscore (X12)	Zscore (X13)	Zscore (X14)	Zscore (X15)	Zscore (X16)	Zscore (X17)	Zscore (X18)	Zscore (X19)	Zscore (X20)	Zscore (X21)	Zscore (X22)
Zscore (X1)	1.000	0.044	-0.060	-0.237	-0.079	-0.017	0.250	-0.045	0.035	0.552	0.396	0.260	0.082	0.311	0.272	0.559	0.289	-0.044	0.037	0.163	-0.071	0.330
Zscore (X2)	0.044	1.000	0.035	-0.044	-0.011	-0.008	0.069	0.011	-0.004	-0.052	0.176	-0.012	-0.050	0.061	-0.027	-0.006	-0.031	-0.001	-0.022	0.021	0.017	-0.006
Zscore (X3)	-0.060	0.035	1.000	-0.286	0.070	0.049	-0.128	0.122	0.008	-0.107	-0.138	-0.006	-0.069	-0.230	0.017	-0.160	-0.048	-0.035	0.009	0.092	-0.002	-0.267
Zscore (X4)	-0.237	-0.044	-0.286	1.000	-0.084	-0.022	-0.077	0.025	-0.056	-0.033	-0.212	-0.152	0.166	0.010	-0.043	-0.109	0.102	0.241	-0.064	-0.601	0.008	0.021
Zscore (X5)	-0.079	-0.011	0.070	-0.084	1.000	-0.002	-0.063	-0.043	0.008	-0.005	0.022	-0.018	-0.036	0.012	0.041	0.008	-0.048	-0.003	-0.012	-0.058	-0.020	0.059
Zscore (X6)	-0.017	-0.008	0.049	-0.022	-0.002	1.000	0.015	0.019	0.021	-0.105	-0.004	-0.054	-0.048	-0.091	-0.151	-0.037	0.005	-0.020	-0.023	0.058	0.025	-0.124
Zscore (X7)	0.250	0.069	-0.128	-0.077	-0.063	0.015	1.000	-0.059	0.039	-0.056	0.333	-0.106	-0.197	0.103	0.036	0.136	-0.268	0.048	-0.160	-0.006	0.079	0.097

续表

相关		Zscore(X_1)	Zscore(X_2)	Zscore(X_3)	Zscore(X_4)	Zscore(X_5)	Zscore(X_6)	Zscore(X_7)	Zscore(X_8)	Zscore(X_9)	Zscore(X_{10})	Zscore(X_{11})	Zscore(X_{12})	Zscore(X_{13})	Zscore(X_{14})	Zscore(X_{15})	Zscore(X_{16})	Zscore(X_{17})	Zscore(X_{18})	Zscore(X_{19})	Zscore(X_{20})	Zscore(X_{21})	Zscore(X_{22})
	Zscore(X_8)	-0.045	0.011	0.122	0.025	-0.043	0.019	-0.059	1.000	-0.071	-0.075	-0.139	-0.052	-0.067	-0.169	-0.135	-0.235	0.043	0.011	-0.026	-0.007	0.020	-0.174
	Zscore(X_9)	0.035	-0.004	0.008	-0.056	0.008	0.021	0.039	-0.071	1.000	-0.032	0.122	0.137	0.047	0.106	0.031	0.216	0.008	-0.008	0.009	-0.005	-0.030	0.022
	Zscore(X_{10})	0.552	-0.052	-0.107	-0.033	-0.005	-0.105	-0.056	-0.075	-0.032	1.000	-0.004	0.258	0.361	0.290	0.464	0.265	0.266	-0.056	0.040	0.144	-0.103	0.585
	Zscore(X_{11})	0.396	0.176	-0.138	-0.212	0.022	-0.004	0.333	-0.139	0.122	-0.004	1.000	0.219	-0.035	0.644	0.168	0.536	0.055	-0.032	0.001	0.128	-0.019	0.292
	Zscore(X_{12})	0.260	-0.012	-0.006	-0.152	-0.018	-0.054	-0.106	-0.052	0.137	0.258	0.219	1.000	0.194	0.236	0.215	0.299	0.194	-0.061	0.004	0.159	-0.016	0.206
	Zscore(X_{13})	0.082	-0.050	-0.069	0.166	-0.036	-0.048	-0.197	-0.067	0.047	0.361	-0.035	0.194	1.000	0.164	0.194	0.185	0.227	0.003	0.041	0.017	-0.109	0.152
	Zscore(X_{14})	0.311	0.061	-0.230	0.010	0.012	-0.091	0.103	-0.169	0.106	0.290	0.644	0.236	0.164	1.000	0.343	0.442	0.192	-0.035	0.025	0.105	-0.030	0.457
	Zscore(X_{15})	0.272	-0.027	0.017	-0.043	0.041	-0.151	0.036	-0.135	0.031	0.464	0.168	0.215	0.194	0.343	1.000	0.191	0.038	-0.069	0.029	0.137	-0.083	0.465
	Zscore(X_{16})	0.559	-0.006	-0.160	-0.109	0.008	-0.037	0.136	-0.235	0.216	0.265	0.536	0.299	0.185	0.442	0.191	1.000	0.329	-0.049	0.050	0.072	-0.118	0.226
	Zscore(X_{17})	0.289	-0.031	-0.048	0.102	-0.048	0.005	-0.268	0.043	0.008	0.266	0.055	0.194	0.227	0.192	0.038	0.329	1.000	0.001	0.062	0.030	0.040	-0.130
	Zscore(X_{18})	-0.044	-0.001	-0.035	0.241	-0.003	-0.020	0.048	0.011	-0.008	-0.056	-0.032	-0.061	0.003	-0.035	-0.069	-0.049	0.001	1.000	-0.022	-0.401	0.012	0.042
	Zscore(X_{19})	0.037	-0.022	0.009	-0.064	-0.012	-0.023	-0.160	-0.026	0.009	0.040	0.001	0.004	0.041	0.025	0.029	0.050	0.062	-0.022	1.000	-0.038	-0.040	-0.028
	Zscore(X_{20})	0.163	0.021	0.092	-0.601	-0.058	0.058	-0.006	-0.007	-0.005	0.144	0.128	0.159	0.017	0.105	0.137	0.072	0.030	-0.401	-0.038	1.000	0.025	0.011
	Zscore(X_{21})	-0.071	0.017	-0.002	0.008	-0.020	0.025	0.079	0.020	-0.030	-0.103	-0.019	-0.016	-0.109	-0.030	-0.083	-0.118	0.040	0.012	-0.040	0.025	1.000	-0.048
	Zscore(X_{22})	0.330	-0.006	-0.267	0.021	0.059	-0.124	0.097	-0.174	0.022	0.585	0.292	0.206	0.152	0.457	0.465	0.226	-0.130	0.042	-0.028	0.011	-0.048	1.000

附录Ⅲ

内蒙古国有林区住户家庭情况调查问卷

您好！为了解国有林区住户家庭生活详细情况，并对生活状况的影响因素作出正确评估，以便提出合理的帮扶政策，特开展此项调查。调查的原始资料不会向其他单位和个人提供，仅供汇总和论文研究使用，请您如实填写相关信息。您的配合和支持对我们非常重要，十分感谢您的参与！

一、被访者信息

性别＿＿＿＿＿，年龄＿＿＿＿＿，民族＿＿＿＿＿，是否户主＿＿＿＿＿，与户主关系＿＿＿＿＿。

二、家庭基本情况

户主年龄＿＿＿＿＿，家庭人口数＿＿＿＿＿，其中，女性＿＿＿＿＿名，家庭劳动力数在岗人数＿＿＿＿＿，工龄分别为＿＿＿＿＿。

1. 如有不在岗，属于（可多选）：

A. 下岗待安置　　　　　　　　B. 一次性安置

C. 保留关系但离岗　　　　　　D. 退休

E. 其他

2. 家庭成员成年人受教育水平分别为（可多选）：

A. 小学及以下　　　　　　　　B. 初中

C. 高中 D. 中专

E. 大专 F. 本科

G. 研究生

3. 家中有＿＿＿＿人外出务工，主要从事工作＿＿＿＿（可参考下一题，填写相应代表字母）。

家庭成员现从事的主要工作：（可多选）

A. 管护 B. 管理

C. 种植（育苗、经济林） D. 养殖（鱼、羊、牛）

E. 商业 F. 建筑业

G. 加工业 H. 服务业

I. 学生 J. 家务劳动

K. 工匠 L. 其他

4. 家中是否有以下人员：

A. 是 B. 否

党员	是或曾是科级及以上领导干部	中高级职称	上高中或大学	失学儿童	残疾人	患大病或长病

三、家庭生活水平

1. 现居住地：

A. 局址 B. 林场

C. 其他（请注明）＿＿＿＿

2. 房屋居住面积＿＿＿＿平方米，房屋现在值＿＿＿＿万元，房屋属于：

A. 平房 B. 楼房

若为平房，结构为：

A. 钢木 B. 板夹泥

C. 其他（请注明）＿＿＿＿

若住房为楼房，是否属棚户区改造项目？

A. 是　　　　　　　　　　　　B. 否

3. 现居住房屋属于：

A. 租赁　　　　　　　　　　　B. 自有

C. 亲戚朋友借住房若为租赁，年租金_____元

4. 承包家庭生态林场面积_____亩，管护林地面积_____亩，种植苗木、经济林等面积_____亩。

5. 您家是否拥有以下电器或用具（可多选）？

A. 电话　　　　　　　　　　　B. 电视机

C. 洗衣机　　　　　　　　　　D. 电风扇

E. 电冰箱　　　　　　　　　　F. 手机

G. 电脑　　　　　　　　　　　H. 电暖器

I. 热水器　　　　　　　　　　J. 微波炉

K. 以上全有　　　　　　　　　L. 以上皆无

这些电器或用具现在值多少钱？_____元。

6. 您觉得您家日常出行是否方便？

A. 是　　　　　　　　　　　　B. 否

7. 您家居住地距最近的主街道或主公路的距离？若居住在林场，则距局址距离？

A. 不足1千米　　　　　　　　B. 1~2千米（不含2千米）

C. 2~3千米（不含3千米）　　D. 3~4千米（不含4千米）

E. 4~5千米（不含5千米）　　F. 5千米及以上（请注明）_____

8. 您家拥有以下哪种交通工具（可多选）？

A. 三轮车　　　　　　　　　　B. 自行车

C. 电动自行车　　　　　　　　D. 摩托车

E. 三轮摩托　　　　　　　　　F. 四轮车

G. 卡车　　　　　　　　　　　H. 轿车

I. 以上全有　　　　　　　　　J. 以上皆无

这些交通工具现在值多少钱？_____元。

9. 您家拥有以下哪种用具（可多选）？

A. 炊具   B. 木工用具

C. 理发用具   D. 缝纫机

E. 五金小铺器具及设备   F. 其他（请注明）_____

这些用具现在值多少钱？_____元。

10. 您家是否通电？

A. 是   B. 否

11. 您家是否有网络？

A. 有   B. 没有

12. 家中使用的主要燃料为：

A. 天然气或液化气   B. 沼气

C. 煤   D. 木头桦子

E. 电   F. 其他（请注明）_____

13. 您家主要饮用水类型：

A. 自来水   B. 自取水

若为自取水，到最近的取水地点_____千米，是否需额外付费？

A. 是   B. 否

自取水水源为：

A. 深井水   B. 其他水源_____

若为深井水，井属于：

A. 商业性共用   B. 自家机打井

14. 您家厕所类型：

A. 室内水冲式   B. 旱厕

C. 无设施   D. 其他_____

15. 您家是否在其他地区购买住房？

A. 是   B. 否

16. 家庭成员是否参加医疗保险?

A. 是　　　　　　　　　　B. 否

17. 您家去年一年有人住过院吗?

A. 有　　　　　　　　　　B. 没有

如果有人住过院总共花了_____元,住院费从医疗保险中报销了_____元。

18. 是否参加养老保险?

A. 是　　　　　　　　　　B. 否

若已开始领养老金,2014 年_____元/月。

19. 2014 年您估计全家现金收入有_____元。[工资+生产经营+打(临)工+政府有关补贴+人情往来(婚丧嫁娶)等]

20. 2014 年您估计全家支出有_____元。[生产经营+日常生活+医疗+教育+人情往来(婚丧嫁娶、请客吃饭)等]

21. 您家是否有存款?

A. 是　　　　　　　　　　B. 否

如果有,为_____元。

22. 当您家急需用钱时,能否借到钱?

A. 能　　　　　　　　　　B. 不能

若能借到钱,借钱渠道是?

A. 银行/信用社　　　　　　B. 高利贷

C. 亲戚朋友　　　　　　　　D. 其他

23. 如果有下列情况需借钱,主要用途是?

A. 子女上学　　　　　　　　B. 经商

C. 看病　　　　　　　　　　D. 生产经营资料购买

E. 其他(请注明)

是否需要经常借钱?

A. 是　　　　　　　　　　B. 否

若需经常借钱,主要是用于_____开支。

到目前为止,若有负债,为_____元,主要是用于_____开支。

24. 您家去年收入是否满足以下需要：

A. 是   B. 否

吃饭	穿衣	子女上学	看病

25. 您家是否被列为本地的贫困户或低保户？

A. 贫困户   B. 低保户

C. 两者都是   D. 都不是

如果您是贫困户或低保户的话，您认为是什么原因导致您家贫困？

A. 自然灾害   B. 疾病和损伤

C. 孩子上学   D. 盖房买房

E. 自己缺少文化和技能   F. 其他（请注明）

如果您是低保户的话，您每月得到补助_____元。

四、家庭收支及补贴情况

1. 与您家的基本需要相比，您认为您家的总收入属于哪种状况？

A. 无法满足需要   B. 基本满足

C. 比较宽裕

2. 与周围的人家相比，您估计自己的生活水平属于？

A. 高   B. 中等偏上

C. 中等   D. 中等偏下

E. 最低

3. 2014 年全年您家的收入（若有未列入项，请在后面空格补填）（单位：元）

工资	经商	个体运输	打工	种植业	养殖业	林产品采集（木耳、蘑菇等）	房屋出租	设备出租
薪材	退休金	医疗补助	政府补贴（或救济）	人情往来	他人赠予			

4. 2014 年全年您家的支出（若有未列入项，请在后面空格补填）（单位：元）

食品	服饰	水电燃料费	医疗	交通费	通信费	休闲娱乐	子女教育	耐用消费品

房屋	请客送礼	人情往来	生产经营用具	种植投入	养殖投入	供养家庭成员以外人员	其他支出

五、天保工程、停伐的影响，及其态度

1. 您认为与天保工程实施前相比，您家的总收入是提高了还是下降了？

A. 提高了很多   B. 提高了一些

C. 变化不大   D. 下降了一些

E. 下降了很多

如果您的收入提高了，您认为原因是什么（可多选）？

A. 天保工程补贴

B. 提供就业技术的支持

C. 改制后，单位剥离可以省出更多的时间干其他的事情（打工、经商、学手艺等)

D. 其他（请注明）_____

如果您的收入降低了，您认为原因是什么（可多选）？

A. 天保工程后下岗，无固定工资收入来源

B. 缺乏专业技能

C. 学历低

D. 其他（请注明）

2. 您所在林业局能按时发放工资吗？

A. 能   B. 不能

C. 有时能，有时不能

3. 您对天保工程的态度：

A. 支持 B. 反对

C. 无所谓

4. 您对目前施行的天保工程政策是否满意？

A. 满意 B. 不满意

如果满意，原因是（可多选）：

A. 近年来工资收入的提高

B. 承包的家庭生态林场或林地经营上自由、灵活，收入较高

C. 提供了优惠的创业政策，收入提高

D. 提供了必要的技术帮助

E. 单位改制下岗后，自创业收入较高

F. 森林资源休养生息

G. 其他（请注明）_____

如果不满意，理由是（可多选）：

A. 收入下降 B. 生活受到限制

C. 补偿金额不足 D. 对生态环境的改善效果不明显

E. 失去生活保障 F. 政府的政策不稳定

G. 其他（请注明）

六、补充性问题

1. 您对目前的下列状况是否满意？

A. 非常满意 B. 满意

C. 一般 D. 不满意

E. 非常不满意

就业	收入	养老	医疗	低保	住房	子女教育

2. 您觉得您所在的林区下列状况如何？

A. 非常好   B. 好

C. 一般   D. 不好

E. 非常不好

经济发展水平	气候	交通	工作环境	用人机制	民主法治	发展前景

3. 您觉得您现在工作压力大吗？

A. 非常大   B. 有些大

C. 一般   D. 不大

E. 无压力

4. 是否愿意离开林区到外地工作？

A. 愿意   B. 不愿意

5. 实施天保工程后，您生活上有了哪些变化？

_____

_____

6. 全面停伐对您家庭产生的影响有哪些？

_____

_____

如有其他问题和建议，请在以下空白处填写。

参考文献

［1］冯菁，夏自谦.中国林区贫困现状及解决对策研究综述［J］.北京林业大学学报（社会科学版），2007（3）：63-67.

［2］张於倩，冯月琦，李尔彬.黑龙江省森工林区贫困问题研究［J］.林业经济问题，2008（4）：310-313.

［3］冯月琦，孙剑玥.关于黑龙江省森工林区职工贫困成因的研究［J］.林业科技情报，2006（4）：14-16.

［4］姜雪梅，徐晋涛.东北内蒙古重点国有林区职工收入变化分析［J］.林业经济，2011（1）：25-29.

［5］余建辉，张文忠，王岱，李倩.资源枯竭城市转型成效测度研究［J］.资源科学，2013（9）：1812-1820.

［6］朱洪革，袁琳，马广波，许雯静.重点国有林区多维贫困的测度［J］.林业经济问题，2015（1）：7-12.

［7］A.C.庇古.福利经济学（第四版）［M］.朱泱等译.北京：商务印书馆，2010.

［8］马春文，张东辉.发展经济学（第三版）［M］.北京：高等教育出版社，2011.

［9］盛洪.现代制度经济学（第二版）［M］.北京：中国发展出版社，2009.

［10］孙久文.区域经济学（第三版）［M］.北京：首都经济贸易大学出版社，2010.

［11］刘春良.内蒙古国有林区发展模式研究［D］.北京林业大学博士学位论文，2003.

[12] 刘丽萍. 黑龙江森工国有林区贫困评价研究 [D]. 东北林业大学博士学位论文, 2011.

[13] 朱洪革, 李海玲, 毕爽, 陈丹. 重点国有林区管理体制改革研究综述 [J]. 林业经济, 2012 (4): 30-33.

[14] Townsend. Poverty in the Kingdom: A Survey of the Household Resource and Living standard [M]. Allen Lane and Penguin Books, 1979.

[15] 世界银行. 1980 年世界发展报告 [M]. 北京: 中国财政经济出版社, 1980.

[16] Oppenheim. Poverty: The Facts [M]. child Poverty Action Group, 1993.

[17] 世界银行. 1990 年世界发展报告 [M]. 北京: 中国财政经济出版社, 1990.

[18] 世界银行. 2000/2001 年世界发展报告 [M]. 北京: 中国财政经济出版社, 2001.

[19] 阿马蒂亚·森. 贫闲与饥荒 [M]. 王宇, 王文玉译. 北京: 商务印书馆, 2011.

[20] 白人朴. 关于贫困标准及其定量指标的研究 [J]. 农业经济问题, 1990 (8): 49-52.

[21] 汪三贵. 贫困问题与经济发展政策 [M]. 北京: 农村读物出版社, 1994.

[22] 童星, 林闽钢. 中国农村贫困标准线研究 [J]. 中国社会科学, 1993 (3): 86-98.

[23] 康晓光. 中国贫困与反贫困理论 [M]. 南宁: 广西人民出版社, 1995.

[24] 纳克斯. 不发达国家的资本形成问题 [M]. 谨斋译. 北京: 商务印书馆, 1966.

[25] 舒尔茨. 论人力资本投资 [M]. 北京: 北京经济学院出版社, 1990.

[26] 成升魁, 丁贤忠. 贫困本质与贫困地区发展 [J]. 自然资源, 1996 (2): 29-34.

[27] 张廷武. 农村扶贫开发的反思与对策 [J]. 前沿, 2003 (10): 90-91.

[28] 陈南岳. 中国农村生态贫困研究 [J]. 中国人口·资源与环境, 2003 (4):

43-44.

[29] 王成新，王格芳. 中国农村新的致贫因素与根治对策［J］. 农业现代化研究，2003（5）：326-329.

[30] 胡鞍钢. 欠发达地区如何加快发展与协调发展：以甘肃为例（下）［J］. 开发研究，2004（4）：1-6.

[31] 刘明宇. 分工抑制与农民的制度性贫困［J］. 农业经济问题，2004（2）：53-57+80.

[32] 黄少安. 制约农民致富的制度分析［J］. 学术月刊，2003（6）：96-102+136.

[33] 靳涛. 农民贫困的制度滞后分析［J］. 人文杂志，2004（1）：186-191.

[34] 叶普万. 贫困概念及其类型研究述评［J］. 经济学动态，2006（7）：67-69.

[35] 阿马蒂亚·森. 贫困与饥荒［M］. 北京：商务印书馆，2001.

[36] Alkire，S. Choosing Dimensions. The Capability Approach and Multidimensional Poverty［R］. Chronic Poverty Research Centre，2007.

[37] Alkire，S. and Foster J. Counting and Multidimensional Poverty Measurement［D］. OPHI Working Paper Series，2008.

[38] Pasqyale De Muro，Matteo Mazziotta，Adriano Pareto. Composite Indices of Development and poverty：An Application to MDGs［M］. Springer Science and Business media B.V.，2010.

[39] Lazim Abdullah. Poverty lines Based on Fuzzy Sets Theory and its Application to Malaysian Data［M］. Springer Science and Business Media B.V.，2010.

[40] 黄承伟. 贫困程度动态监测模型与方法［J］. 广西社会科学，2001（1）：62-63.

[41] 祝梅娟. 贫困线测算方法的最优选择［J］. 经济问题探索，2003（6）：39-44.

[42] 王大超，赵婷婷. 关于重新构建我国贫困评价指标体系的思考［J］. 沈阳师范大学学报（社会科学版），2003（6）：6-9.

[43] 刘建平，王选选. 贫困程度测度方法与实证分析［J］. 暨南学报（哲学

社会科学版)，2003（3）：53-57.

[44] 杨国涛. 中国农村贫困的测度与模拟：1995~2003 [J]. 中国人口·资源与环境，2005（6）：30-33.

[45] 陆凤兴. 关于贫困的测算方法与指标体系探讨 [J]. 统计与决策，2006（21）：24-25.

[46] 李丹. 北京市城镇居民贫困评价及亲贫困增长判定 [J]. 统计教育，2008（6）：13-18.

[47] 肖佑恩，魏中海，王齐庄. 衡量我国农村贫困程度的指标体系 [J]. 中国科技论坛，1990（3）：53-56.

[48] 尚卫平，姚智谋. 多维贫困评价方法研究 [J]. 财经研究，2005（12）：88-94.

[49] 王艳萍. 贫困内涵及其测量方法新探索 [J]. 内蒙古财经学院学报，2006（2）：13-16.

[50] 王荣党. 论农村贫困测量指标体系的构建 [J]. 经济问题探索，2006（3）：82-86.

[51] 胡业翠，方玉东，刘彦随. 广西喀斯特山区贫困化综合评价及空间分布特征 [J]. 中国人口·资源与环境，2008（6）：192-197

[52] 陈立中. 转型时期我国多维度贫困测算及其分解 [J]. 经济评论，2008（5）：5-10.

[53] 王小林，Sabina Alkire. 中国多维贫困测量：估计和政策含义 [J]. 中国农村经济，2009（12）：4-10.

[54] 田飞. 贫困指标体系问题研究 [J]. 学术界，2010（11）：211-219.

[55] Pasquale Tridico. Growth, Inequality and Poverty in Emerging and Transition Economies [J]. Transit Study Review, 2010 (16): 979-1001.

[56] J. Sachs, A. Warner. Natural Resource Abundance and Economic Growth [D]. NBER Working Paper, 1995.

[57] W. M. Corden, J. P. Neary. Booming Sector and Deindustrialisation in a Small Open Economy [J]. The Economic Journal, 1982, 92 (368).

[58] K. Matsuyama. Agricultural Productivity, Comparative Advantage, and Economic Growth [J]. Journal of Economic Theory, 1992 (58).

[59] G. Nankani. Development Problems of Mineral Exporting Countries [R]. World Bank, 1979.

[60] J. Sachs, A. Warner. The Curse of Natural Resources [J]. European Economic Review, 2001 (45).

[61] R. Hausman, R. Rigobon. An Alternative Interpretation of the Resource Curse: Theory and Implications for Stabilization, Saving, and Beyond [J]. NBER Working Paper, 2002.

[62] Papyrakis, Elissaios and Reyer Gerlagh. The Resource Curse Hypothesis and its Transmission Channels [J]. Journal of Comparative Economics, 2004 (32): 181-193.

[63] Pa-pyrakis E., Gerlagh R. Resource Abundance and Economic Growth in the United States [J]. European Economic Review, 2006 (51): 1011-1039.

[64] 李周, 王宏伟, 郑宇. 森林丰富地区的贫困问题研究 [J]. 林业经济, 2000 (4): 1-7.

[65] 张志达, 韩华, 段亮红. 从内蒙古森工集团看重点国有林区的问题及政策建议 [J]. 林业经济, 2007 (2): 8-13.

[66] 温铁军, 王平, 陈学群. 国有林区改革的困境和出路 [J]. 林业经济, 2007 (9): 23-26.

[67] 刘丽萍. 黑龙江国有林区贫困的现状、原因及其对策 [J]. 科技与管理, 2008 (6): 10-12.

[68] 刘丽萍, 许俊杰, 杜江. 东北林区"两危"的现状分析及对策选择 [J]. 学术交流, 2008 (1): 7-14.

[69] 张晓静. 中国天然林资源保护工程对林区贫困的影响研究 [D]. 北京林业大学博士学位论文, 2008.

[70] 崔海兴, 郎晓娟, 郑风田. 国有林区森工企业困境成因解析——不具备垄断条件下的垄断 [J]. 林业经济, 2010 (6): 12-17.

［71］易爱军. 我国国有林场贫困问题的理论分析与实证研究 ［D］. 北京林业大学博士学位论文，2011.

［72］陈文汇. 我国国有森工企业的贫困测度研究 ［A］. 绿色经济与林业发展论——第六届中国林业技术经济理论与实践论坛论文集 ［C］. 2012.

［73］廖文梅，廖冰. 集中连片贫困林区反贫困度量分析——以赣南中央苏区为例 ［J］. 林业经济，2013（6）：112–117.

［74］中国农林工会全国委员会. 林业贫困职工脱贫致富的对策和建议 ［J］. 林业科技通讯，1995（12）：35–38.

［75］刘丽红，曹玉昆，孙百原等. 基于层次分析法的国有林区职工生存状况影响因素分析 ［J］. 世界林业研究，2009（4）：77–80.

［76］井月，朱洪革. 国有森工林区居民的可持续生计——山上住户与山下住户的比较 ［J］. 林业经济问题，2011（1）：61–65+79.

［77］井月，朱洪革. 黑龙江省森工林区职工贫困影响因素研究 ［J］. 林业经济问题，2011（5）：411–415.

［78］井月. 黑龙江省森工林区住户持久性贫困测度及扶贫对策研究 ［D］. 东北林业大学博士学位论文，2012.

［79］朱洪革，井月. 重点国有林区贫困：测度、特征及影响因素 ［J］. 中国农村经济，2013（1）：76–86.

［80］王玉芳，李朝霞. 黑龙江省国有林区职工家庭贫困脆弱性的影响因素分析 ［J］. 林业经济问题，2014（1）：1–7.

［81］张坤，郭月亮，许凯等. 吉林省国有森工企业职工家庭生计调查 ［J］. 林业经济，2014（2）：57–60.

［82］王玉芳，康宇. 国有林区社会劳动力重新配置的途径 ［J］. 林业科技，2005（2）：56–58.

［83］张永利，张晓静，李伟. 关于黑龙江吉林两省国有林区就业问题的调查报告 ［J］. 绿色中国，2005（12）：8–11.

［84］王刚，陈建成. 东北、内蒙古重点国有林区劳动力转移途径分析 ［J］. 林业经济问题，2009（2）：149–152+157.

[85] 奉钦亮, 陈建成, 覃凡丁. 我国国有林区劳动就业影响因素实证分析与政策建议 [J]. 农业现代化研究, 2010 (3): 304-307.

[86] 耿利敏, 沈文星. 非木质林产品与减少贫困研究综述 [J]. 世界林业研究, 2014 (1): 1-6.

[87] 朱洪革, 白雪, 李海玲, 米松华. 大小兴安岭林区职工住户发展林下经济的调查与思考 [J]. 林业经济, 2014 (9): 26-30.

[88] 姜永德. "改革"——国有林区发展的主动力 [J]. 中国农业信息, 2013 (23): 262.

[89] 曹玉昆, 李慧堂. 国有林区改革的若干思考——对黑龙江省以农养林、熟化速生丰产林用地工作的进一步构想 [J]. 东北林业大学学报, 1998 (3): 47-52.

[90] 张建国. 国有林区改革的探索——生态移民 [J]. 林业经济问题, 2003 (1): 1-3.

[91] 崔海兴, 孔祥智, 温铁军. 低碳经济背景下国有林区改革的对策 [A]. 低碳经济时代的林业技术与管理创新 [C]. 2010.

[92] 王毅昌, 蒋敏元. 东北、内蒙古重点国有林区管理体制改革探求 [J]. 林业科学, 2005 (5): 163-168.

[93] 徐晋涛, 姜雪梅, 季永杰. 重点国有林区改革与发展趋势的实证分析 [J]. 林业经济, 2006 (1): 10-15.

[94] 雷加富. 关于深化重点国有林区改革的几点思考 [J]. 林业经济, 2006 (8): 3-6.

[95] 石峰, 于英, 向燕. 深化国有林区改革的战略思考 [J]. 北京林业大学学报 (社会科学版), 2009 (4): 97-101.

[96] 茹光明, 刘珉, 孙丽峥, 朱秀红, 胡华敏. 国有林区改革的思考 [J]. 河南林业科技, 2010 (2): 33-36+43.

[97] 赵锦勇. 国有林区经济体制改革的基本思路 [J]. 中国市场, 2013 (43): 57-60.

[98] 陈应发. 国有林区改革模式与配套措施的探讨 [J]. 林业经济, 2007 (2): 14-17+32.

[99] 吴晓松. 国有林区改革方向与模式研究[J]. 林业经济，2009（10）：35-37.

[100] 王月华，谷振宾. 当前国有林区改革模式对比与评价 [J]. 林业经济，2010（12）：10-19.

[101] 佟立志. 东北国有林区改革模式的评价研究 [D]. 东北林业大学博士学位论文，2011.

[102] 李湘玲. 大小兴安岭国有林区管理体制改革模式研究 [D]. 北京林业大学博士学位论文，2013.

[103] 王俊杰. 山西省国有林区改革模式与配套措施的探讨 [J]. 绿色财会，2014（9）：3-5.

[104] 詹昭宁. 国有林区改革终极目的不是实行私有化 [J]. 林业经济问题，2010（4）：356-361+376.

[105] 王月华，李杰，谷振宾，梁丹. 国有林区改革的困惑——国有林区改革是否需要顶层设计 [J]. 林业经济，2013（5）：7-10.

[106] 张学勤. 东北内蒙古国有林区改革实践研究与探讨 [J]. 林业经济，2010（6）：7-11.

[107] 付存军，耿玉德. 国有林区的困境与改革路径——基于中国龙江森工集团的现状 [J]. 林业经济，2014（5）：16-19.

[108] 王显河，王德军. 重点国有林区管理体制现状分析及发展建议 [J]. 黑龙江科技信息，2014（32）：274-275.

[109] 李京华，包庆丰. 内蒙古大兴安岭国有林区调研报告 [J]. 内蒙古农业大学学报（社会科学版），2015（5）：34-39.

[110] 韩广武. 内蒙古大兴安岭林业管理局志 [M]. 呼和浩特：内蒙古文化出版社，2002.

[111] 邢红. 中国国有林区管理制度研究 [D]. 北京林业大学博士学位论文，2006.

[112] 东北内蒙古等重点国有林区天然林资源保护工程实施方案 [Z].

[113] 曹文. 我国天然林资源保护工程的财政政策研究 [D]. 北京林业大学

博士学位论文，2008.

[114] 内蒙古大兴安岭林管局局志编委会.中国内蒙古森工集团内蒙古大兴安岭林业管理局志 [M].呼和浩特：内蒙古文化出版社，2012.

[115] 赵树丛.把所有天然林严格保护起来 [N].人民日报，2015-02-25 (16).

[116] 李京华，包庆丰.内蒙古国有林区林业全要素生产率分析 [J].林业经济，2016 (2)：83-87.

[117] 陈斌开.收入分配与中国居民消费——理论和基于中国的实证研究 [J].南开经济研究，2012 (1)：33-49.

[118] 余秀林，任雪松.多元统计分析 [M].北京：中国统计出版社，2008.

[119] 董锋，谭清美，周德群.多指标面板数据下的企业 R&D 能力因子分析 [J].研究与发展管理，2009 (3)：50-56.

[120] 王培，王焱鑫，崔巍.面板数据的因子分析 [J].贵州大学学报（自然科学版），2009 (6)：10-13.

[121] 肖启华，黄硕琳，王慰.多指标面板数据因子分析的分层模型及应用 [J].数学的实践与认识，2015 (12)：86-93.

[122] 傅德印.因子分析统计检验体系的探讨 [J].统计研究，2007 (6)：86-90.

[123] 三农观点 [J].中国农业信息，2015 (19)：2-3.

[124] 李霞，韩保江.我国城乡双重贫困的表现、原因与对策 [J].宁夏社会科学，2012 (5)：53-59.

[125] 贵州省委办公厅.全力推动扶贫攻坚工作落到实处 [J].秘书工作，2016 (1)：16-19.

[126] 宋荣芹.完善我国城市贫困人口社会保障的几点思考 [J].现代营销（学苑版），2011 (2)：51-52.

[127] 冯斌.贫困人口问题治理思路探析——以四川省茂县为例 [J].北京大学学报（哲学社会科学版），2012 (3)：152-157.

[128] 毕天云.略论我国社会保障体系整合的支撑条件 [J].云南社会主义学

院学报，2015（2）：145-148.

[129] 王维红，赵晓康. 论"贫困"统计指标体系的构建［J］. 上海统计，2002（1）：25-28.

[130] 屈锡华，左齐. 贫困与反贫困——定义、度量与目标［J］. 社会学研究，1997（3）：106-117.

[131] 陶克. 实现农牧业和农村牧区经济又好又快发展［J］. 实践（党的教育版），2007（1）：5-6.

[132] 宋银丽. 关于内蒙古"十个全覆盖"惠民工程的思考［J］. 现代营销（下旬刊），2015（11）：169-170.

[133] 姜淑兰，邓青南. 内蒙古"十个全覆盖"惠民工程的成效及影响［J］. 前沿，2016（1）：18-23.

[134] 刘玉荣，刘洪林."两剥离""一确立"推进国有林区改革［N］. 内蒙古日报（汉），2011-06-12.

[135] 安国通. 构建祖国北疆重要生态安全屏障［J］. 绿色中国，2011（10）：62-64.

[136] 于清理. 敢叫旧貌换新颜［N］. 内蒙古日报（汉），2015-03-13.

[137] 向德平. 中国反贫困发展报告（2012）［EB/OL］. http：//www.iprcc.org.cn/Home/Index/warehouse/id/4831.html，2015-07-30.

[138] 宋春艳. 我国 CDM 项目的实施与评价研究［D］. 中国石油大学博士学位论文，2011.

[139] 中共中央国务院印发"国有林场改革方案"和"国有林区改革指导意见"［N］. 人民日报，2015-03-18.

[140] 曹扶生. 上海城市贫困问题与反贫困对策研究［D］. 华东师范大学博士学位论文，2009.

[141] 陈书."增长性贫困"与收入分配差异研究［D］. 重庆大学博士学位论文，2012.

[142] 马明芹，王明义，黄清. 对国有林区停伐后扶持政策的研究——以小兴安岭伊春林区为例［J］. 中国林业经济，2015（6）：1-4.